Habakuk Traber

Kent Nagano
Musik für ein neues Jahrhundert

Habakuk Traber

Kent Nagano

Musik für ein neues Jahrhundert

Henschel

Sie können uns 24 Stunden am Tag erreichen unter:

http://www.dornier-verlage.de
http://www.henschel-verlag.de

Die Deutsche Bibliothek – CIP-Einheitsaufnahme
Ein Titeldatensatz für diese Publikation ist bei
Der Deutschen Bibliothek
erhältlich.

ISBN 3-89487-413-9

© August 2002 bei Henschel Verlag, Berlin.
Der Henschel Verlag ist ein Unternehmen der Verlagsgruppe Dornier.

Die Schreibweise entspricht den Regeln der neuen Rechtschreibung.

Lektorat: Margret Plath
Umschlaggestaltung: Mediabureau Di Stefano, Berlin
Titelbild: Kásskara, Berlin
Satz und Gestaltung: XYZ-Satzstudio, Naumburg
Druck und Bindung: Wiener Verlag, Himberg
Printed in Austria

Gedruckt auf alterungsbeständigem Papier
mit chlorfrei gebleichtem Zellstoff

INHALT

Einleitung

18. Januar 1998. Berlin, Philharmonie. Solche Termine, kurz nach Weihnachten, gelten im hauptstädtischen Kulturleben als schwierig. Die Stadt erholt sich in dieser Zeit für gewöhnlich von dem Überangebot an Veranstaltungen zur Jahreswende. Doch an diesem Abend ist der große Saal im Scharoun-Bau am Kemperplatz ausverkauft. Auf dem Programm steht Hector Berlioz' *Damnation de Faust*. Als »Dramatische Legende« bezeichnete der Komponist das Werk, das er zwischen den Gattungen, zwischen Oper, Oratorium und Programmsymphonie, ansiedelte. Auf den Spielplänen der Orchester erscheint es nicht allzu oft, denn es erfordert erheblichen Aufwand, großen Chor, Soli, großes Orchester. Im Westen Berlins versuchte sich die Deutsche Oper in den 1970er Jahren mit einer szenischen Version. Sie wurde damals interessiert aufgenommen, hielt sich dennoch nicht sehr lange im Repertoire der Bühne. Im vereinten Berlin hatte das Rundfunk-Sinfonieorchester an das konzertante Drama des französischen Fantasten erinnert. *Damnation de Faust* verlangt einen Dirigenten, der die Besonderheiten der eigenwilligen Form und Dramaturgie genau trifft, der symphonisch lässt, was symphonisch konzipiert ist, theatralisch anlegt, was sich der Opernästhetik bedient, und der dennoch die auseinander strebenden Kräfte in diesem Werk zu einer schlüssigen Interpretation zusammenführt. Er muss über Erfahrungen mit der Oper, besonders mit ihrer Tradition in Frankreich, und mit

7

der romantischen Symphonie verfügen, sonst löst er die künstlerischen Rätsel dieses Werkes nicht.

Die Interpreten an diesem Januartag des Jahres 1998 ließen zumindest ein interessantes Konzerterlebnis erwarten. Das Deutsche Symphonie-Orchester Berlin konnte im Laufe seiner 50-jährigen Geschichte manches Werk, das im Abseits der Musikgeschichte stand oder als »Rarität« geführt wurde, ins allgemeine Repertoire heben. Lorin Maazel, Chefdirigent bis 1975, hatte in dieser Hinsicht wichtige Pionierarbeit geleistet. Der Rundfunkchor Berlin konnte sich nach den Wirren der so genannten Wende nicht nur im Berliner Konzertleben einen angesehenen Platz sichern, er zählt inzwischen weltweit zu den gefragtesten Berufschören seiner Art. Einladungen kommen aus Amerika, aus dem Fernen Osten und aus Europa, und zwar nicht nur zu Gastspielen, sondern auch zur Arbeit mit den dort ansässigen Orchestern. Der Dirigent: Kent Nagano, Chef der Opéra de Lyon und des Hallé-Orchesters in Manchester, brachte alle Voraussetzungen für ein Gelingen von *Damnation de Faust*, dieser heiklen »Faust-Verdammnis«, mit: Opernkenntnis, Konzerterfahrung und gründliche Vertrautheit mit der französischen Musik. Der Auftritt des Orchesters, der Solisten und des Chors schraubte die Erwartungen des Publikums in die Höhe. Die Instrumente sah man nicht dort, wo man sie für gewöhnlich in einem Symphoniekonzert findet, denn sie waren anders als sonst über den Bühnenraum verteilt. Die Solisten bezogen unterschiedliche Positionen, teils vor, teils im, teils hinter dem Orchester. Das Werk, so sah man, noch ehe der erste Ton erklang, war bis hin zur Aufteilung des Konzertpodiums konkret und genau durchkonzipiert.

Die Aufführung hielt, was die äußeren Bedingungen versprachen. Die Berliner Presse, in den Jahren des schleppenden Aufbruchs in der neuen Hauptstadt eher fordernd, ungeduldig und unnachsichtig gestimmt, lobte das Konzert in seltenem Einklang. Einer der Kritiker, ein Kenner der internationalen Kulturszene seit vielen Jahren, wagte sogar eine Prognose: Hier habe man den künftigen Chefdirigenten des Deutschen Symphonie-Orchesters Berlin erlebt. Die Vorhersage, die eine dringende Empfehlung enthielt, war kühn. Man wusste zwar, dass der damalige Amtsinhaber Vladimir Ashkenazy nach zehn politisch turbulenten Jahren die künstlerische Verantwortung für das frühere Radio-Symphonie-Orchester, das sich seit 1993 Deutsches Symphonie-Orchester Berlin nannte, abgeben würde. Doch über Nachfolger war noch wenig spekuliert worden, obwohl die Berliner Kulturszene, was Backstage-Gerüchte betrifft, nicht eben durch vornehme Zurückhaltung glänzt. Immerhin wusste man, dass Kent Nagano die künstlerische Leitung der Opéra de Lyon nach zehn überaus erfolgreichen Jahren niederlegen würde, und zwar aus eigenem Entschluss.

In Lyon hätte man ihn gern gehalten, war es ihm doch gelungen, im zentralistisch orientierten Frankreich das Opernhaus in der »Provinz« zu einem ernsten Rivalen der hauptstädtischen Musiktheater heranzubilden. Wer wissen wollte, wo Frankreichs kulturelle Zukunft erprobt wird, der schaute in den 1990er Jahren vor allem nach Lyon. Kent Nagano bewies Augenmaß und Souveränität und sprang von der Woge des Erfolgs genau zu dem Zeitpunkt ab, als sie ihn zum höchsten Punkt getragen hatte. Er wusste, dass die Innovationsmöglichkeiten, die ein Ort bieten kann, begrenzt sind. Ein Künstler, der das übersieht oder ignoriert, tut weder sich noch dem Haus, für das er Verantwortung übernommen hat, einen Gefallen. Und die Arbeit in Lyon kostete außergewöhnlich viel Kraft, sie verlangte eine überdurchschnittliche Präsenz, ein hohes Engagement vor Ort. Das Pensum des Musikdirektors war nicht mit der Vorbereitung, der Einstudierung und dem Dirigieren der jeweiligen Opern erfüllt. Nagano und das Team, mit dem er zusammenarbeitete, hatten sich andere, deutlicher in die Zukunft orientierte Ziele gesteckt. Schüler wurden eingeladen, und man stellte ihnen die Projekte vor.

Sie konnten Proben besuchen und nach den Aufführungen Fragen an die Verantwortlichen stellen. Das Publikum der Zukunft sollte an das Musiktheater und an die veranstaltende Institution herangeführt und Stück für Stück zu dem Schritt ermuntert werden, den viele Erwachsene in der Rhônestadt während der 1990er Jahre getan hatten: dass sie die Opéra de Lyon als ihre Oper begriffen.

Klaus Geitel behielt Recht. Am 1. September 2000 begann für das Deutsche Symphonie-Orchester Berlin die Ära Kent Nagano. So steht es zumindest auf dem Papier, in den Verträgen. In Wirklichkeit setzte sie schon früher ein, denn Kent Nagano übernahm bereits für die Spielzeit 1999/2000 eine Reihe von Konzerten mit dem Orchester. Er eröffnete die Saison im September 1999, jenem Monat, der in Berlin traditionell von den Festwochen bestimmt wird. Sie hatten am Ausgang des 20. Jahrhunderts Gustav Mahler in den Mittelpunkt ihres Musikprogramms gerückt, und Kent Nagano dirigierte eines der Schlüsselwerke, die Dritte Symphonie, die mit ihrer Spannung zwischen Volkston und großer symphonischer Architektur, zwischen romantischem Lied und quasi philosophischer Weltschau ein ganzes Zeitalter geistig in sich sammeln und zu einer neuen Perspektive bündeln will. Das Werk ist ein Musikdrama ohne Worte und eine Symphonie, ein Oratorium und eine Kantate. Es stellt an sich, an seine Interpreten und an seine Hörer einen Universalanspruch. Darin geht es weiter als Wagners Musikdramen. Für jeden Dirigenten bedeutet dieses Werk eine Feuerprobe.

Kent Nagano hat Mahlers Dritte Symphonie nach der Aufführung mit dem Deutschen Symphonie-Orchester Berlin auf CD festgehalten. Da an Mahler-Einspielungen gewiss kein Mangel herrscht, hatte man keine zu hohen Erwartungen an den Verkauf. Doch die Schätzungen wurden kräftig widerlegt: 10 000 anstatt der kalkulierten 3000 gingen innerhalb eines Jahres in den Besitz interessierter Musikliebhaber über. Besser hätte der Prolog zu Kent Naganos Arbeit als Chefdirigent und Künstlerischer Leiter des Deutschen Symphonie-Orchesters Berlin musikalisch kaum ausfallen können. Dass sich die Politik, auch wenn sie sich Kulturpolitik nennt, in solchen Situationen eher für das Ritardando als für das Accelerando zuständig sieht, gehört zu den weniger schönen Seiten des musikbetrieblichen Kontrapunkts. Doch auch sie müssen – musikalisch gesprochen – durchgeführt werden.

Als Kent Nagano künstlerische Verantwortung in Berlin übernahm, begab er sich nicht auf unbekanntes Terrain, sondern auf ein vorsondiertes und vorab erprobtes Feld. Vier Mal hatte er in der neuen deutschen Hauptstadt bereits dirigiert. In der Saison 1991/92 gab er sein Berlin-Debüt mit dem Chamber Orchestra of Europe und dem Radio-Symphonie-Orchester Berlin, dem späteren Deutschen Symphonie-Orchester Berlin. 1997 dirigierte er zum ersten Mal das Berliner Philharmonische Orchester. Die Programme, mit denen er sich bekannt machte, lagen weit vom Beethoven-Brahms-geprägten Mainstream der klassischen Musik entfernt. Mit Olivier Messiaens letztem Werk, *Éclairs sur l'Au-Delà*, führte er sich bei den Philharmonikern ein. Frank Martins symphonische Kantate *Die Weise von Liebe und Tod des Cornets Christoph Rilke* stand im Programm seines Konzertes mit dem Chamber Orchestra of Europe – eine absolute Rarität im allgemeinen Repertoire. Das Radio-Symphonie-Orchester dirigierte er in der Reihe *Musik der Gegenwart*, und deren Spektrum spannte Nagano sehr weit auf: Neben einer Komposition des Berliners Paul Heinz Dittrich standen Werke von George Benjamin und John Adams. Ihren Namen wird man im Verlauf dieses Buches noch öfter begegnen.

In diesem Buch wird versucht, den Lebensweg und den Werdegang des Dirigenten Kent Nagano in den wichtigsten Stationen und Begegnungen nachzuzeichnen. Basis und Rückgrat der biografischen Skizze bilden zahlreiche Interviews, Gespräche, die der Autor mit Kent Nagano führen konnte. Sie fanden in Berlin statt, dem »Arbeitsmittelpunkt« des Maestros, aber auch an anderen Orten, an denen Kent Nagano dirigierte: in Bregenz bei den Sommerfestspielen, wo er die Wiener Symphoniker auf ein Konzert mit Bruckners Siebter Symphonie vorbereitete, in Hamburg, wo er mit Chor und Orchester des NDR das *Deutsche Requiem* von Johannes Brahms erarbeitete. Zur Gesprächserfahrung gehört vor allem das, was gesagt und erörtert wurde, aber auch die Art, wie es dargestellt und kommuniziert wurde. Kent Nagano bedenkt die Fragen, die ihm gestellt werden, genau, auch wenn er auf den größten Teil von ihnen wahrscheinlich schon hundert Mal geantwortet hat. Auch Nuancen sind ihm wichtig, und die gleiche Frage kann, wie er findet, nicht in jedem Zusammenhang auf gleiche Weise beantwortet werden. Nagano spricht ruhig und klar und entfaltet die Zusammenhänge zu einer übersichtlichen Geographie der Gedanken. Nicht immer antwortet er direkt. Oft leuchtet er erst den Horizont der Frage aus, erforscht ihre Dimensionen, umschreibt ihre Hintergründe und setzt dann erst seine Aussage in den gedanklichen Raum, den er vorher umrissen hat. Er unterscheidet zwischen Information, die knapp ausfallen muss, und dem Bedenken eines Themas und einer Fragestellung, für das es keine Kurzformen gibt. Er nimmt sich die Zeit, legt bisweilen auch kurze Pausen in den Gesprächsfluss, bis ein Gedanke die Gestalt angenommen hat, die ihn mitteilbar macht. Man trifft bei ihm die Spracharabesken nicht, mit denen sich jemand in das hinein und um das herum redet, was er eigentlich sagen will und was ihm dennoch unklar bleibt. Kent Nagano weiß um den Grunddreiklang, der ein Gespräch trägt, um die Spannung zwischen sachlicher Objektivität, geistiger Achtung und persönlicher Verbindlichkeit. Je öfter man Gelegenheit hat, mit ihm zu sprechen, desto stärker gewinnt man den Eindruck eines eminent musikalischen Denkens auch in dem, was er über Worte kommuniziert: Er versteht, auf mehreren Ebenen gleichzeitig zu denken und sie aufeinander zu beziehen. Musiker sprechen in einem solchen Fall von Polyphonie.

Kent Nagano spricht über seine Vorstellungen und Vorhaben, er spricht von den Menschen, denen er begegnet ist, die ihn prägten, mit denen er zusammengearbeitet und ein gemeinsames Stück eines künstlerischen Weges zurückgelegt hat. Er erläutert seine Auffassungen und Standpunkte. Aber er gibt keine Selbsteinschätzungen ab und suggeriert seinem Gegenüber nicht, was es von ihm halten soll. Beurteilung sei immer die Sache der anderen, und Kent Nagano besitzt die Souveränität, sie auch den anderen zu überlassen. Häufig wählt er, wenn er von seinen Projekten erzählt, die Wir-Form, nicht als Pluralis Majestatis, sondern als Hinweis darauf, dass er sich als Teil eines Teams sieht, Fähigkeit und Wille zur Teamarbeit gehören zu seinen großen Vorzügen. Er definiert sich über seine Arbeit und deren Ergebnisse, und nicht umgekehrt. Das bedarf der Erwähnung, weil die Gespräche selbst letzten Endes den Charakter und den Duktus dieses Buches vorgezeichnet haben.

Es ist die Biografie eines Dirigenten, der mitten in seiner Laufbahn steht, und ihre Zeichen weisen seit Jahren unverändert nach oben. Für Künstler gilt der lapidare biblische Satz: An ihren Werken sollt ihr sie erkennen. Bei Komponisten sind es traditionell die Partituren, die sie schreiben, bei Dirigenten ist es das, was sie aus den Partituren machen, ihren Musikern und dann mit diesen zusammen ihrem Publikum vermitteln. Deshalb wird auch viel von Musik und Musikauffassung die Rede sein. Andere Leidenschaften, wie die Liebe zu schnellen Autos und den Genuss der hohen Geschwindigkeit, verfolgen wir dagegen nicht so detailliert. Wollte man sie ins Verhältnis zum Künstler Kent Nagano setzen und Aussagekräftigeres als Allgemeinplätze formulieren, dann müsste man ein sehr enges persönliches Verhältnis zu dem Maestro haben, das über Jahre gewachsen ist. Das aber ist nicht der normale Ausgangspunkt einer Biografie. Das Porträt eines Menschen nimmt man aus der Entfernung auf, und eine Biografie bedeutet immer eine Annäherung. Das heißt aber: Sie setzt aus der Distanz an. Nichts ist für die Literatur, die Leben und Werk eines Menschen in den betrachtenden Blick nimmt, schlimmer, als wenn ein Autor sich zum Pumuckl macht, der angeblich immer unsichtbar auf des Meisters Schulter sitzt, und nachher zugeben muss, dass er gar keine Tarnkappe hat und gar nicht überall dabei war.

Kent Naganos künstlerischer Weg wird in diesem Buch von den Orten und den Begegnungen her beleuchtet, in denen sich seine Entwicklung und sein Wirken konzentrierten, denn dort fielen die wesentlichen Entscheidungen für seine berufliche Laufbahn. Selbstverständlich gewinnt ein Künstler im globalisierten Kulturbetrieb sein Profil einerseits durch die Verantwortung, die er an einem Platz übernimmt, andererseits durch die Wirkung, die er an vielen Orten, als Gastdirigent, erzielt. Kent Nagano hat in den letzten zehn Jahren in Deutschland die großen, bedeutenden Orchester geleitet: die Berliner und die Münchner Philharmoniker, die Staatskapellen aus Berlin und demnächst auch aus Dresden, das NDR-Sinfonieorchester, das Klaus Tennstedt und Günter Wand zu seiner heutigen Bedeutung formten, das Kölner Rundfunk Sinfonie-Orchester und das Gewandhausorchester Leipzig. Er bewegt sich also im ersten Rang der Kulturorchester, die dieses Land in großer Anzahl zu bieten hat. Seine künstlerischen Schwerpunkte aber bestimmt Kent Nagano nach wie vor von den Orten aus, in denen er die musikalische Verantwortung trägt, die Gastspiele verhalten sich, was die Programme betrifft, dazu wie Variationen (was nichts über die Qualität und Intensität sagt).

Dieses Buch wäre ohne großzügige Unterstützung, die ich von verschiedenen Seiten erfahren habe, nicht möglich gewesen. Mein Dank gilt vor allem Kent Nagano, der mir einen bedeutenden Teil seiner kostbaren Zeit schenkte, um meinen

Fragen Rede und Antwort zu stehen. In den Gesprächen formulierte er immer wieder, er habe – zum Beispiel mit Olivier Messiaen – viel Zeit verbracht, und er maß diesem Sachverhalt große Bedeutung bei. Ich stutzte zunächst: Welche Qualität soll im Verbringen von Zeit liegen? Schließlich wurde mir klar, dass Kent Nagano damit immer erfüllte Zeit, intensive Zeit meint, und: dass er Zeit für ein hohes Gut und damit für eines der wertvollsten Geschenke hält, die sich Menschen machen können. In diesem Sinne wurde ich von Kent Nagano reich beschenkt, und ich hoffe, dass er dieses Buch als würdigen Dank dafür empfinden kann.

Walter Vorwerk danke ich sehr herzlich dafür, dass er mir alles Material, das er durch eigene Interviews für den Rundfunk, durch Recherchen und Pressedokumentationen sammelte, uneingeschränkt zur Verfügung stellte. Er hat Kent Naganos Wirken in Berlin regelmäßig als Journalist begleitet, und er hatte selbst vor, seine Arbeit durch ein Buch über den neuen Chefdirigenten des Deutschen Symphonie-Orchesters Berlin abzurunden. Er verzichtete zugunsten dieser Biografie auf sein Vorhaben und stellte mir zur Verfügung, was er bereits vorbereitet hatte. Solche Großzügigkeit erlebt man selten. Prof. Dr. Ulrich Eckhardt, Dr. Thomas Schmidt-Ott, Gabriele Schiller und Jutta Obrowski danke ich für die kritische Vorablektüre und für manche Ermutigung im Prozess des Schreibens, wenn eine Zone gedanklicher Windstille drohte. Last not least gilt mein Dank dem Henschel Verlag und dem betreuenden Lektor, Dr. Stefan Pegatzky, der das Buchprojekt an mich herantrug und schließlich Wirklichkeit werden ließ.

Berlin, im Juni 2002

Kindheit und Jugend

Morro Bay in Kalifornien ist eine alte Siedlung, deren Ursprünge tausende von Jahren zurückreichen bis in Zeiten, da noch kein Europäer einen Fuß auf amerikanischen Boden gesetzt hatte. Es liegt auf halbem Weg zwischen Los Angeles und San Francisco, den beiden dominierenden Metropolen an der Südwestküste der Vereinigten Staaten, direkt am Pazifischen Ozean. Sein Hafen in der Bucht, die eine Flussmündung im Streit und im Verein mit der See schuf, bietet ankommenden und vor Ort liegenden Schiffen Schutz vor den Gewalten des Meeres und der Stürme, denen sie hier weniger direkt ausgesetzt sind als an anderen Stellen der lang gestreckten Küste, die sich mal lieblich und friedlich, mal wild und bedrohlich, rau und gefährlich gebärdet. Das Land ist fruchtbar und bietet gute Bedingungen für die Landwirtschaft. Fährt man den legendären, 700 Kilometer langen Highway Number One entlang der landschaftlich abwechslungsreichen Westcoast nach Norden, dann lässt man den Ort um den Hafen herum im Westen liegen, denn hier verlässt der Highway die Nachbarschaft zum Ozean, kürzt die Ausbuchtungen der Uferregionen ab und umgeht das Schwemmland zwischen den hochaufragenden Felsen. Ein Teil der Ländereien in der Gemarkung von Morro Bay erstreckt sich bis in die Gebiete östlich des Highways. Als Fremder gerät man kaum zufällig an diesen Ort, man muss ihn gezielt ansteuern, sei es, weil man dort jemanden kennt oder etwas über seine besondere Natur-

und Zivilisationsgeschichte erfahren hat. So war es zumindest bis vor kurzem.

Morro Bay war ein kleiner Ort bis vor etwa 30 Jahren, als ein ehrgeiziges Entwicklungsprogramm aufgelegt wurde, das die gesamte County von St. Luis Obispo mit Morro Bay und den benachbarten Ortschaften Los Osos und Baywood einbezog. Der Plan enthielt Vorschläge zu einer behutsamen Industrialisierung der Fischer-, Bauern- und Handwerkerdörfer und zur Verbesserung der Wohnqualität durch großzügig konzipierte Wohnanlagen. Manches davon war umstritten, wie das große Kraftwerk der PG&E Company; anderes fand Zustimmung wie die Umwelt- und Naturschutzprojekte, denen eine Pilotfunktion weit über die Region hinaus zukam. Mit ihnen sollte auch ein sanfter Tourismus in das Gebiet geführt werden, das bislang nur von Kennern, von Wissenden besucht wurde – von diesen allerdings mit doppeltem Gewinn –, und die Region für neue Bewohner attraktiver gemacht werden. Mitte der 1980er Jahre zählte Morro Bay fast 10 000 Einwohner, heute sind es mehr als das Doppelte.

Am 22. November 1951 wurde Kent Nagano in Morro Bay geboren. Damals war die Ortschaft tatsächlich noch klein, ein Dorf, wie Kent Nagano sie mit dem deutschen Begriff beschreibt, in dem vor allem Fischer, Bauern und Handwerker lebten. Sie waren Einwanderer und kamen von überall her: aus Portugal, aus der Schweiz, »aus der deutschen und aus der italienischen Schweiz, denn die Gegend war reich an Ackerland; zugleich kamen viele Menschen aus Frankreich und aus England, denn es war ein idealer Hafen, er bot günstige Bedingungen für Fischer, und aus Japan. Es wurden viele Sprachen gesprochen in Morro Bay, und für uns Kinder war das völlig normal, dass hier verschiedene Kulturen und Traditionen aufeinander trafen«, erinnert sich Kent Nagano. Gewiss, es gab auch Konflikte.

»Kinder können gnadenlos sein. Sie können sich hänseln, sie können sich aufziehen wegen ihres Aussehens, wegen ihrer Eltern, wegen ihrer Sprache. Das war auch in Morro Bay nicht anders«, erzählt Kent Nagano. »Aber ich glaube, es war ein Vorteil, dass wir nicht in einer Großstadt aufwuchsen. Dort können sich die kulturellen Konflikte, die Konflikte zwischen verschiedenen Bevölkerungsgruppen, schnell bis in den kritischen Bereich steigern und explodieren. Aber in Morro Bay nahmen die Konflikte nie das Ausmaß an, dass man zum Beispiel nicht mehr zusammen hätte musizieren können. Vielleicht muss man auch sagen: Dass wir zusammen musizierten, hielt die Konflikte in zivilisierten Grenzen und ließ sie nicht ausufern.«

Kent Naganos Eltern, George Kimiyoshi und Ruth Okamoto, betrieben in Morro Bay bis Mitte der 1970er Jahre eine Farm, obwohl sie beide über eine akademische Ausbildung verfügten: Seine Mutter, eine ausgezeichnete Pianistin, war Mikrobiologin, sein Vater Architekt; beide hatten an der University of California in Berkeley studiert und dort auch ihre Abschlussprüfungen absolviert.

Stadtflucht, der Drang aufs Land? Mit dieser Frage überträgt man das europäische Lebensgefühl der 1970er auf eine besondere amerikanische Situation der 1950er Jahre. Solche Probleme stellten sich für Kent Naganos Eltern nicht. Sie stammten beide aus Familien, die Anfang des 20. Jahrhunderts aus Japan nach Amerika eingewandert waren und ihren Lebensunterhalt in der Landwirtschaft verdienten. Ihren Kindern ermöglichten sie eine gründliche, umfassende Ausbildung als Voraussetzung für gesellschaftliches Fortkommen. Zugleich lag darin aber auch ein Stück japanischen Erbes, denn die Pflege des Geistigen, des gründlichen Denkens und Verstehens, hat in Japan Tradition und verhilft nicht nur zu gesellschaftlichem Ansehen, sondern auch zur Selbstachtung. Wissen ist danach nicht in erster Linie Macht, wie Francis

Bacon meinte, sondern eines der Fundamente menschlicher Würde. Diese Wahrheit wird derzeit auch in Deutschland zaghaft wiederentdeckt.

Die Naganos gehörten von Anfang an in Morro Bay zu den angesehenen und geachteten Familien. In der zweiten Hälfte des Jahres 1917 kam George, Kent Naganos Großvater, mit seiner Frau Kanaru und dem neugeborenen William Haruyoshi in den kleinen Küstenort. George, der eigentlich Yoshio hieß und erst später von Freunden mit dem amerikanischen Namen angesprochen wurde, war damals 29 Jahre alt, seine Frau zehn Jahre jünger. Er hatte sie 1915 bei einem Besuch in der alten Heimat geheiratet und dann mit in die Neue Welt genommen, wo er seit 1913 in Arroyo Grande, einige Kilometer südöstlich von Morro Bay, mit seinen Brüdern eine Farm betrieb. 1917 machte er sich selbständig. George Yoshio wurde für seinen Fleiß und für seinen Gemeinsinn gepriesen. Keine Arbeit war ihm zu hart, um den Lebensunterhalt für seine Familie zu verdienen und ihre Existenzgrundlagen zu verbessern. Unter den Einwanderern aus Japan galt er als der am stärksten amerikanisch ausgerichtete. Er verlegte sich auf den Gemüseanbau, leistete bei manchen Sorten sogar Pionierarbeit, und konnte seine Produkte schließlich nicht nur in Kalifornien, sondern bis nach New York verkaufen. In verschiedenen Vereinigungen, in wirtschaftlich, gesellschaftlich und sportlich orientierten, bekleidete er Ehrenämter. Er pflegte gute Nachbarschaft, und er erfuhr gute Nachbarschaft. Die Menschen in Morro Bay, Einwanderer allesamt, hielten zusammen, unabhängig davon, aus welchen Ländern ihre Vorfahren stammten. Die Gemeinschaft bewährte sich in Krisenzeiten.

Das Leben von Kent Naganos Eltern und Großeltern erfuhr während des Zweiten Weltkriegs einen einschneidenden Bruch. Am 7. Dezember 1941 griffen japanische Luft- und Seestreitkräfte die amerikanische Pazifikflotte an, die in Pearl Harbor auf der Hawaiiinsel Oahu stationiert war, und zerstörten sie größtenteils. Die Amerikaner waren von der Attacke vollkommen unvorbereitet überrascht worden. In den USA löste dieser Handstreich der fernöstlichen Achsenmacht einen Schock aus. Einwanderer aus Japan mussten daraufhin die Küstenregion zum Pazifik verlassen, auch wenn sie die amerikanische Staatsbürgerschaft besaßen. Man behandelte auch Kent Naganos Eltern und Großeltern wie »Enemy Aliens«, feindliche Ausländer, »obwohl sie sich eindeutig mit Amerika identifizierten; sie hörten amerikanische Musik, kannten nicht nur klassische Werke, sondern auch den Jazz, den Swing, die Stücke von Benny Goodman. Sie empfanden sich als Amerikaner. Dennoch wurden sie aus ihrem Heimatort verbannt und interniert.« Sie entwickelten trotz allem keine antiamerikanischen Gefühle. Kent Naganos Vater war damals 16 Jahre alt. Im Rückblick erinnerte er daran, dass seine Familie durch die Anordnungen von höchster amtlicher Stelle weniger hart getroffen wurde als andere. Unmittelbar nach der Pearl-Harbor-Katastrophe teilte die Regierung den kalifornischen Küstenstreifen in zwei Zonen: eine westlich und eine östlich des Highway One gelegen. Diejenigen, die westlich der großen Straße wohnten, mussten ihr Land binnen zwei Wochen verlassen, denjenigen, deren Haus, wie das der Naganos, östlich des Highways lag, blieben einige Monate Zeit, um alles, was sie mitnehmen konnten, einzupacken und die Versorgung von Haus und Hof, so gut es ging, auf unbestimmte Zeit zu regeln. Nachbarn bestellten die Felder während der Jahre, in denen die Naganos in Poston, Arizona, interniert waren; sie übernachteten sogar im Haus der Ausgewiesenen, um es vor Einbrüchen zu schützen. Als die Naganos dann wieder zurückkehren konnten, fanden sie alles so intakt vor, wie sie es verlassen hatten. Patrick Noriyoshi, Kent Naganos Onkel, der zweite Sohn von Yoshio und Kanaru Nagano und der erste, der in Morro Bay geboren wurde, meldete sich aus der Internierung als Freiwilliger zum US-Militär. Er wurde in einer Sprachenschule eingesetzt.

Erst nach Kriegsende aber wurde die Internierung aufgehoben. Die Kinder und Enkel japanischer Einwanderer konnten wieder in ihre Häuser zurückkehren und kamen in den formell uneingeschränkten Genuss ihrer Bürgerrechte. Kent Naganos Vater, George Kimiyoshi, der jüngste der drei Söhne von George Yoshio Nagano, war damals zwanzig Jahre alt. Er schrieb sich an der University of California Berkeley ein, ebenso wie seine spätere Frau Ruth Takeo Okamoto. Auch ihre Eltern waren um die Wende zum 20. Jahrhundert aus Japan nach Kalifornien emigriert, wie es viele junge Leute damals taten – meistens aus schlichter materieller Not. Die japanischen Traditionen sahen vor, dass das Erbe einer Familie, das Haus- und Grundeigentum, aber auch der soziale Status, stets auf den ältesten Sohn überging und nicht geteilt wurde. Die jüngeren Geschwister gingen leer aus und mussten nach anderen Lebensgrundlagen Ausschau halten. Diejenigen, die in ihrer Heimat keine Chancen sahen, wanderten aus, um sich – vor allem in dem Land, das mit seinen »unbegrenzten Möglichkeiten« lockte – eine neue Existenz zu schaffen. So kamen Kent Naganos Großeltern mütterlicherseits aus Aomori, einer Stadt, ganz im Norden der japanischen Hauptinsel Honsyu an einer großen Meeresbucht gelegen, nach Kalifornien. Die Familie Okamoto war traditionell in der medizinischen Versorgung der Samurai, der oberen Klasse der japanischen Gesellschaft, tätig; sie hatte damit am stark formalisierten Bereich des Gemeinwesens teil. Auch solche Bindungen an eine Überlieferung, die mehr und mehr zu erstarren drohte, konnten in Zeiten des Umbruchs der Verhältnisse junge Leute dazu bewegen, sich neu zu orientieren, um ein weniger reglementiertes Leben anzustreben.

George und Ruth Nagano schlossen ihr Studium in Berkeley erfolgreich ab. Sie hatten gute Aussichten auf eine akademische Laufbahn. Dennoch zogen sie nach Morro Bay zurück – vor allem der Not gehorchend. George, Kent Naganos Großvater, hatte einen Herzanfall erlitten und konnte danach seine Farm nicht mehr allein betreiben. Er rief seine Söhne zu sich, damit sie seine Arbeit übernähmen und weiterführten. Der landwirtschaftliche Betrieb, mit dem George Yoshio Nagano 1917 begonnen hatte, bestand bis zum Jahr 1976. Dann wurde das Farmland in Übereinstimmung mit dem regionalen Entwicklungsprogramm in Bauland umgewandelt. George Kimiyoshi und Ruth Okamoto Nagano gingen daraufhin wieder den Berufen nach, für die sie studiert hatten, er als Architekt, sie als Mikrobiologin an der Universität der St. Luis Obispo County. Kent Nagano wuchs also auf dem Land auf, in direktem Kontakt mit der Natur und in einem, wie wir es nennen würden, bildungsbürgerlichen Umfeld.

»Eigentlich hatte ich Glück«, stellt Kent Nagano rückblickend fest, »auch wenn ich das als Kind und als Heranwachsender oft anders sah. Meine Eltern waren Bauern, aber was für Bauern? Mein Vater war ein Bauingenieur, ein Architekt, ein brillanter Mathematiker mit Universitätsabschluss. Er fuhr einen Traktor. Meine Mutter, eine Bäuerin, die mit meinem Vater aufs Feld ging, war Pianistin, Cellistin und examinierte Mikrobiologin. Das war auch für kalifornische Verhältnisse sehr ungewöhnlich. Aus meiner frühen Kindheit blieb mir im Gedächtnis, dass mein Vater früh um halb sechs oder sechs Uhr aufs Feld fuhr, abends um sechs kam er zurück. Wir aßen dann gemeinsam, und wenn wir Kinder bettfertig waren, ging mein Vater in sein Studio, um Pläne zu zeichnen, Bauten zu konstruieren, wie sie seinen Vorstellungen entsprachen. Ich wuchs auf mit Skizzen, Pausen und Architekturmodellen rings um unser Haus. Mein Vater gewann in der Gegend mehr und mehr Ansehen, dadurch erhielt er auch nach und nach Entwurfsaufträge. Als ich elf, zwölf Jahre alt war, fuhr ich mit ihm zu Baustellen, und er erklärte mir die Konstruktion der Gebäude, die da entstanden.

Beide Eltern, mein Vater und meine Mutter, vereinigten

künstlerische und wissenschaftliche Fähigkeiten in sich. Meine Mutter war Musikerin, sie kannte sich in der Literatur gut aus, aber andererseits war sie Naturwissenschaftlerin. Mein Vater konnte zeichnen und malen, doch auf der anderen Seite beherrschte er die Mathematik und das Ingenieurswesen. Architektur betrachtete er nicht nur als Wissenschaft, als zweckmäßige Konstruktion, sondern auch als Kunst, die unser ästhetisches Bewusstsein beeinflusst und einer Epoche ihre kulturelle Identität verleiht. An den Bauten kann man viel über die Geschichte einer Stadt oder einer Region ablesen. Darauf hat mich mein Vater immer wieder hingewiesen.

Ich hatte nie darüber nachgedacht, dass diese Beschäftigung mit Architektur irgend einen Einfluss auf meine musikalische Entwicklung genommen haben könnte, bis mir Dr. Dieter Rexroth vor einigen Jahren sagte: ›Jetzt verstehe ich, warum die strukturellen Aspekte Ihrer musikalischen Interpretationen so klar hervortreten: Sie sind der Sohn eines Architekten.‹ Damals lachte ich. Aber als ich danach zurückblickte und überlegte, dachte ich: Er hat wahrscheinlich Recht. Die Erfahrung, die ich im Laufe meines Lebens sammelte, besagt: Eine Sache, eine Ästhetik aufzubauen, ist nicht nur eine Frage dessen, wie man sie aufbaut, die Ästhetik rührt vor allem von dem her, was man baut. Es muss nicht nur von einem praktischen Standpunkt aus gesehen funktionieren – und gut funktionieren, es muss durch die Konsequenz seiner Struktur einen persönlichen, unverwechselbaren Charakter erhalten und dadurch überzeugen. Das, glaube ich, könnte ich von meinem Vater gelernt haben.«

Das bildungsbürgerliche Ambiente beschränkte sich für Kent Nagano nicht nur auf die häusliche Umgebung. Morro Bay, die kleine Zweitausend-Seelen-Gemeinde, verfügte über eine Besonderheit, die das gesellschaftliche und kulturelle Leben auszeichnete und hauptsächlich dem Wirken eines Mannes zu verdanken war: Wachtang Korisheli. Korisheli war seinem ursprünglichen Berufsziel nach Pianist, in Wirklichkeit ein umfassend gebildeter Künstler, der sich auch auf Orchestererziehung, auf Kompositions- und Instrumentationslehre verstand und sich außerdem mit Malerei und Bildhauerei beschäftigte. Noch heute bietet der 80-jährige Meister auf dem San Luis Obispo Campus der San Francisco State University Kurse in Bildhauerei an. 2002 arbeitet er an einer Ausstellung mit dem Titel *Diversity*, die das Zusammenleben von Menschen unterschiedlicher Herkunft aufgreift und zum Thema einer Skulpturenserie macht. Im Jahr darauf, so sagt er, werden die in Stein gehauenen Kunstwerke fertig sein und auf dem Universitätsgelände präsentiert werden.

Korisheli kam nach dem Zweiten Weltkrieg nach Morro Bay. Er stammte aus Georgien, wo er 1921, als es noch eine Sowjetrepublik war, geboren wurde. Am Konservatorium von Tbilisi begann er nach seinem Schulabschluss mit dem Musikstudium, das er jedoch nicht zu Ende führen konnte. 1941 verließ er seine Heimat. Sein Vater war von Stalins Geheimdienst verhaftet und interniert worden. Er kam aus dem Gulag nie mehr zurück. Wachtang Korisheli selbst galt den Sowjet-Verantwortlichen als »unzuverlässiges Element« und wurde deshalb nicht zur Armee zugelassen. Der junge Mann wusste, was diese Einstufung in der Konsequenz bedeutete: Zwangsarbeit als unmittelbare Perspektive. Korisheli stellte sich der deutschen Armee und wurde von ihr gleichsam in Schutzhaft genommen. Da er gut deutsch gelernt hatte, arbeitete er in den Gefangenenlagern als Übersetzer zwischen Wehrmacht und sowjetischen Kriegsgefangenen. Er kam nach Berlin, schließlich nach München, wo er seine Musikstudien fortsetzen konnte, solange die Hochschule dort ihren Betrieb aufrechterhielt. Nach dem Ende des Zweiten Weltkrieges lud ihn Oskar Wagner nach Los Angeles ein, um dort weiterzustudieren. Korisheli nahm an. Manchmal überlegte er, nach Deutschland zurückzukehren, und tat es in den 1970er

Jahren dann auch: 1975 promovierte er in Freiburg bei Hans Heinrich Eggebrecht über *Die Entstehung und Geschichte der vierhändigen Klaviermusik bis zu Schubert und seinen Zeitgenossen* und lehrte für einige Zeit in der alten Universitätsstadt unweit des Dreiländerecks. Zunächst einmal aber erwarb er sich an der Westküste der USA eine Unterrichtslizenz, und die erste Anstellung, die ihm geboten wurde, war in Morro Bay. Er nahm sie an und blieb dort. Eine Karriere als Konzertpianist verfolgte er nicht mehr. Er widmete sich hauptsächlich der Musikerziehung und baute das Youth Symphony Orchestra auf, in dem auch der junge Kent Nagano begeistert mitspielte.

Professor Korisheli, wie Kent Nagano ihn bis heute respektvoll nennt, unterrichtete Musik, sowohl privat als auch in der allgemein bildenden Schule, die die Primarstufe umfasste, also von sieben- bis zwölfjährigen Schülern besucht wurde, bis sie in die weiterführende, die so genannte High School, wechseln konnten. Korisheli, so berichtet Kent Nagano, schlug der Kommune von Morro Bay bald die Einrichtung eines Konservatoriums für die Primarstufe vor und bekam ein Gebäude zur Verfügung gestellt. Anders als in der deutschen Tradition bezeichnet der Begriff »Konservatorium« hier eine Zwischenform von Musikschule und Spezialschule für Musik, wie sie zum Beispiel in der DDR zur gezielten Vorbereitung auf ein späteres Musikstudium neben den für alle obligatorischen Schul- und Abiturfächern eingerichtet wurde. Professor Korisheli bot an seinem Konservatorium Einzelunterricht in den Instrumentalfächern, Gruppenunterricht in Musikkunde und gemeinsames Musizieren im Orchester an. Die Unterrichtszeiten am Konservatorium wurden um den Stundenplan der öffentlichen Schule gelegt, und so hatte jeder, der sich für die Teilnahme an Korishelis Lehrangebot entschied – sie war freiwillig, aber begehrt – einen ausgefüllten Tagesablauf. Doch wenn man Kent Nagano davon erzählen hört, gewinnt man nicht den Eindruck, dass irgendjemand darunter gelitten hätte. Kent Nagano beschreibt ihn so:

»Professor Korisheli formte das Konservatorium nach seinen Erfahrungen und Vorstellungen. Der Gemeinschaftsunterricht bei ihm begann morgens um sieben, vor dem regulären Schulunterricht. Wir hatten zwei Stunden bei ihm. Von neun bis 14.30 Uhr schloss sich dann der obligatorische Schulunterricht an. Danach kehrten wir zur Orchesterprobe ans Konservatorium zurück. Sie dauerte bis 18 Uhr. Wir verbrachten also viel Zeit in der Schule und bei Professor Korisheli. Der Unterricht bei ihm begann in der Regel im dritten Schuljahr, also im Alter von acht Jahren, und er dauerte bis zum Ende der Primarstufe, wenn die Schüler zwölf Jahre alt waren. In der geistigen Entwicklung eines Kindes ist die Zeit zwischen acht und zwölf ganz entscheidend. Sie können sich also vorstellen, dass der Einfluss von Professor Korisheli auf uns sehr prägend wirkte. Er war ja nicht nur unser Lehrer, er war auch unser Orchesterleiter, häufig lud er uns an Wochenenden zu sich ein, um Kammermusik mit uns zu spielen und zu erarbeiten. Außerdem malte er und beschäftigte sich mit Ästhetik und Philosophie. Er machte mit unserer Klasse Exkursionen, bei denen er uns die Grundlagen des Malens und des plastischen Gestaltens vermittelte. Im Grunde prägte er unser geistiges Profil. Wenn man aus einem kleinen Bauern- und Fischerdorf stammte, bedeutete das, was er anbot, eine ungeheure Chance. Und seine Kurse am Konservatorium waren begehrt, fast jeder besuchte sie, fast jeder spielte im Orchester, unabhängig davon, ob er später Musiker werden wollte oder nicht. Die meisten wählten selbstverständlich einen anderen Beruf, sie wurden Rechtsanwälte oder Bauunternehmer, Bäcker oder Architekten, Gelehrte oder Besitzer einer Reinigung, Fleischer oder Geschäftsleute – allerdings auch überdurchschnittlich viele von ihnen Musiker, zum Beispiel Jerry Folsom, der Solohornist des Los Angeles Philharmonic Orchestra. Als ich neulich in Kalifornien war, sandte mir ein ehemaliger Mitschüler ein Bild von Korishelis Klasse im Jahr 1962, in der wir beide waren. Er hat beruflich nichts mit Musik zu tun, er kümmert sich um die Gebäude der Universität in der Region um Morro Bay. Der Ort ist ja inzwischen kein Dorf mehr, er ist enorm gewachsen. Aber dieser Mann spielte damals genauso im Orchester wie ich, wie die meisten, denn es war einfach ungemein inspirierend, mit diesem Professor zusammen zu sein. Ich messe der Bildungsarbeit für Kinder und Jugendliche eine große Bedeutung bei und will so viel, wie es die Orchesteraufgaben erlauben, dafür tun. Meine Einstellung zu den Bildungsaufgaben eines öffentlich geförderten Orchesters geht letztlich auf die Erfahrungen zurück, die ich selbst als Schüler von Professor Korisheli sammeln durfte und die mich und meine Laufbahn entscheidend prägten. Ohne den Unterricht, ohne das Vorbild von Professor Korisheli wäre ich vielleicht nie Musiker geworden.

Verglichen mit den heutigen Verhältnissen wuchs ich in einem richtigen Bildungsparadies auf. In den 1950er und 1960er Jahren galten die Schulen in Kalifornien als vorbildlich, innerhalb der USA, aber auch weit über die Vereinigten Staaten hinaus. In den 1970er Jahren begannen sich die Verhältnisse zu ändern. Damals wurde eine Steuerreform beschlossen. Man senkte die finanziellen Belastungen für die Bürger – wer würde dem nicht zustimmen –, und damit aber auch die Einnahmen des Staates. Der musste seine Ausgaben reduzieren. Nur wenige Monate, nachdem die Steuerreform in Kraft trat, wurden die musik- und kunstpädagogischen Programme gestrichen, danach die Kurse für Literatur, Theater und Tanz. Heute beginnt man, die kulturellen Verluste und deren Auswirkungen zu erkennen. Eine Generation hat man aber schon verloren. Weil ich mich an meine Schulzeit so gut und so gern erinnere, will ich auch das meinige dazu beitragen, die Begeisterung für die Musik mit der heute jungen Generation zu teilen.«

Als Kent Nagano die Primary School in Morro Bay absolviert hatte, beherrschte er nicht nur das Klavierspielen, mit dessen Unterricht er im Alter von vier Jahren bei seiner Mutter begonnen und den er bei Wachtang Korisheli fortgesetzt hatte, sondern auch Klarinette und Viola, die er beide im Orchester spielte, und die Grundlagen der Musiklehre.

Studienjahre

1969 hatte Kent Nagano die High School regulär abgeschlossen. Im Herbst schrieb er sich an der University of California Santa Cruz ein, die etwa 100 Kilometer südlich von San Francisco liegt, in jenem hügeligen bis bergigen Gelände, das dort an den Pazifischen Ozean stößt. Ein festes Berufsziel hatte der 18-Jährige noch nicht im Sinn. Eine Möglichkeit war die Musik, eine andere sah er in den Sozial- und Geisteswissenschaften; selbst Veterinärmedizin hatte er in Erwägung gezogen. Künstlerische und wissenschaftliche Orientierung standen nebeneinander.

»Ich hatte ein starkes Interesse an sozialen und politischen Fragen, insbesondere an Fragen der internationalen Beziehungen, und das Interesse besteht bis heute«, erklärte Kent Nagano dem amerikanischen Journalisten John Newman. »Das waren Studienrichtungen, die damals sehr relevant erschienen, und ich hatte überlegt, dass meine Ausbildung vielleicht zu einem Beruf mit internationaler Ausrichtung führen könnte, vielleicht im diplomatischen Corps, in der Politik oder im internationalen Recht. Es schien mir damals noch nicht so, als sollten sich meine Studien als Vorbereitung auf ein Lebenswerk in der internationalen Verständigung erweisen – einer Verständigung ohne Worte, durch Musik und Kunst anstatt durch Politik.«

Das Interesse an Gesellschaft und Politik, am Verhältnis zwischen Humanität und Wirklichkeit, zwischen Macht und Menschenwürde, teilte Kent Nagano mit seiner Generation, die damals die Studentenbewegung auslöste. Das Engagement der jungen Akademiker erstreckte sich in den USA wie in Europa vom lautstarken Protest und militanten Demonstrationen über mobilisierende Campusaktionen bis zu den Versuchen, ein neues Sinngefühl zu finden und zu leben; vom Verlangen, die Gesellschaft von Grund auf zu verändern, umzukrempeln und neu zu modellieren bis zu dem verweigernden Rückzug in kleine Gruppen, die sich auf die Gaben ihres Schöpfers und auf ihre innere Stimme verließen. Revolution und Innerlichkeit kamen sich an der Wende zu den 1970er Jahren für kurze Zeit nahe. Die legendäre »Flower-Power«-Bewegung war nur eine von vielen Schattierungen eines neuen Lebensentwurfs. Die Studentenbewegung in Kalifornien hatte ihre sehr spezifischen Eigenarten. Die Suche nach neuen Existenzformen artikulierte sich im »Golden State« besonders stark: kein Wunder in einem Land, in dem man, um »auszusteigen«, nur einige Dutzend Meilen fahren muss, bis man in der völligen Einsamkeit ankommt. Die Westküste hatte ihre Barden, ihre Poeten und Musiker, die dem bunten Patchwork eines gehobenen bis tiefsinnigen Glücksstrebens Ausdruck verliehen. Ihre lyrischen Stücke gehören noch heute zu den festen Verkaufsposten der Popkultur.

In dieser gärenden, von Aufbruchsstimmung vitalisierten Atmosphäre fand Kent Nagano seinen eigenen Weg, auch wenn er sein nächstes Ziel noch nicht definiert hatte. Als er 1974 seine Abschlussprüfungen in Santa Cruz ablegte, konnte er den Titel eines »Bachelors« in Musik und Soziologie vorweisen, und in beiden Fachrichtungen hatte er Bestnoten erzielt. Sie eröffneten ihm die Möglichkeit, in der künstlerischen wie der sozialwissenschaftlichen Fakultät ein Graduiertenstudium aufzunehmen. Am selben Tag, an dem er sich an der San Francisco State University für Musik einschrieb, erhielt er auch die Zulassung für Soziologie. Beide Wege standen ihm offen. »Aber eines Tages merkte ich, dass ich mich mehr mit Dirigieren beschäftigte als mit allem anderen.« Schon in Santa Cruz war Kent Nagano von verschiedenen Ensembles gebeten worden, die Leitung zu übernehmen, und hatte in Dirigierklassen assistiert.

»Selbstverständlich liebte ich die Musik leidenschaftlich. Trotzdem verfolgte ich deshalb nicht notwendigerweise das Dirigieren wie eine Berufung. Die Entwicklung ergab sich dadurch, dass ich gebraucht wurde. Als sich in der Praxis die Gewichte meiner Arbeit immer eindeutiger zur Orchesterleitung hin verschoben, erkannte ich selbst mit einiger Überraschung, dass ich – zumindest technisch gesprochen – ein Dirigent geworden war.«

Die Entscheidung für die Kunst, die zu ihrer optimalen Wirkung und Darstellung auch einer quasi wissenschaftlichen Akribie bedarf, war gefallen. Kent Nagano hatte sie nicht vorsätzlich herbeigeführt, sondern gleichsam seine eigene Entwicklung abgewartet.

Es zeichnet Kent Nagano aus, dass er keine übereilten Entschlüsse fällt und sich auch von außen nicht dazu drängen lässt. Diesem Prinzip blieb er auch dann treu, als ein mehr und mehr gefüllter Terminkalender nach raschen Dispositionen zu verlangen schien, wie ein Beispiel aus jüngster Zeit zeigt: Anfang 1999 verpflichtet sich Kent Nagano, im September 2000 die Position eines Chefdirigenten und Künstlerischen Leiters beim Deutschen Symphonie-Orchester Berlin anzutreten und bereits in der vorangehenden Spielzeit mehrere Konzerte zu übernehmen. Mitte 1999 übernahm Plácido Domingo die Verantwortung für die Los Angeles Opera von deren Gründer Peter Hemmings. Domingo wünschte sich Kent Nagano als Musikdirektor und sprach mit ihm darüber. Beide hatten schon öfter zusammengearbeitet, verstanden sich künstlerisch ausgezeichnet und schätzten sich gegenseitig sehr – eigentlich die besten Voraussetzungen für eine engere Zusammenarbeit. »Als ich von Naganos Ernennung hörte«, schrieb der Journalist Mark Swed am 16. September 2001 in der *Los Angeles Times*, »fragte ich einen Kollegen des Dirigenten, was er über die Entscheidung wisse. ›Nichts‹, sagte er mir, und niemand sollte für längere Zeit etwas Genaueres hören. ›Kent trifft keine vorschnellen Entscheidungen, er überlegt alles bis ins letzte Detail‹, fuhr der Kollege fort. Eine offizielle Stellungnahme kam nach einem Jahr.« Dann hatte Kent Nagano geklärt, wie sich seine Arbeit in Berlin mit der in Los Angeles verbinden ließ.

Unter den Professoren aus seiner kalifornischen Studienzeit nennt Kent Nagano vor allem zwei, die ihn prägend beeinflussten: Grosvenor Cooper, seinen Kompositions-, Analyse- und Kontrapunktlehrer an der University of California Santa Cruz, und Laszlo Varga, bei dem er in San Francisco Dirigieren studierte. Grosvenor Cooper kam aus Chicago, wo das Musikleben bis in die späte Nachkriegszeit stark von deutschen Traditionen geprägt war. Theodore Thomas, der das 1891 gegründete Chicago Symphony Orchestra als erster Chefdirigent leitete, stammte aus Esens in Ostfriesland. Seine Ausbildung erhielt er vor allem bei seinem Vater, der dort Stadtmusikus gewesen war und sich 1845 mit seiner Familie in den USA eine neue Existenz aufbauen wollte. Frederick Stock, sein Assistent und Nachfolger, leitete das Orchester bis 1942. Er stammte aus Jülich und hatte an der Kölner Musikhochschule unter anderem bei Engelbert Humperdinck studiert. Die Musiktheorie und die Kompositionslehre an der Musikakademie wurden von zwei Immigranten aus Deutschland entscheidend geprägt: Bernhard Ziehn und Wilhelm Middelschulte, zwei Bach-Gelehrte, die Ferruccio Busoni, der Wahlberliner aus Triest, kurz »die Gothiker von Chicago« nannte. Florenz Ziegfeld gründete 1867 die Chicago Academy of Music. Zu seinen Nachfolgern gehörte Rudolph Ganz, der das Institut 1933 bis 1954 leitete. Als Grosvenor Cooper in Chicago studierte, waren diese Traditionen noch lebendig, verstärkt und unterstützt durch Musiker aus Deutschland, die von den Nationalsozialisten zur Emigration gezwungen worden waren und sich in der Metropole in Illinois niedergelassen hatten. Außerdem beschloss Cooper selbst in Europa zu studieren, in Frankreich und in Deutschland.

»Doktor Cooper hatte eine sehr starke Verbindung zu Europa. Er sprach fließend Deutsch und Französisch, studierte auch selbst dort. Als er nach Kalifornien berufen wurde, war er vor allem durch seine Veröffentlichungen über Stil, Rhythmus und Struktur in der Musik bekannt geworden, Themen, die auch danach sein Spezialgebiet blieben. In der Moderne und der Neuen Musik kannte er sich aus. Zu Arnold Schönberg hatte er wohl Kontakt, war aber nie im unmittelbaren Sinn sein Schüler. Meine hauptsächliche, bestimmende Arbeit mit ihm fand nicht in den Hörsälen der Universität, sondern bei ihm zu Hause statt. Den Kompositionsunterricht erteilte er in seiner Wohnung, so konnte er sich in ruhigerer Umgebung und vor allem ohne Zeitbeschränkungen um jeden einzelnen Studenten kümmern. Die vielen Analysekurse, die ich besuchte, gab er in Gruppen von zwei bis drei Studenten. Für jeden Einzelnen bedeutete dies eine außergewöhnlich intensive Unterweisung. Die Kurse, die Dr. Cooper bei sich zu Hause gab, waren selbstverständlich Teil des akademischen Lehrplans. Er nahm sich nur mehr Zeit, als vorgeschrieben war, versuchte, auf die besondere Begabung jedes Einzelnen einzugehen und sie zu fördern. Er war ein sehr engagierter Lehrer, nach Dr. Korisheli übte er den größten Einfluss auf mich aus. Durch die intensive Arbeit mit Dr. Cooper entwickelte sich natürlich auch ein persönlicher Kontakt, der weit über meine Studentenzeit hinaus erhalten blieb. Als ich bereits als Dirigent arbeitete, konnte ich ihn immer wieder um Rat fragen.«

Laszlo Varga, der zweite für Kent Nagano wichtige Professor in Kalifornien, stammte aus Ungarn. Seine Ausbildung hatte er an der Budapester Musikakademie erhalten. Die letzten Jahre seines Studiums fielen in die Ära des Horthy-Regimes, das sich der Politik der Nationalsozialisten anpasste, anschloss und schließlich unterwarf. Varga sah sich politischer Verfolgung ausgesetzt und emigrierte in die USA. Elf Jahre – in der Ära von Dmitri Mitropoulos und Bruno Walter – war Laszlo Varga Solocellist der New Yorker Philharmoniker. Er gehörte dem Lener und dem Canadian String Quartet an, gründete 1950 das erste Celloquartett der USA und machte zahlreiche neue Werke für Violoncello öffentlich bekannt. Die Indiana University, deren Musikfakultät weltweit zu den besten zählt, verlieh ihm den Titel eines »Chevalier de Violoncelle« – eine Auszeichnung für Musiker, die sich in besonderer Weise für die Weiterentwicklung des Cellospiels eingesetzt haben. Als Dirigent leitete Varga die Symphonieorchester von Budapest und San Leandro, gründete die »Virtuosi of New York« und die »Virtuosi of San Francisco«. Als Kent Nagano an der San Francisco State University studierte, unterrichtete Varga dort Dirigieren und leitete das Hochschulorchester.

Laszlo Varga war ein überaus strenger Lehrer. Er verlangte Perfektion und hielt den Kompromiss für einen Feind der Kunst.

»Ich hatte nie zuvor solch einen strengen Lehrer«, erinnert sich Kent Nagano. »An die Technik, an die Vorbereitung und an das Niveau einer Aufführung stellte er höchste Ansprüche. Fehlern gegenüber verhielt er sich absolut unnachsichtig, und seine Art, Unzufriedenheit und Missfallen auszudrücken, konnte sehr aggressive Formen annehmen. Manchmal dachte ich mir, wie schön es doch wäre, wenn ich mein Diplom in der Tasche und diese harte Schule endlich hinter mir hätte. Aber Professor Varga hatte Recht. Fehler bedeuten immer eine Missachtung der Partitur, und einen nachlässigen Umgang mit einem musikalischen Werk kann man nicht entschuldigen. Fast drei Jahre lang habe ich mit Laszlo Varga gearbeitet, als sein Student und sein Assistent, und ich muss im Rückblick sagen: Es war eine sehr harte, aber auch eine sehr gute und effektive Schule, die ich durchlaufen habe. Ich bin Professor Varga dankbar für das, was ich bei ihm gelernt habe, er vermittelte mir nicht nur Handwerk, sondern stärkte auch mein künstlerisches Gewissen.

Jahre nach meinem Studium traf ich wieder mit Laszlo Varga zusammen, und zwar unter ungewohnten Umständen: Er war der Solist in einem Konzert, das ich dirigierte. Dvořáks Cellokonzert stand auf dem Programm. Professor Varga lud mich zu sich nach Hause ein, das hatte er zuvor nie getan. Er sagte: ›Bitte, setzen Sie sich an meinen Flügel, lassen Sie uns das Werk einmal durchspielen.‹ Das überraschte mich völlig. Er hätte uns als Studenten nie erlaubt, eines seiner Instrumente zu berühren. Also, wir spielten. Er spielte sehr, sehr inspirierend. Und danach wandte er sich mir überaus freundlich, offen und persönlich zu und sagte: ›Jetzt haben wir gespielt, jetzt werden wir trinken‹, und goss Brandy ein. Er lobte mich, nannte mich seinen ›wundervollen Schüler‹ und betonte, wie gerne er mit mir musiziere. In dieser plötzlich gelösten Situation wagte ich, ihm eine Frage zu stellen: Während meiner Studienzeit hätte ich den Eindruck gewonnen, er sei mit meiner Arbeit und mit meinen Leistungen vollkommen unzufrieden. – Das sei völlig falsch, entgegnete er. Er habe erkannt, dass ich besonderes Talent mitbrächte, und deshalb habe er mir besondere Aufmerksamkeit gewidmet, um das aus mir herauszufordern, wozu ich fähig sei. Im Rückblick gebe ich ihm völlig Recht. Strenge ist nicht zwangsläufig destruktiv. Sie ist ein Mittel, das Äußerste, das Beste zum Vorschein zu bringen, und für diese Strenge bin ich Professor Varga dankbar.«

| Wachtang Korisheli, Grosvenor Cooper, Laszlo Varga – drei Lehrer, die auf unterschiedliche Weise, aber alle eng mit der europäischen Musiktradition verbunden sind. Korisheli kam aus der russischen Schule, die großartige Pianisten hervorbrachte, außergewöhnlich nicht nur aufgrund ihrer schier unglaublichen Technik, sondern auch wegen des tiefen Musikverständnisses, das sie durch ihre Virtuosität zum Ausdruck brachten. Sie spielten, als erweckten sie ein ganzes Orchester zum Klingen. Dazu kam der Einfluss der so genannten Münchener Schule, die sich ästhetisch eng an Bruckner und seiner Symphonik orientierte. Laszlo Varga erhielt seine Ausbildung in Ungarn. Die dortigen akademischen Studien standen in dem Ruf, streng zu sein, doch sie vermittelten neben dem Verständnis für die klassischen Traditionen auch den Sinn für eine spontane Virtuosität, wie sie die populäre Musik aus Ungarn in ihren verschiedenen Spielarten auszeichnete. Grosvenor Cooper war Amerikaner mit ausgeprägt europäischem Hintergrund. Unter Naganos Lehrern ergänzte er das Spektrum um die eigentlich westeuropäische Musik, die ihr Zentrum in Paris hatte.

»Ich wurde in den entscheidenden Jahren meiner Laufbahn musikalisch durch eine ältere Generation geprägt, die in der europäischen Tradition erzogen war und sich in ihr zu Hause fühlte«, resümiert Kent Nagano. »Diese Tradition hat sich mir vermittelt, mir, einem Amerikaner, dessen Großeltern aus Japan eingewandert waren. Ich betone immer wieder: Kalifornien liegt extrem weit weg von Europa, einmal halb um den Globus. Dazwischen erstreckt sich, in welche Richtung man auch schaut, jedes Mal eine halbe Welt. Die europäischen Traditionen wirken dort nur indirekt. Sie sind vermischt mit vielen anderen, aus ihnen hat sich in Amerika ganz Eigenständiges entwickelt. Das Verhältnis zu den europäischen Überlieferungen ist distanziert, und die kulturelle Entfernung vergrößerte sich, anders als in der Unterhaltungsmusik, die international stark von Amerika aus dominiert wird.«

Vor diesem Hintergrund musste in Kent Nagano zwingend der Gedanke entstehen, selbst nach Europa zu gehen, um die Informationen aus zweiter Hand durch unmittelbare Erfahrung zu ersetzen. Es dauerte jedoch noch etliche Jahre, ehe sich dieser Wunsch erfüllen konnte. 1976 schloss Kent Nagano sein Studium an der San Francisco State University mit dem Magister Artium ab und schrieb sich anschließend zur Vervollkommnung seiner Bildung an der Universität von Toronto ein. Seinen Lebensmittelpunkt aber verlegte er nach Boston an der Ostküste der Vereinigten Staaten.

Karge Zeiten, schöne Zeiten

Boston, die Hauptstadt des Bundesstaates Massachusetts, zeichnet sich durch ein reiches akademisches und kulturelles Leben aus, in dem die Musik eine wesentliche Rolle spielt. Im Zentrum steht seit 120 Jahren das Boston Symphony Orchestra, das der wohlhabende Henry Lee Higginson 1881 unter dem Motto »The best music at low prices!« ins Leben gerufen hatte. Das Orchester erlebte ruhmreiche Zeiten, von denen manche fast schon zur Legende wurden wie die 25 Jahre während Ära von Serge Koussevitzky, der 1924 als Chefdirigent die Leitung des BSO übernahm. Er vergab über eine eigene Stiftung immer wieder Aufträge an zeitgenössische Komponisten und profilierte Boston als eine Kulturstadt dicht am Puls der Zeit. 1940 ging vom Boston Symphony Orchestra die Initiative zur Gründung des Berkshire Music Center in Tanglewood aus. Das große, weitläufige Gut im idyllischen Hügelland bei Lenox (Massachusetts) war den Symphonikern in den 1930er Jahren als Schenkung vermacht worden. Was als Sommercamp begann, in dem sich junge Musiker durch gemeinsame Arbeit mit erfahrenen Kollegen auf die Berufspraxis vorbereiten können, ist inzwischen zu einem internationalen Treffpunkt und Zentrum musikalischer Innovation geworden, in dem sich Komponisten und Interpreten, fortgeschrittene Studenten und engagierte Berufsmusiker zu Kursen, Erfahrungsaustausch und der Vorbereitung öffentlicher Konzerte zusammenfinden. Lehrer und Studierende sind von internationalem Rang.

Schwieriger hatte es in der Stadt, in welcher der Puritanismus seit ihrer Gründung das öffentliche Leben bestimmte, die Opernkultur. Sie durchlief eine wechselvolle Geschichte. Wesentliche Impulse für das Musiktheater in der Neu-England-Metropole gingen in der späten Nachkriegszeit von zwei Künstlern aus: von Boris Goldovsky, der 1946 das New England Opera Theatre gründete, und von seiner Mitarbeiterin Sarah Caldwell, die 1958 die Boston Opera Group ins Leben rief; 1965 gab sie ihr den Namen Opera Company of Boston. Sarah Caldwell, 1924 in Montana geboren, war ausgebildete Geigerin, Bratscherin und Dirigentin und brachte eine Reihe bemerkenswerter Erstaufführungen nach Boston. Unter ihrer Leitung wurde 1966 Arnold Schönbergs Oper *Moses und Aron* zum ersten Mal in den USA inszeniert; 1974 dirigierte sie die US-Premiere von Serge Prokofjews *Krieg und Frieden* und 1979 Michael Tippetts *Ice Break*. 1976 bis 1979 arbeitete Kent Nagano als ihr musikalischer Assistent bei der Opera Company of Boston. »Apprentice« lautete mit dem englischen Fachbegriff zunächst sein Status. Das hieß: Korrepetieren, Partien mit Sängern einstudieren, bei Proben assistieren, Klavierproben spielen, selten dirigieren. »Man musste so gut wie alles machen, war meist von morgens bis abends im Theater, hatte wenig freie Zeit und wurde schlecht bezahlt«, erinnert sich Kent Nagano. Diese Zeit in Boston gehörte zu jenen mageren Jahren, an denen sich der Wille eines Künstlers bewährt, seine Laufbahn konsequent und unbeirrt zu verfolgen.

»Ich habe damals sehr wenig verdient, 59 Dollar in der Woche, davon musste ich meine Miete bezahlen und meinen Lebensunterhalt bestreiten. Aber ich kam mir überhaupt nicht arm vor. Ich konnte an einem ungemein reichen Musikleben teilnehmen, und das stand für mich im Vordergrund. Bei der Opera Company of Boston lernte ich zum Beispiel Osborne McConothy kennen. Er arbeitete für die Oper als Musikwissenschaftler und Dramaturg. Vorher war er Solohornist im Boston Symphony Orchestra. Er hatte noch bei einem Schüler Steinbrüggers, des Musikers, dem Brahms sein Horntrio widmete, studiert. Er spielte im Boston Symphony Orchestra in der Ära von Koussevitzky, Charles Münch, Erich Leinsdorf und William Steinberg. Als Seiji Ozawa Chefdirigent wurde, hatte er das Pensionsalter erreicht. Durch ihn erhielt ich engen Kontakt zum Boston Symphony Orchestra. Fast jeden Abend besuchten wir eine Aufführung, analysierten sie, diskutierten darüber. So lernte ich viel Literatur genau kennen. Kurz gesagt: Ich kam nach Boston, um dirigieren zu lernen. Was ich lernte, war Musik. Und beides ist nicht unbedingt das Gleiche!«

Die Arbeit in Boston und das weiterführende Studium in Toronto liefen parallel. Dass Kent Nagano den Einfluss der Professoren, die in Toronto lehrten, weniger prägend empfand als den Unterricht bei Grosvenor Cooper oder Laszlo Varga, hatte nichts mit ihrer Qualität zu tun, wie er immer wieder betont. Er befand sich in einer anderen Phase als an der University of California Santa Cruz oder der San Francisco State University. Er wollte Gelerntes perfektionieren und vor allem die Erfahrungen sammeln, die er für seine berufliche Praxis brauchte. Im akademischen Studium ging es nicht mehr um die Grundlagen, nicht mehr um fundamentale Weichenstellungen, sondern um Ergänzungen, Vervollständigungen. Die Antworten auf die Fragen, die sich ihm für die musikalische Interpretation stellten, erhielt Nagano aber viel präziser von denen, die in der Praxis standen und die ihm darin ein Vorbild geben und Lösungen zeigen konnten.

In Boston vertiefte sich auch die musikalische Auseinandersetzung, die Kent Nagano schließlich den Weg nach Europa öffnen sollte. Er war mit dem Namen eines Komponisten verknüpft: Olivier Messiaen, und er führte zunächst wieder zurück nach Kalifornien, zum Berkeley Symphony Orchestra, zu dessen Musikdirektor Kent Nagano 1978 berufen wurde. Damit begann für ihn der Lebensabschnitt, in dem er selbst künstlerische Verantwortung übernahm und mit seinen Programmen und Interpretationen die Kommunikation zwischen Musik und Hörer, zwischen Kulturinstitution und Kommune, zwischen Fachleuten und Öffentlichkeit bestimmte. Dass die Zeit des Lernens für ihn damit nicht zu Ende war, werden die folgenden Kapitel zeigen.

KENT NAGANO
UND OLIVIER MESSIAEN

Die Geschichte, die Kent Nagano mit dem Komponisten Olivier Messiaen verbindet, wird in Kurzporträts des Dirigenten, wie sie in Zeitschriften, Fersehmagazinen oder Rundfunksendungen erscheinen, gern aufgegriffen, denn sie trägt auf den ersten Blick Züge, die sich leicht ins Legendenhafte wenden lassen. Hartnäckig halten sich dabei manche Halbwahrheiten. Kent Nagano, so liest man immer wieder, habe bei Olivier Messiaen studiert. Das trifft nicht zu; die Formulierung sagt zugleich zu viel und zu wenig. Nagano hat nie einen von Messiaens berühmten Analysekursen besucht; er hatte gar keine Gelegenheit dazu, denn die legendären Seminarc fanden 1978 ein Ende, als Messiaen, immerhin schon siebzig Jahre alt, pensioniert wurde und das Pariser Conservatoire verließ. Zu dieser Zeit arbeitete der junge Dirigent noch für 59 Dollar in der Woche in Sarah Caldwells Opera Company of Boston. Kent Nagano war auch nie im formellen Sinn Messiaens Privatschüler in Komposition oder Analyse. Doch die beiden Künstler haben sehr eng zusammengearbeitet, enger, als es in einem Lehrer-Schüler-Verhältnis möglich wäre. Insofern spricht einiges für die These, mit dem Namen Messiaens verbinde sich eine richtungsweisende Zäsur in Naganos künstlerischer Entwicklung. Auf jeden Fall handelt es sich um eine außergewöhnliche Geschichte. Sie sei in Kent Naganos eigenen Worten geschildert.

»Meine Begegnung mit Olivier Messiaen und seiner Musik umschließt eine lange Geschichte. Sie verlief in mehreren Etappen. Zum ersten Mal begegnete ich seiner Musik in einem der Analyseseminare von Grosvenor Cooper. Er widmete Messiaen ein ganzes Semester. Als ich an der San Francisco State University studierte, kam Messiaen mit seiner Frau, Yvonne Loriod, und mit seiner Schwägerin, Jeanne Loriod, in die Stadt. Seiji Ozawa dirigierte die *Turangalîla-Symphonie*, Yvonne Loriod spielte den sehr schweren, konzertanten Klavierpart, ihre Schwester Jeanne Loriod die Ondes Martenot, ein elektronisches Instrument, das in den 1930er Jahren erfunden wurde. Messiaen wies ihm in der *Turangalîla-Symphonie* eine prominente, symbolische Rolle zu.«

Vier Mal dirigierte Ozawa das Werk Mitte Januar 1975 in San Francisco; drei Mal, am 15., 17. und 18., im War Memorial Opera House, einmal, am 16. Januar, im Zellerbach Auditorium der University of California, wo auch das Berkeley Symphony Orchestra seine Konzerte gab.

»Ich hatte damals das Glück, dass ich die Aufführung besuchen konnte«, erinnert sich Kent Nagano. »Messiaens Werk aber blieb mir ein Rätsel, ich verstand es nicht. Als ich dann an der Boston Opera arbeitete, nutzte ich die wenige Freizeit, die mir blieb, um zu üben und um mich weiterzubilden. Ich ging in die Bibliotheken, lieh mir Partituren aus, las sie, spielte sie auf dem Klavier. Ich wollte einfach meine Kenntnis der Literatur, der musikalischen Literatur, erweitern. Boston verfügt ja über einige großartige Bibliotheken, die Boston Library, die Harvard-Bibliothek, die Universitätsbibliothek, die Bibliothek des Konservatoriums. Irgendwann stieß ich auf Messiaens *Catalogue d'oiseaux*. Im Gedächtnis hatte ich den Eindruck, die große offene Frage, welche die *Turangalîla-Symphonie* in mir hinterlassen hatte.

Ich lieh mir also den ersten Band von *Catalogue d'oiseaux* aus, nahm ihn mit nach Hause, versuchte ihn zu lesen und zu spielen. Ich hatte keinerlei Erfahrung mit solcher Musik. Sie wirkte auf mich unglaublich fremd.«

Kent Nagano hatte einen ausgesprochen schweren Zugang zu Olivier Messiaens Musik gewählt. Der *Catalogue d'oiseaux* ist für Klavier geschrieben. Er besteht aus dreizehn umfangreichen Stücken. Jedes von ihnen trägt den Namen eines Vogels als Titel, entwirft gleichsam dessen musikalisches Porträt und ordnet es in den musikalischen Lauf eines Tages, den der Zyklus als ganzer umschreibt. Messiaen hat im Laufe seines Lebens tausende von Vogelstimmen aufgenommen, notiert und für seine Kompositionen verwendet. Im Gesang der Vögel, in ihrem vielstimmigen, immer wieder neuen Konzert, das doch stets die gleichen »Themen« aufgreift und variiert, sah er ein Urbild der Musik. Es enthalte vieles, so Messiaen, was die Menschen als ihre kulturellen Errungenschaften priesen: Es verwirkliche Polyphonie, die Gleichzeitigkeit selbständiger Abläufe, die sich zu einem großartigen Ganzen fügen, es realisiere das Zufallsprinzip der Aleatorik, die in den 1960er Jahren zum ästhetischen Schlagwort wurde, denn die Vögel musizieren nicht nach festen Anweisungen für das Zusammenspiel. Sie verwendeten Modi, Tonleitern ähnlich, als Grundlage, denn jede Melodie trage ihren eigenen musikalischen Charakter und beruhe auf einem spezifischen Tonvorrat, den sie mobilisiere. »Man hat auch viel von Teilung der kleinen Intervalle gesprochen – die Vögel machen diese kleinen Intervalle. Auch hat man seit Wagner viel von Leitmotiven geredet: Jeder Vogel ist ein lebendiges Leitmotiv, weil er seine eigene Ästhetik und sein eigenes Thema hat.« Mit dem Licht der Natur und dem Anblick der Landschaft mischen sich die Melodien der Vögel zu einem Ereignis, in dem Farbe und Klang eindrucksvoll zusammenfließen.

Der Gesang der Vögel interessierte Messiaen aber nicht

nur als akustisches Material, sondern auch als Teil seiner Religion und Naturphilosophie, in welcher der Gedanke der Schöpfung und der Verwandlung eine zentrale Rolle spielt. Messiaen wurde für diese Auffassung – eines angeblich naiven Pantheismus' und Offenbarungsglaubens – von großen Teilen der musikalischen und wissenschaftlichen Fachwelt belächelt. Während andere sich um die elektronische Musik, um die Beziehung zwischen Tonhöhe, Tondauer und Tonstärke in einer musikalischen Komposition kümmerten, kehrte er von den rationalen zu den mystischen Grundlagen der Musik zurück. »Ich habe die Vögel gewählt – andere den Synthesizer«, bekundete er. Und Messiaen ließ sich von der Kritik nicht beirren. Rationalität und Mysterium, Vernunft und Geheimnis erschienen ihm als Pole menschlicher Erkenntnis, und nicht als Sphären, die sich ausschließen oder abstoßen.

Die Vogelstimmen verwendete Messiaen in seinen Kompositionen stets in bearbeiteter Form. Er verlegte sie gleichsam in das Hörspektrum unseres Ohres und glich ihr Tempo und ihren Ablauf dem menschlichen Zeitempfinden an; er veränderte die Tonabstände und variierte die Klangfarben. Kaum ein Instrument steht allerdings dem Gesang der Vögel und seiner Atmosphäre ferner als das Klavier mit seinem perkussiven Charakter. Gerade dieses monochrome Instrument wählte Messiaen für *Catalogue d'oiseaux*. Warum? Wollte er bewusst vom Naturton abstrahieren, die Melodien der Vögel zwar als Material und Inspirationsquelle nutzen, aber den Ursprung verschleiern? Das Klavier kann sehr wohl quasi aufgefächerte Klangfarben erzeugen: durch Akkorde, die mit einer Linie mitlaufen und sie dadurch kolorieren, durch die Obertonverhältnisse im mehrstimmigen Satz und durch die Suggestion, die von der differenzierten Anschlagskultur eines Pianisten ausgehen kann. Das Tasteninstrument erfährt seinen Zauber auch durch eine Art virtuelle Realität, die ein sensibler und versierter Musiker andeuten kann, traditionell zum Beispiel durch die Simulation des Orchesterklangs. Das Schwarzweißgetön des Fortepiano wirkt unter den Händen erfahrener Pianisten wie ein Widerschein bunter Farben. Dieses Spiel mit Physis und Metaphysik der Töne setzte Messiaen im *Catalogue d'oiseaux* als Hintergrund voraus. Er komponierte eine Annäherung an den Vogelgesang, dessen Material er verwendete, und führt dabei zugleich einen inneren Disput mit der menschlichen Kultur. Dies hörbar zu machen, fällt nicht leicht, zumal der *Catalogue d'oiseaux* pianistisch die höchsten Ansprüche stellt. Auch die Form der Stücke lässt sich aus Kenntnis der klassischen Tradition nicht erklären. Sie folgt sozusagen der Tendenz des Materials und prägt sich in jedem einzelnen Stück neu aus. Wer sich mit Messiaens *Catalogue d'oiseaux* beschäftigt, fängt tatsächlich ganz von vorn an; er lernt eine (musikalische) Sprache neu – nicht nur ihre »Vokabeln«, sondern auch ihre Grammatik, ihre Syntax und ihr Bedeutungsgefüge. Darin liegt ein Vor- und ein Nachteil zugleich.

Kent Nagano entschloss sich damals,

»mit dem ersten Heft zu beginnen und nicht aufzuhören, ehe ich das letzte Stück durchgearbeitet habe. So studierte ich also den ganzen *Catalogue d'oiseaux*, das dauerte selbstverständlich einige Zeit. Parallel dazu war ich bei der Boston Opera mit der Vorbereitung einer neuen *Tosca*-Inszenierung beschäftigt. Ich sprang zwischen zwei völlig konträren musikalischen Welten hin und her. Als ich dann aber am Ende des *Catalogue d'oiseaux* angekommen war, hatte ich Kontakt zur musikalischen Sprache von Olivier Messiaen gefunden. Im darauf folgenden Jahr begann ich mit der Programmplanung für das Berkeley Symphony Orchestra, ich schlug vor, einen kleinen Messiaen-Zyklus von fünf Orchesterwerken in unser Repertoire aufzunehmen.«

Messiaen in Berkeley

1978 wurde Kent Nagano zum Musikdirektor des Berkeley Symphony Orchestra berufen, in eine Position, die er bis heute inne hat. Mit dem Messiaen-Zyklus nahmen sich der 27 Jahre junge Dirigent und sein Orchester Großes, ja Bahnbrechendes vor. Ihr Entschluss bedeutete ein Wagnis, denn Messiaen war zu jener Zeit auch in Europa eher einem kleinen Kreis von Kennern ein Begriff. Organisten spielten seine Werke, die der »Königin der Instrumente« bisher unerhörte Klänge entlockten. Messiaens Akkorde, seine Art, verschiedene Schichten einer Komposition zu einem Ganzen zu verzahnen, ließen sich nicht in die Begrifflichkeiten der verschiedenen Schulen und Trends zwischen Neoklassizismus und seriellem Komponieren einordnen. Kammermusiker spielten das *Quartett auf das Ende der Zeit*, das Messiaen in deutscher Kriegsgefangenschaft komponiert hatte. In den USA standen seine Werke hin und wieder auf den Programmplänen der großen Traditionsorchester, wie dem Boston und San Francisco Symphony Orchestra oder den Philharmonikern aus New York und Los Angeles. Seine Musik wurde im Berkshire Music Center in Tanglewood analysiert, diskutiert, einstudiert. Die *Turanglîla-Symphonie*, ein abendfüllendes Werk aus zehn Sätzen mit starken Wechseln zwischen sinnlicher Unmittelbarkeit und abstrahierender Distanz, komponierte Messiaen im Auftrag von Serge Koussevitzky für das Boston Symphony Orchestra; sein letztes Werk, *Éclairs sur l'Au-Delà*, sollte er dann für das New York Philharmonic Orchestra schreiben. In Seiji Ozawas Repertoire waren Messiaens Kompositionen gut vertreten, die *Turangalîla-Symphonie* brachte der Maestro aus Japan mit den verschiedenen Orchestern zur Aufführung. Es bestanden also Verbindungen von Messiaen in die USA weit über die Forschungsbesuche hinaus, die der Komponist zur Aufzeichnung von Vogelstimmen in den Canyons von Arizona machte. Einen Messiaen-Zyklus aber hatte es bis 1978 in den USA nicht gegeben, weder in Boston noch in New York, Chicago, San Francisco oder Los Angeles. Kent Nagano und das Berkeley Symphony Orchestra betraten Neuland.

Das Berkeley Symphony Orchestra war jung; es bestand erst seit acht Jahren. 1970 war es als Berkeley Free Orchestra ins Leben gerufen worden und sollte wie die anderen Orchester in den »Communities« um San Francisco die Kultur vor Ort stärken und eine Identifikation der Einwohner von Berkeley mit ihrem Orchester schaffen. Ziel war es, ein Gegengewicht zur Zentralisierung des Musiklebens in San Francisco zu setzen. Die kulturelle Vielfalt in der Bay Area gewann dadurch. Für eine mutige, unkonventionelle Programmgestaltung boten sich günstige Voraussetzungen: Neues musste nicht gegen fest gefügte Gewohnheiten und Erwartungen durchgesetzt, aber es sollte vom Publikum akzeptiert und mitgetragen werden. Zum Experiment und zur Überzeugungsarbeit beim Publikum fehlte Kent Nagano der Mut nicht, er war von der Richtigkeit der Entscheidung für die Messiaen-Kompositionen ebenso überzeugt wie die Verantwortlichen des Orchesters. Auf größere Schwierigkeiten stieß der junge Maestro in einem ganz anderen Gebiet.

»In der Vorbereitung des Messiaen-Zyklus versuchte ich, jemanden zu finden, der mir ein tieferes Verständnis von Messiaens Musik vermitteln und mir vor allen Dingen Hinweise zu ihrer Interpretation geben könnte. Ich ging zu meinem früheren Kompositionsprofessor. Er konnte mir nicht sehr viel weiterhelfen. Ich wandte mich an andere Professoren, die als Spezialisten für diese Musik galten. Auch sie konnten mir nicht helfen. Es sind genug Bücher und Artikel über Messiaen und seine Musik geschrieben worden, ich studierte sie sorgfältig, sie boten eine Menge Informationen. Aber irgendwann suchte ich keine weiteren Abhandlungen mehr darüber, wie die Stücke geschrieben waren, keine weitere Analyse und Darstellung ihrer Syntax, über all das hat sich Messiaen geäußert, darüber ist viel veröffentlicht worden, das alles konnte ich recherchieren und tat es auch. Was ich jedoch vor allem wissen wollte, war: Gibt es einen kohärenten Stil in Messiaens Musik? Hat er etwas mit der Tradition zu tun, und wenn ja, was genau? Was ist das für eine Tradition, aus der er kommt? Ist sie auf Europa zentriert? Ist ihr Horizont weiter? Was bedeutet das für die Darstellung der Werke? Was ist der Inhalt seiner Musik, an dem die Interpretation, die musikalische Deutung ansetzen müsste? – auf diese Fragen fand ich keine Antworten. Fast ein Jahr habe ich vergeblich gesucht. Und dann kam der Teil der Geschichte, der inzwischen bekannt und oft beschrieben worden ist: Nach der ersten Aufführung in Berkeley, die vom Rundfunk mitgeschnitten wurde, schickte ich eine Tonbandkassette an Messiaen. Ich kannte seine Anschrift nicht, und so adressierte ich die Sendung einfach an ›Maître Olivier Messiaen, Conservatoire de Paris, Paris‹. Das war mehr eine Verzweiflungstat nach all den Frustrationen, die ich mit meinen unbeantworteten Fragen erlebt hatte. Desto größer war meine Überraschung, als ich zwei oder drei Wochen später eine Antwort erhielt, und zwar nicht einfach ein paar nette Zeilen des Dankes, sondern einen langen, persönlichen Brief. Messiaen setzte sich darin quasi Takt für Takt mit meiner Interpretation auseinander.«

Kent Nagano und das Berkeley Symphony Orchestra begannen ihr Messiaen-Projekt mit *Poèmes pour Mi*, einem Zyklus aus neun Liebesliedern, die der Komponist 1936/37 gedichtet, vertont und seiner ersten Frau, der Geigerin und Komponistin Claire Delbos, gewidmet hatte; *Mi* war ihr Kosename.

»Wir hatten das Werk sehr gründlich vorbereitet und geprobt. Die Aufführung entsprach meinen Intentionen. Messiaen zeigte sich erfreut über unser Vorhaben, er lobte die gute Einstudierung des Werkes. Er setzte sich dann mit vielen Details auseinander, forderte hier eine prägnantere Artikulation, schlug dort eine Veränderung der Klangbalance vor, wies auf veränderte Tempovorstellungen hin, die er in einer revidierten Fassung veröffentlicht hatte. Ich kannte sie damals nicht, wir hatten nur das Material der ersten Ausgabe zur Verfügung. Insgesamt aber erhielt ich von Olivier Messiaen genau das, was ich suchte: Informationen für die Interpretation, und er bot mir an, ich könne ihm gerne die Aufnahmen der weiteren Aufführungen zusenden, er würde sich dann entsprechend damit beschäftigen. Ich nahm das Angebot natürlich gerne an, und so kam allmählich ein regelmäßiger Briefwechsel in Gang. Nachdem ich ihm das Tonband mit der *Turangalîla-Symphonie* gesandt hatte, schrieb er mir zurück: Diese Aufführung sei über jede Kritik erhaben, aber er sei nun daran interessiert, mich selbst kennen zu lernen. Er schlug vor, dass wir für das letzte Projekt unseres Zyklus, *Transfiguration*, seine Frau als Klaviersolistin einladen sollten, er käme dann mit und würde auch an den Proben teilnehmen, um hilfreich zu sein, wo sich das anbiete. Wir luden also Yvonne Loriod und Olivier Messiaen für *Transfiguration* ein. Messiaen erwähnte die Aufführung in einem biografischen Essay, den er kurz vor seinem Tode 1992 schrieb. Sie war für ihn ein ganz besonderer Moment, sie war für das Berkeley Symphony Orcherstra ein ganz besonderer Moment, und sie bedeutete für San Francisco ein ganz besonderes Kulturereignis. Mit der Vorbereitung von *Transfiguration* begann für mich die direkte Zusammenarbeit mit Olivier Messiaen. Sie sollte kurze Zeit später intensivere Züge annehmen.«

Mit dieser Aufführung aber hatte Kent Nagano zugleich den ersten Schritt zu seiner internationalen Karriere getan. Was mit *Transfiguration* angelegt war, wurde später in Europa weitergeführt. Anfang 1983 vollendete Messiaen sein größtes

Werk und seine einzige Oper. Sie hat den Heiligen Franziskus von Assisi, den Schutzpatron der Vögel, zum Thema. Das Libretto schrieb der Komponist selbst. Er stellte es zusammen aus den Schriften des frommen Umbriers, der ein Leben in Wohlstand und Genuss gegen Armut und Zurückgezogenheit eingetauscht hatte, aus Louis Antoines Studie über den Vater des Franziskaner-Ordens und aus der Bibel. Messiaen verzichtete auf alles, was im klassischen und vordergründigen Sinne an diesem Stoff dramatisch wirken könnte; es gibt keine Bekehrungsszene, keine Auseinandersetzung zwischen Franziskus und seinem Vater, keinen Streit mit dem Klerus, der das Treiben des Mannes, der seinen Gottesglauben auch als Versöhnung mit der Natur begriff, vorsichtig gesagt mit Skepsis und Ablehnung beobachtet hatte. Alle dieses Momente, die eine äußere Zuspitzung des Bühnengeschehens hätten bewirken können, fehlen. Die Partitur beruht zu weiten Teilen auf Vogelstimmen. Einige von ihnen hatte Messiaen in der Gegend von Assisi aufgenommen, andere stammten aus weit entfernten Ländern der Welt. Damit symbolisierte er auch im Material die innere Doppelbewegung der Oper: Sie konzentriert ihren Inhalt um Franziskus, die Titelfigur, und um sein Wirken in der Bergregion bei Assisi, ihre Botschaft aber ist universal, denn sie verhandelt ein Stück Menschheitsgeschichte, die Messiaen immer als eine Geschichte mit Gott betrachtete. Auch in der Oper benutzte Messiaen die Vogelstimmen nicht so, wie sie wirklich klangen, und griff nicht auf die Möglichkeit der Bandeinspielung zurück, denn er wollte keinen platten Realismus erzeugen. Ihm kam es vielmehr auf den spirituellen Gehalt und dessen Erkenntnis an.

Die Transposition der Vogelstimmen auf das Hörspektrum des Menschen und die Klangmöglichkeiten des Orchesters werfen für die Interpretation manche Frage auf, denn auch in der aufbereiteten Form sollen die Gesänge der Vögel ihren Charakter bewahren, er muss bei den Aufführungen getroffen werden. Für Kent Nagano ergab sich daraus eine der interessantesten Erfahrungen in der Zusammenarbeit mit Olivier Messiaen.

Zeitlich erstreckt sich die Oper in die Dimensionen des Wagnerschen Musikdramas. Die Neuartigkeit der Partitur und der große Umfang des Werkes verlangten zur Vorbereitung der Premiere, die Ende November 1983 stattfinden sollte, eine gründlichere, längere Vorbereitungszeit, als sie in der Regel für Opernproduktionen aufgewendet wird. Für die musikalische Arbeit wurde etwa ein halbes Jahr angesetzt. Seiji Ozawa, der die Uraufführung leiten sollte, konnte für solch einen langen Zeitraum nicht alle anderen Verpflichtungen absagen. Es musste also ein zweiter Dirigent gefunden werden, der als Assistent von Maestro Ozawa einen Großteil der Einstudierung würde vornehmen können. Messiaen schlug Kent Nagano vor.

Bei Messiaen in Paris

»So kam ich also nach Paris, nicht nur, um jeden Tag einige Stunden zu proben und mit dem Komponisten notwendige Absprachen zu treffen. Ich wohnte bei Messiaen und seiner Frau, der Pianistin Yvonne Loriod. Für mich begann eine aufregende Zeit. Es war das erste Mal, dass ich eine längere Periode außerhalb der USA zubrachte. Meine Sprachkenntnisse hatten sich in der Praxis noch nicht bewährt, es besteht ein großer Unterschied, ob Sie eine Sprache aus Büchern lernen und lesend verstehen, oder ob Sie sie zur täglichen Verständigung verwenden und alles darin erörtern, von den einfachen Fragen des alltäglichen Lebens bis zu komplizierten Zusammenhängen einer musikalischen Partitur und ihrer Interpretation. Messiaen und seine Frau sprachen kein Englisch. Alle Unterhaltungen wurden auf Französisch geführt. Ich tauchte von einem Tag auf den anderen in eine völlig andere Kultur ein. Allein das bedeutet für einen jungen Mann einen tiefen, bleibenden Eindruck.«

Wie aber wurde während der langen Premierenvorbereitung über Messiaens Musik gesprochen, wie äußerte sich der Komponist, wie erläuterte er seine Partitur? Kent Nagano wollte auf diese Frage nicht direkt antworten. Messiaens Schriften über seine Werke, sehr prägnante, klar und mit ganz außergewöhnlichem Sprachempfinden formulierte Texte, behandeln in der Regel zwei völlig entgegengesetzte Pole. Einige von ihnen sind nüchtern analytisch abgefasst und vermitteln Einsichten in die Struktur seiner Musik, in das, was Messiaen selbst in seinem berühmten Buch aus den 1940er Jahren *Die Technik meiner musikalischen Sprache* genannt hat. Diese Texte haben nichts Spekulatives, sie sind sachlich gehalten und verzichten auf poetisierendes Beiwerk. Im Kontrast dazu gab Messiaen seinen Kompositionen aber auch Kommentare mit, in denen er sich nicht zu den Strukturen äußert, sondern zum spirituellen Gehalt, zur visionären Seite, zum menschlichen Credo, das in den Werken liegt. In ihnen verwendete er eine bildkräftige, literarische Sprache. Der Komponist selbst vermittelte zwischen diesen Extrempositionen seines Denkens über Musik nicht, das tun seine Werke, und das müssen die Zuhörer leisten. Beide Arten, über Musik zu sprechen und zu schreiben, sind an die Öffentlichkeit gerichtet. Wie aber äußerte sich Messiaen in der alltäglichen internen Arbeit an Konzeption und Details einer Komposition?

»Darauf gibt es keine kurze und bündige Antwort. Wir waren jeden Tag zusammen. Wenn Sie Tag für Tag zusammen sind, wenn Sie nicht nur die Arbeit, sondern auch das tägliche Leben teilen, entwickeln sich ganz andere Kommunikationsformen als in einer Unterrichts- oder Probensituation.

Zu der Zeit, als ich zu Messiaen kam, war das Verständnis seiner Musik für mich nicht mehr vorrangig eine Frage der Analyse, der Kenntnis der rhythmischen Fundamente seines Komponierens oder auch der spezifischen Akkordverbindungen, die er verwendet – das alles kann man aus Büchern und im Selbststudium lernen. Aber was Sie nicht aus Büchern und nicht im Selbststudium lernen können, das sind die überaus differenzierten Aspekte des Stils, die Fragen, wie man als Interpret wirklich eine sinnvolle, nachvollziehbare Struktur aufbaut. Messiaens Werke sind ja oft sehr lang, überspannen einen weiten Zeitraum, seine Oper zum Beispiel, aber auch Werke wie die *Turangalîla-Symphonie* oder *Transfiguration*. Die Frage ist: Wie erhält man eine solche Struktur, welchen stilistischen Zusammenhalt braucht man, damit sie gut funktioniert? Eine solche Erkenntnis kommt nicht nach dem Prinzip zustande: Ich frage, Sie antworten, und fertig ist die Lösung. Diese Aspekte lernt man, indem man Zeit zusammen verbringt, zusammen Klavier spielt, sich über Literatur unterhält, über den Rhythmus der Sprache und den Rhythmus im Tanz spricht, also durch einen ganz umfassenden geistigen Austausch. Selbstverständlich muss man dabei auch am Detail arbeiten, denn an ihm wird die Erkenntnis konkret. Ich bin Stunden um Stunden mit Yvonne Loriod bestimmte Passagen der Oper durchgegangen. An einen sehr amüsanten Abend erinnere ich mich noch ganz genau. Wir gerieten in eine kleine Meinungsverschiedenheit. Einer der Vögel, der motivisch auf die Figur des Engels in der Oper bezogen ist, hat eine charakteristische Melodie aus schnellen Tonwiederholungen. Sie tritt immer wieder auf. Madame Loriod und ich waren uns uneinig, wie die entsprechenden Stellen zu spielen seien. ›Messiaen will, dass es so gespielt wird‹ – ›Nein, wir machen es besser so.‹ Wir setzten uns ans Klavier und demonstrierten unsere Auffassungen. Messiaen saß dabei, denn der Disput war während des Abendessens entstanden. Er sagte nichts, hörte unserer Diskussion zu – und lachte nach einiger Zeit: ›Ihr irrt euch beide. Das ist die Stimme eines Vogels, der in Neukaledonien lebt‹. Er zeigte uns ein Bild des Vogels, und sagte: ›Schaut euch die Farben der Flügel an, schaut euch die Farben um seine Kehle an‹. Diese Farben haben etwas mit dem Akkord zu tun, der die Vogelstimme grundiert. Messiaen dachte ja sehr eng in Zusammenhängen von Farbe und Musik. Dann spielte er uns eine Tonbandaufnahme der Vogelstimme vor. Sie war um ein Vielfaches schneller, als wir gedacht hatten, die virtuosen Repetitionen waren in einem Augenblick vorbeigehuscht. Wir erkannten sofort, dass unsere Ansichten nichts mit dem Charakter dieser Vogelstimme zu tun gehabt hatten. Das ist ein bezeichnendes Beispiel für die Art unserer Zusammenarbeit. Auf diesem Wege entwickelte ich eine Vorstellung davon, aus welchen Elementen der Musik sich die Interpretation erschließt, wie aus stilistischen Bausteinen musikalischer Zusammenhang entsteht. Außerdem drehten sich unsere Gespräche nicht nur um Messiaen, sondern auch um andere Themen, andere Komponisten wie zum Beispiel Richard Wagner.«

Die Uraufführung von *St. François d'Assise* fand am 28. November 1983 in der Pariser Oper statt. Seiji Ozawa hatte die musikalische Leitung. Kent Nagano, der das Werk durch die intensive Zusammenarbeit mit Olivier Messiaen in jedem Detail kannte, dirigierte in der Aufführungssequenz nach der Premiere und machte später die Oper in anderen Ländern bekannt: Er dirigierte die britische Erstaufführung in London, die in Teilen fürs Fernsehen aufgezeichnet wurde; er leitete die niederländische Erstaufführung in Amsterdam. Fast 15 Jahre später, 1998, dirigierte Kant Nagano die Inszenierung bei den Salzburger Festspielen mit dem Hallé-Orchester Manchester, dessen Chefdirigent er damals war. Paul Griffiths, ein Messiaenkenner, der nicht zu überschwänglichen Tönen neigt, besprach die CD-Einspielung, die von dieser Produktion entstand, in der *New York Times*: »Der Orchesterpart dieser neuen Aufnahme mit dem Hallé-Orchester unter Kent Nagano ist präzise und packend zugleich. Maestro Nagano kennt die Partitur seit ihrer Entstehung, und seine Gestaltung von Tempo und Klang lässt sie voll und klar erscheinen. Man hört, mit welcher Freude sich Messiaen aller möglichen Arten von Akkorden, Klangfarben und Texturen bedient, ganz im Gegensatz zu der Beschränkung und Reduktion, mit der andere Komponisten neuerdings ihr geistiges Leben meinten ausdrücken zu müssen. Nun gibt es eine gültige Aufnahme von Messiaens Vision in all ihrem Glanz.« Kent Nagano konnte damals auf neun Jahre Erfahrung als Musikalischer Leiter der Opéra de Lyon zurückblicken; neun Jahre der Programmgestaltung, die in der Kombination von bewährtem Repertoire und sorgfältig vorbereitetem Experiment neue Wege ging; neun Jahre Arbeit in Europa, vor allem in Frankreich und England.

Eine derart enge Zusammenarbeit, wie sie den damals 75-jährigen Olivier Messiaen und den 30-jährigen Kent Nagano verband, beruht nicht allein auf gegenseitiger künstlerischer Achtung, so wichtig und unverzichtbar diese als Grundvoraussetzung auch ist. Sie baut auf einem tiefer gehenden Einverständnis auf, das in gemeinsamen Überzeugungen zu Fragen der Musik gründet. Übereinstimmung herrschte zwischen Messiaen und Nagano vor allem in der Bedeutung, die sie der menschliche Dimension in der (Ton-)Kunst beimaßen. Messiaen sprach über Musik technisch nüchtern, wenn er ihre Grammatik und Struktur erläutern wollte. Er verwendete Bilder und poetische Texte, deren Inhalt aus der Natur, der Religion und der Philosophie entstammt, wenn er ihren Sinn erklären wollte. Beide Sichtweisen, die analytische und die metaphorische, widersprechen sich nicht, sie sind lediglich aus verschiedenen Blickwinkeln formuliert. Obwohl Kent Nagano keine ästhetischen Bekenntnisse ablegt, kann man aus seiner Arbeitsweise, dem Dirigierstil und dem Resultat seiner Interpretationen deutlich ablesen, dass er die Polarität von klarer Sachlichkeit und Spiritualität sehr wohl kennt, beherrscht und anwendet. In seinem Repertoire nehmen Werke, in denen die Musik das Erbe der Religion antritt und deren Fragen und Visionen weiterdenkt, einen bedeutenden Platz ein. Kent Nagano brachte in Lyon Francis Poulencs Oper *Dialoge der Karmeliterinnen* auf die Bühne und führte sie zum Erfolg; sie galt bis dahin als ein untheatralisches, undankbares Stück, als Repertoire für Gedenkjahre sozusagen. Nagano und sein Team widerlegten dieses Vorurteil. Seine Interpretationen von Arnold Schönbergs Oper *Moses und Aron* wurden in Wien, Berlin und Los Angeles als Maßstäbe setzend gefeiert. Der *Jakobsleiter*, diesem Oratorienfragment, in dem Schönberg die Vision einer großen Operntrilogie samt finaler Himmelfahrtsszene zusammengedrängt hatte, verlieh Nagano überzeugende klangliche Gestalt. Gustav Mahlers Symphonien machte er transparent, wo sie offene Perspektiven andeuten und Hoffnungsbilder skizzieren, und beließ sie in ihrer Unerbittlichkeit, wo sie Schrecken verkünden. Er konfrontierte Werke miteinander, die nicht nur durch Jahrhunderte, sondern auch durch geistige Welten voneinander getrennt schienen, wie Johannes Ockeghems Messe *Au travail suis* und Gustav Mahlers Neunte Symphonie. Die Beispiele ließen sich um Bruckners Symphonien, um John Adams' Weihnachtsoratorium zur zweiten Jahrtausendwende nach Christi Geburt und vieles andere ergänzen. Sie alle belegen das sensible Gespür Kent Naganos für die spirituellen Gehalte der Musik. Naganos Art, diese oft sehr komplexen Werke zu dirigieren, aber bleibt sachlich, engagiert sachlich, ohne gestische oder mimische Mystifizierung: »Verklärung«, wie sie Messiaens *Transfiguration* im Titel führt, muss man der Interpretation anhören, nicht dem Dirigenten ansehen. Nur durch die Genauigkeit ihrer Darstellung überzeugen musikalische Werke. Kein anderer Gedanke drückte sich in Olivier Messiaens detaillierten Stellungnahmen zu den Aufführungen aus, deren Bänder Kent Nagano ihm aus Berkeley zugesandt hatte. Kent Nagano unterscheidet dabei sehr genau zwischen persönlicher Ansicht und mitteilenswerter Botschaft. Der Frage, ob er derzeit eine Renaissance des Religiösen in der Musik beobachte und wie er selbst dazu stehe, entgegnete er indirekt:

»Ich erinnere mich immer an die Antwort, die Olivier Messiaen gab, als ihm – nicht nur ein, zwei Mal, sondern viele Male – immer wieder die gleiche Frage gestellt wurde: ›Wenn Sie so klar darlegen, dass Ihre Inspiration aus Ihrem tiefen religiösen Glauben kommt, heißt das dann, dass man diesen Glauben teilen muss, um Ihre Musik zu verstehen?‹ Und Messiaen gab immer die gleiche Antwort: ›Nein! Aus den tiefen religiösen Überzeugungen kommt für mich tatsächlich eine starke Inspiration, und aus der Gabe dieser Inspiration kommt die Fähigkeit, Musik zu schreiben. Aber dann, wenn die Musik einmal geschrieben ist, gebe ich sie an die Öffentlichkeit, an Interpreten, an Hörer; und der Hörer muss seine eigene Beziehung zu der Musik aufbauen, denn von diesem Zeitpunkt an gehört sie nicht mehr Messiaen, sondern der Allgemeinheit.‹ Und gewöhnlich schloss Messiaen seinerseits eine Frage an: ›Würden Sie dieselbe Frage auch an Johann Sebastian Bach stellen?‹ Ich empfand das immer als eine gute Antwort. Wenn uns Künstlern das Glück widerfährt, Inspiration zu empfangen, wenn wir das Glück erleben, eine gute Aufführung zustande zu bringen, dann gehören die Aufführungen nicht einfach mehr uns. Sie sind dazu da, dass wir sie teilen, dass sie von den Leuten zu ihrem eigenen Erfahrungsschatz hinzugenommen werden, und deshalb glaube ich so stark an unsere große musikalische Tradition. Musik als Kunst ist vor allem auch ein besonders menschlicher Weg, Erfahrung zu teilen, und ganz offensichtlich brauchen wir das.«

Andere Künstler hätten aus der langen, engen Zusammenarbeit mit einem berühmten Komponisten vielleicht die Konsequenz gezogen und sich zu dessen authentischem Interpreten erklärt. Kent Nagano ist eine solche Folgerung fremd. Sie hätte auch Messiaens Kunstauffassung nicht entsprochen. Der Komponist, Sohn einer Dichterin und eines Englischlehrers, hat selbst nie so etwas wie eine »Schule« ausgebildet, vergleichbar etwa dem Wiener Kreis um Arnold Schönberg, obwohl er über viele Jahre hinweg regelmäßig unterrichtete. Seine Analysekurse zählten zu den begehrtesten Lehrveranstaltungen, die das Conservatoire de Paris anbot, sie zogen Studenten aus aller Welt an. In ihnen vermittelte er vor allem einen Zugang zu den verschiedenen Facetten der Musik im 20. Jahrhundert und zu ihren geschichtlichen Hintergründen. Es waren keine Kurse über seinen eigenen Stil. Zu seinen Schülern zählten Pierre Boulez und Karlheinz Stockhausen, der jüngst wieder entdeckte Jean Barraqué und George Benjamin, einer der profiliertesten Künstler der jüngeren britischen Komponistengeneration: alle sehr unterschiedliche Persönlichkeiten mit ganz eigenen musikalischen Vorstellungen. Ihr Stil ist kaum vergleichbar, und vor allem: Keiner schreibt wie Messiaen. Eine Messiaen-Schule gibt es nicht, nicht unter Komponisten. Es gibt sie auch nicht in der musikalischen Interpretation. Die muss sich jeder immer wieder neu erarbeiten. Als Kent Nagano 1999 die *Turangalîla-Symphonie* mit dem Berliner Philharmonischen Orchester aufführte, erläuterte er in einem Rundfunkinterview mit Walter Vorwerk seine Position:

»*Turangalîla* kann man mit Fug und Recht ein Hauptwerk des 20. Jahrhunderts nennen. Ich habe das Werk in jungen Jahren öfter dirigiert. Die letzte Aufführung, die ich leitete, liegt zehn Jahre zurück. Ich sehe dieses große, universale Stück mit neuen Augen. Es beinhaltet ja wirklich alle Aspekte des menschlichen Lebens, die Geisteshaltung, die körperliche Liebe, alle Schattierungen, die ein Mensch in seiner Existenz durchlebt, hat Messiaen hier zur musikalischen Sprache gebracht: Dinge, die wir immer von vorn zu lernen beginnen. Diese Tiefe konnte ich als 20- oder 25-Jähriger noch nicht erfassen: Jetzt fange ich an, vieles zu begreifen, was Messiaen in seine Musik gelegt hat.«

Interpretation entsteht also aus der immer neuen Auseinandersetzung mit einem Werk. Man kennt es nie ganz. Es bleibt ein Ideal, dem man möglichst nahe zu kommen versucht.

»Musik ist eine lebendige Kunstform. Sie hat ihre ganz physische Präsenz. Sie hat ihre intellektuellen Aspekte in der Interpretation. Aber weil sie eine lebendige Kunstform ist, enthält jede Aufführung auch geistige Aspekte, bei denen es vollkommen zweitrangig ist, ob Sie diese in religiösen oder in anderen Begriffen umschreiben. Aber der Geist der Musik, ihre menschliche Qualität muss in jeder Aufführung mit zum Ausdruck kommen. Und eben diese menschliche Qualität ist keine absolute Größe, sie gibt der einzelnen Aufführung ihre besondere Authentizität.«

Man mag also die Begegnung mit Olivier Messiaen als eine Zäsur in der Laufbahn von Kent Nagano bezeichnen. Sie bedeutete allerdings keinen Einschnitt, der von heute auf morgen alles verändert und Kent Naganos Leben und Arbeit eine völlig neue Richtung gegeben hätte. Sie traf vielmehr auf Entwicklungen, Wünsche und Vorstellungen, die in dem jungen Dirigenten selbst angelegt waren und nach außen drängten. Messiaen verstärkte und förderte sie. Die Arbeit mit ihm setzte Energien frei, die gleichsam auf ihre Aktivierung gewartet hatten. Olivier Messiaen ermöglichte Kent Nagano seinen ersten längeren Europaaufenthalt. Den Wunsch, Amerika zu verlassen und mehr von der (musikalischen) Welt kennen zu lernen, trug Nagano bereits länger in sich. Die universalen Aspekte in Messiaens Musik und in seinem Denken öffneten und weiteten das Gesichtsfeld und die Neugier auch weit über Messiaens eigenes Œuvre hinaus. Wenn man von einer Zäsur sprechen will, dann von einer, die sich in mehreren Abschnitten verwirklichte. Olivier Messiaen bildete für Kent Nagano einen jener Anziehungspunkte von außen, den eine menschliche, zumal eine künstlerische Entwicklung braucht, um im offenen Horizont der Möglichkeiten den bestimmten, eigenen Weg zu finden und beizubehalten.

Nach der erfolgreichen Uraufführung der Oper St. François d'Assise und nach den Vorstellungen, die sich ihr anschlossen, kehrte Kent Nagano, der wesentlichen Anteil an der guten Vorbereitung getragen hatte, zunächst wieder in die USA zurück, zusammen mit Seiji Ozawa, der die Premiere dirigiert hatte. Ozawa, seit 1973 Chefdirigent des Boston Symphony Orchestra, berief Nagano, der in Boston Jahre zuvor wichtige Erfahrungen gesammelt hatte, zu seinem Assistenten. Fast genau ein Jahr nach der St.-François-Premiere ereignete sich in der Ursprungsstadt des amerikanischen Selbstbewusstseins für Kent Nagano das, was mancher Dirigentenlaufbahn einen entscheidenden, doch unvorhersehbaren Impuls gibt: Am Anfang großer Karrieren steht häufig, so behauptete ein Kenner der internationalen Musikszene, das kurzfristige Einspringen für einen (noch) berühmteren Kollegen. Seiji Ozawa hatte für den 30. November 1984 Gustav Mahlers Neunte Symphonie auf das Programm der Bostoner Symphoniker gesetzt. Er erkrankte und konnte das Konzert nicht dirigieren. Kent Nagano wurde gebeten, die Leitung zu übernehmen. Er kannte Mahlers letzte vollendete Symphonie, hatte sie jedoch noch nie dirigiert. Zeit für eine ausgiebige Probe stand ebenfalls nicht zur Verfügung. Nach kurzer Überlegung ging Kent Nagano das Risiko ein. Solche Aufführungen stehen für alle Beteiligten unter einer besonders hohen Spannung. Gelingt das Wagnis, geraten sie zu Sternstunden der Musik, denn größere Konzentration, größere Bereitschaft, in jedem Augenblick der Aufführung das Äußerste zu mobilisieren, tritt selten ein. Von dieser Intensität war das Konzert am 30. November 1984 in

Boston geprägt. Kent Nagano wurde gefeiert, vom Publikum, von der Presse. Zusammen mit Hugh Wolff erhielt er kurz darauf den »Seaver/NEA Conductors Award«, der damals zum ersten Mal vergeben wurde. Er war mit 75 000 Dollar dotiert, und Kent Nagano, 33 Jahre alt, nutzte die Förderung, um sich als Dirigent weiterzuentwickeln – durch Unterricht bei Seiji Ozawa, Pierre Boulez, Leonard Bernstein und bei Bernhard Haitink. Die Zeit des Lernens betrachtete er damals, als er den Vorhof zur internationalen Karriere bereits durchschritten hatte, noch immer nicht als abgeschlossen.

Es ist, nebenbei gesagt, äußerst aufschlussreich, zu beobachten, wie das Wissen um berühmte Lehrmeister den Blick auf einen Menschen und seine Leistungen verengen kann. Als Kent Nagano im März 1994 sein Debüt an der Metropolitan Opera in New York gab, war das Magazin, das sich selbst nach der Mega-Stadt nennt, des Lobes voll. Schon im Titel des enthusiastischen Berichts wollten die Redakteure das zum Ausdruck bringen: »Lenny« überschrieben sie ihren Artikel; »Lenny« – so nannten Freunde und jene, die sich dazu erklärten, Leonard Bernstein. Das *New York Magazine* erklärte Kent Nagano nach seiner Bravourvorstellung am ersten Opernhaus der USA zum aufregendsten amerikanischen Dirigenten seiner Generation und feierte in ihm die Reinkarnation des einstigen Lehrers, der fast dreieinhalb Jahre zuvor verstorben war. Die neueste Ausgabe des *New Grove Dictionary of Music and Musicians*, international als ein Standardlexikon hoher Verlässlichkeitsstufe geführt und daher mit einer ganz anderen Halbwertszeit ausgestattet als ein Zeitungsartikel, zieht einen anderen Vergleich: »(Naganos) ausladende, elegante Bewegungen beim Dirigieren erinnern an seinen Mentor Seiji Ozawa, und wie Ozawa dirigiert er ohne Taktstock.« Naganos Dirigieren vereint eine präzise Schlagtechnik mit einer eleganten Körpersprache; es ist angenehm anzuschauen, weil es Exaltiertheiten meidet, Konzentration schafft und sich nicht als Eigenchoreographie vor die Musik schiebt. Es stimmt:

Kent Nagano dirigiert auch ohne Taktstock. Aber meistens benutzt er ihn, und er hat eine sehr genaue Vorstellungen davon, wie das kostbare Handrequisit des Dirigenten für ihn beschaffen sein muss. Mit Bernstein aber lässt sich Naganos Stil der präzisen Leidenschaft und der leidenschaftlichen Präzision kaum vergleichen. Aus dem Unterricht, den er bei dem kraftvollen, spontanen Musiker in New York genoss, erwähnt er vor allem eine Szene, die wenig über Dirigiertechnik aussagt:

»Ich erinnere mich an eine der ersten Unterrichtsstunden bei Leonard Bernstein. Aufgabe für diese Unterrichtseinheit war Tschaikowskys Fünfte Symphonie. Ich war gut vorbereitet, wir begannen zu arbeiten, und wir arbeiteten sehr gründlich. Nach ungefähr zehn Minuten brach Bernstein plötzlich ab: ›Genug für heute. Wir gehen jetzt ins Museum‹, und so verbrachten wir den Rest des Nachmittags im Guggenheim Museum und setzten uns mit expressionistischer Malerei auseinander. Wir taten das sehr ausführlich und sehr kontrovers. Wir führten richtige Diskussionen. Ich genoss diese Erfahrung sehr, das Betrachten der Bilder und unsere Debatten darüber stimulierten mich. Trotzdem fragte ich mich natürlich, was das eigentlich mit meiner Unterrichtsstunde über Tschaikowskys Fünfte zu tun habe. Ich wagte die Frage aus Respekt vor Bernstein nicht laut und vernehmlich zu formulieren, aber sie beschäftigte mich. Erst Jahre später erkannte ich, dass es für mich in dieser besonderen Situation notwendig war, Perspektiven zu öffnen und der Suche nach Ausdrucksinhalten neue Substanz und neue Anreize zu schaffen. Man verengt seinen Horizont doch allzu leicht und sucht die Antworten nur in bestimmten, scheinbar festen Grund- und Lehrsätzen. Aber das hat nicht allein mit Musik zu tun; diese Erkenntnis ist eine Lehre, die wir uns immer wieder vergegenwärtigen müssen.«

Eine Frage des Dirigierstils ist das nicht, aber eine Frage des Blickwinkels, unter den man seine Musikauffassung stellt. Davon war im *New York Magazine* im Frühjahr 1994 jedoch nicht die Rede gewesen.

Vergleiche sind bequem, wir neigen schnell zu Zuordnungen: Das hat er von dem, das von jenem – als ob ein Künstler nur die Collage seiner Lehrmeister wäre! Kent Nagano hat im Laufe seiner Entwicklung sehr viele und sehr verschiedene Einflüsse in sich aufgenommen, hat sie bedacht, verarbeitet und sie sich angeeignet. Er blieb ein Lernender, auch nach seinen Lektionen bei Bernstein und nach seiner Assistenz bei Seiji Ozawa.

LYON

Frankreich wurde für Kent Nagano zur zweiten Heimat. Dafür gibt es ein untrügliches Zeichen: Französisch ist nach Englisch, mit dem er aufwuchs, heute seine zweite Umgangssprache. Er beherrscht sie fließend, so, als wäre sie ihm von Kindheit an vertraut. Französisch spricht Kent Nagano mit seiner Frau, der Pianistin Mari Kodama, die er in Frankreich kennen lernte. Wie sich die beiden Künstler begegneten und näher kamen, das ist eine wunderbare Geschichte. Mari Kodama erinnert sich:

»1987 gab ich mein Debüt in London mit dem Philharmonia Orchestra. Die Konzerte gelangen sehr gut, und ich erhielt darauf hin das Angebot, die Werke, die ich gespielt hatte, mit dem Orchester auch für CD aufzunehmen. Es gebe nur eine Bedingung: Die Einspielung müsse ein junger Dirigent leiten, der bisher in London noch nicht aufgetreten sei. Sie gaben mir eine Liste mit Namen, die heute zum Teil international sehr bekannt sind. Ich wollte die bestmögliche Aufnahme produzieren, und die könnte nur mit dem Besten aus dem Kreis der vorgeschlagenen Dirigenten entstehen. Das war meine Überzeugung, und so hörte ich mir alle an, sah, wie sie arbeiteten und dirigierten. Ich entschied mich damals für Kent Nagano. Ich kannte ihn bisher nicht, erfuhr dann allerdings, dass er den vorgesehenen Termin gar nicht wahrnehmen könne. Was sollte ich tun? Worauf sollte ich verzichten? Auf meinen Standpunkt, auf die Produktion, auf den Termin? Eine Freundin riet mir, ich solle doch einfach Kent Nagano einen Brief schreiben, vielleicht ließe sich ja eine Lösung finden. Ich wohnte damals hauptsächlich in Paris und erfuhr, dass Kent Nagano ebenfalls in Paris sei. Ich schaute ins Telefonbuch und fand seine Adresse. Das war ein großer Zufall. Kent Nagano hatte damals für drei Monate eine Wohnung in Paris gemietet, weil er an der Opéra *Elektra* von Richard Strauss einstudierte und dirigierte. Das Telefonbuch war eben erst erschienen, deshalb enthielt es seinen Namen. Ich schrieb ihm also. Er antwortete und schlug ein Treffen im Anschluss an eine der Vorstellungen vor. Wir verabredeten uns, trafen uns, er bestätigte mir, dass er den Termin nicht wahrnehmen könne, aber vielleicht ließe er sich ja verschieben. Ich nahm das einfach für eine Zusage und kümmerte mich um ein anderes Aufnahmedatum. Tatsächlich kam die Produktion dann mit meiner Wunschbesetzung zustande, allerdings erst gut drei Jahre nach dem ursprünglich geplanten Termin. Kurz nach dieser ersten künstlerischen Zusammenarbeit heirateten wir dann, am 17. August 1991.«

Die Hochzeit feierten sie in Morro Bay. Die CD mit Sergej Prokofjews erstem und drittem Klavierkonzert, die zwei Monate später auf dem Markt erschien, aber ist eine Rarität. Denn nur höchst selten treten Kent Nagano und Mari Kodama gemeinsam in einem Konzert oder in einer Produktion auf. Als Künstler gehen sie eigene Wege. Bewusst distanzieren sie sich von der Praxis der »Familienauftritte«. Eine Ausnahme machten sie nur für Arnold Schönbergs Klavierkonzert – am 18. Dezember 2001 in Berkeley, bei dem Orchester, mit dem Kent Nagano seine eigenverantwortliche Karriere begann und in dessen Nachbarschaft die Naganos bis heute einen Wohnsitz haben, und im Juni 2002 mit den Wiener Sym-

66

phonikern. Von ihnen waren sie unabhängig voneinander für das Schönberg-Konzert engagiert worden.

Mari Kodama wurde in Osaka geboren. Als sie sechs Jahre alt war, wurde ihr Vater von der Bank, für die er arbeitete, auf eine Position in Düsseldorf berufen. Die Familie zog mit. Seitdem lebt Mari Kodama hauptsächlich in Europa. Die Schweiz war die nächste Station im beruflichen und familiären Leben der Kodamas, London, Paris, Hamburg folgten. Mari Kodama studierte in der französischen Hauptstadt. Bereits als Vierzehnjährige wurde sie in das Conservatoire National Supérieur de la Musique in Paris aufgenommen, in einen Kreis von Kommilitonen, die vier bis acht Jahre älter waren als sie. Germaine Mounier war ihre Klavierlehrerin, den Unterricht in Kammermusik besuchte sie bei Geneviève Joy-Dutilleux. Nach ihrem Konzertexamen arbeitete sie mit Alfred Brendel und Tatjana Nikolajewna. Mit siebzehn Jahren gab sie ihr Debüt in ihrer Geburtsstadt Osaka, drei Jahre später spielte sie zum ersten Mal in der Londoner Barbican Hall mit dem Philharmonia Orchestra – jenes Konzert, das auf Umwegen schließlich zu ihrer Begegnung mit Kent Nagano führen sollte. Er resümierte die Geschichte einer Künstlerliebe:

»Meine Frau ist in Japan geboren, und sie wurde von ihren Eltern auch in den japanischen Traditionen erzogen. Aber sie wuchs in Europa auf, in der Schweiz, in Frankreich, in Deutschland. Sie hat zur europäischen Kultur ein sehr enges Verhältnis; sie liebt Deutschland, sie liebt Frankreich. Aber sie ist der japanischen Kultur auch noch wesentlich näher als ich. Meine Großeltern sind einst aus Japan eingewandert, aber ich bin als Amerikaner aufgewachsen; ich kann einige Brocken japanisch, aber aus der Sprache, wie sie vor hundert Jahren dort gesprochen wurde. Wir haben beide japanische Wurzeln, aber wir treffen uns in der europäischen Kultur« – als Weltbürger.

Kent Naganos starke Bindung an Frankreich geht auf seine enge Zusammenarbeit mit Olivier Messiaen und dessen Frau Yvonne Loriod zurück und auf jene geistige Wahlverwandtschaft, die den jungen Dirigenten mit dem weisen Komponisten verband. Sie wurde durch die Arbeit mit dem Ensemble InterContemporain vertieft, *das* französische Ensemble für zeitgenössische Musik, das Kent Nagano 1985 bis 1988 als Erster Gastdirigent leitete. Frankreich – das waren für Nagano aber vor allem die zehn Jahre danach, in denen er die musikalischen Geschicke der Opéra National de Lyon verantwortete.

Das öffentliche Leben Frankreichs ist seit Jahrhunderten in seiner Hauptstadt konzentriert. Alle Wege, die Verkehrsadern, die politischen Verbindungen, die Geldströme und die Kultur führen zunächst nach Paris, um von dort aus in die Peripherie zurückzustrahlen. Die Seinemetropole hat bewahrt, was einer ihrer berühmten Regenten von sich sagte: »L'état« – oder la nation –, »c'est mois.« Paris ist Frankreich, und Frankreich ist Paris, bis auf die vier bis sechs Wochen im Sommer, in denen das ganze Land mit seiner Hauptstadt eine Pause einlegt. Dann findet auch die Kultur mit Festivals den Weg in die Regionen, in denen nicht nur die Franzosen traditionell die angenehmen Seiten der heißen Jahreszeit genießen, zum Beispiel in die Provence.

Dieses, seit Generationen bestehende Ungleichgewicht wurde in den 1980er Jahren durchbrochen. In jener Hochzeit der Postmoderne konnte man in verschiedenen Ländern eine merkwürdige Entwicklung beobachten, mit der wohl keiner so richtig gerechnet hatte: Die Provinz machte von sich reden und stahl den Metropolen die Schau. In der (west)deutschen Opernszene tat sich Bielefeld hervor, dessen Stadttheater es zuvor nie ins überregionale Feuilleton gebracht hatte. Dort riskierte man die Inszenierung von Opern, die fast in der historischen Versenkung verschwunden zu sein schienen: Max Brands *Maschinist Hopkins* etwa oder Viktor Ullmanns Oper

Der Sturz des Antichrist, und die Leute kamen. In Frankreich, so nahm es zumindest das interessierte Ausland wahr, probte Lyon, die Hauptstadt des Département Rhône, den ästhetischen Aufstand gegen die nationale Metropole Paris. In England überraschte das City of Birmingham Symphony Orchestra mit seinem unerwarteten Aufstieg in die Reihe der britischen Spitzenensembles. Verantwortlich für die kulturellen Gewichtsverschiebungen zeichneten junge Teams, die die finanziellen Vorteile der großen Traditionshäuser und -institutionen durch neue Ideen, Beweglichkeit, Engagement und effektive, erfolgsorientierte Zusammenarbeit wett machten. Oft standen einer solchen regionalen Einrichtung für die ganze Spielzeit so viele Mittel zur Verfügung wie ihren großen Konkurrenten für eine einzige Inszenierung. In Lyon verband sich die Ära der Herausforderung mit drei Namen: Jean-Pierre Brossmann, Louis Erlo und Kent Nagano. Erlo, der bereits 1970 die Direktion der Lyoner Oper von seinem Onkel Paul Camerlo übernahm und seit 1981 auch das Festival in Aix-en-Provence leitete, führte mit Brossmann gemeinsam die Intendanz des Hauses; Nagano war ihr Generalmusikdirektor.

Als Kent Nagano und Jean-Pierre Brossmann 1989 ihre Zusammenarbeit in Lyon aufnahmen, sahen sie sich mit einer anspruchsvollen Situation konfrontiert. Tradition und Umbruch, eine bedeutsame Geschichte und ein dringender Bedarf nach Erneuerung prallten im Kulturleben der zweitgrößten Stadt Frankreichs unvermittelt aufeinander. Die Opéra de Lyon konnte auf ein 300-jähriges Bestehen zurückblicken und wurzelte damit in den ältesten Traditionen des französischen Musiktheaters. 1688 wurde die *Académie d'Opéra* gegründet. In den ersten Jahrzehnten brachte man das Repertoire auf die Bühne, das auch in Paris en vogue war: Theater mit Musik von Jean Baptiste Lully, dem Mann, der mit Katharina von Medici, der Frau Ludwigs XIV., aus Florenz an den französischen Königshof gekommen war. Den Orchesterpart übernahmen so genannte »Bandes«; drei recht angesehene Ensembles dieser Art fanden damals in Lyon ihr Ein- und Auskommen; ein eigenes Opernorchester hielt man sich nicht. 300 Jahre einer wechselvollen Geschichte mit Höhen und Tiefen, Revolutionen und Restaurationen wurden 1988 gefeiert, im Jahr, bevor Kent Nagano in das leitende Triumvirat der Opéra National de Lyon eintrat. Die Tradition, die in die Urgeschichte des französischen Musiktheaters zurückreicht, bildete die eine Seite für die Überlegungen des Innovatorenteams. Den Kontrapunkt dazu lieferte die damals aktuelle Situation in der Stadt und ihrem Einzugsgebiet. Die Oper von Lyon befand sich in einem Wandel, der zwar schon einige Zeit andauerte, aber sein Ziel noch nicht so richtig gefunden hatte. Erschwerend kam hinzu, dass das Stammhaus aus dem 18. Jahrhundert, das Grand Théâtre, das mehrfach umgebaut worden war, dringend renoviert werden musste. Vier Jahre, bis 1993, sollte es geschlossen bleiben. Der Umbau geriet dann allerdings zur architektonischen und funktionellen Meisterleistung. Neue Räume wurden zusätzlich zum Großen Saal, der dem Stil italienischer Opernhäuser entsprechend über Parkett und sechs Balkone verfügte, gewonnen: ein Amphitheater, das sich mit seinen zweihundert Zuschauerplätzen für Werkstattproduktionen und begleitende Veranstaltungen eignete, Proberäume für Chor und Orchester und in den oberen Geschossen unter der Wölbung eines Glasdachs großzügig dimensionierte Säle für das Ballett. Für die Zeit des Umbaus mussten die Verantwortlichen andere Räume, andere Quartiere für ihre Opernproduktionen finden. Eine zwiespältige Situation also. Sie zeichnete keine klaren Linien für die Arbeit vor, eröffnete damit aber freie Gestaltungsmöglichkeiten. Sie bot Chancen, die gute Ideen erfordern, viel Arbeit kosten und beharrliches Engagement verlangen würden: eine Pionierzeit vor dem Hintergrund einer langen Tradition. Darüber waren sich Kent Nagano, Louis Erlo und Jean-Pierre Brossmann im Klaren, als sie sich anschickten, die Opéra de Lyon ins vierte Jahrhundert ihres Bestehens zu führen.

Auch musikalisch zeichnete sich die Situation durch eine Besonderheit aus: Seit fünf Jahren verfügte die Lyoner Oper über ein eigenes Orchester. Zuvor hatte das Orchestre National de Lyon einen Teil der Vorstellungen gespielt, für die übrigen Produktionen mussten andere Ensembles gewonnen werden. 1983 erreichte das Staatsorchester von Lyon, dass seine Aufgaben ausschließlich auf Konzerttätigkeit beschränkt wurden. Für die Oper aber richtete die Kommune daraufhin ein eigenes Orchester mit zunächst etwa fünfzig Planstellen ein. Dessen erster Generalmusikdirektor war John Eliot Gardiner, ein Musiker, der sich vor allem durch die historische Aufführungspraxis einen Namen gemacht hatte.

»Als ich 1989 in Lyon anfing, war das Orchester der Oper gerade fünf Jahre alt. Vorher hatte die Oper immer Orchester von außen eingeladen, oft das Orchestre National de Lyon, manchmal auch ein anderes aus der Region, und bisweilen stellte man auch eines für eine Produktion zusammen. Aber ein eigenes Hausorchester gab es zuvor nicht, übrigens seit das Opernhaus bestand. Die Opéra de Lyon verkörpert mit die ältesten Operntraditionen in Frankreich, und entsprechend dem französischen Brauch umfasste es immer Oper und Ballett. Der erste Generalmusikdirektor des neuen Orchesters war John Eliot Gardiner. Er legte in seinem Repertoire einen besonderen Schwerpunkt auf die Oper aus der Barockzeit und der klassischen Ära. Die Werke dieser Epochen ließen sich auch mit relativ kleinen Orchesterbesetzungen gut realisieren.

Nach fünf Jahren aber wollten Jean-Pierre Brossmann und Louis Erlo das Repertoire verbreitern und hielten Ausschau nach einem Dirigenten, der ein weiter gefächertes Repertoire auf die Bühne bringen und auch das Orchester vergrößern könnte. Es bestand, als ich begann, aus etwa fünfzig Musikern. Mehr konnten aus finanziellen Gründen zunächst nicht fest angestellt werden, und dadurch blieb das mögliche Repertoire von selbst schon begrenzt. In der ersten Zeit lösten wir die Probleme größerer Besetzungen, indem wir Aushilfen engagierten. Aber bald konnten wir damit beginnen, das Orchester selbst zu vergrößern und weitere 15 bis 20 Musikerinnen und Musiker einzustellen. Und im Zuge dieses Neuaufbaus, den John Eliot Gardiner begann und den ich fortsetzen konnte, bildete sich der besondere Charakter, die besondere Persönlichkeit des Lyoner Orchesters heraus. Es unterschied sich von allen anderen französischen Orchestern, das hörte man sofort. Die Musiker behielten die engagierte, disziplinierte Arbeitsweise bei, die sie von Anfang an auszeichnete. Als wir dann die neuen Stellen besetzten, wählten wir dafür Musiker aus, die ebenso engagiert und ehrgeizig waren wie wir. Wir wollten etwas ganz Besonderes aufbauen, nicht irgendein zusätzliches regionales Opernhaus, sondern etwas, was einmalig ist und nur mit der Stadt Lyon in Verbindung gebracht werden könnte. Ich war insgesamt gut zehn Jahre dort, und dieser Aufbauprozess gewann nach und nach immer deutlichere Gestalt. Er galt allen Bereichen unserer Arbeit. Es ging nicht nur darum, das Orchester zu vergrößern und zu einem homogenen, charakteristischen Klangkörper zu formen. Es ging auch darum, dem Haus ein neues Gesicht zu geben, den Aktivitäten des Hauses ein neues Gepräge zu verleihen. Das bedeutete, Entscheidungen über die Opernproduktionen zu treffen, an denen uns besonders lag. Es bedeutete, wohl durchdachte Veranstaltungsserien für ein junges Publikum zu entwickeln. Es bedeutete auch, durch ein weiterreichendes Bildungsangebot junge Leute aus der ganzen Region in die Oper zu bringen. Und dieses Jahrzehnt war lang genug, um Kinder und Jugendliche heranwachsen zu sehen und mitzuerleben, wie sie sich allmählich zum ganz normalen Opernpublikum entwickelten. Als Jean-Pierre Brossmann und ich Lyon verließen – wir hörten dort zusammen auf – sahen wir im Parkett und auf den Rängen eine wundervolle Mischung aus einem sehr jungen Opernpublikum, einem Publikum reiferen Alters und sehr erfahrenen, langjährigen Operngängern. Wir sahen vor uns, was wir am Anfang unserer Zeit in Lyon als Vision gehabt hatten: dass das Publikum in der Oper ein Ebenbild der Bevölkerung in der Stadt und der Region um sie herum abgibt.«

Begeistert erzählt Kent Nagano noch heute von den Möglichkeiten, die das Orchester in Lyon ihm bot. Wenn ein Dirigent die künstlerische Verantwortung für ein professionelles Traditionsensemble übernimmt, hat er es in der Regel mit einem mehr oder weniger fertigen Klangkörper zu tun, dessen Charakter sich schon gefestigt hat. Die eine oder die andere Position wird im Laufe der Zeit neu besetzt, am Klang des Orchesters ändert dies jedoch nichts mehr grundsätzlich. Kent Nagano aber übernahm in Lyon ein sehr junges Ensemble. Es war geformt worden von einem Dirigenten, der bis dahin überwiegend mit selbst gegründeten Chören und Orchestern gearbeitet hatte. Ein Viertel der Musiker kamen in Naganos Amtszeit neu dazu. Er konnte also einen Klangkörper nach seinen Vorstellungen formen, wie es einem Chefdirigenten oder Generalmusikdirektor sonst kaum vergönnt ist. Doch wenn Kent Nagano von dem Lyoner Opernorchester erzählt, spricht er nicht von einem Ganzen, das er formte, er spricht von Individuen, die das Wesen des Orchesters ausmachen.

»Die Musiker des Orchesters legten größten Wert darauf, hervorragend zu spielen, jeder einzelne. Sie waren sehr stolz darauf, dass sie alle die Fähigkeit zum Virtuosen hatten. Sie zeigten ihr Können in Konzerten, in Soloauftritten, aber vor allem auch im Orchester. Sie fühlten sich bestätigt, wenn sie einen brillanten Klang erreichten, und jeder von ihnen konnte sehr, sehr differenziert spielen. Auch das hat etwas mit Traditionen zu tun, dass man seine Persönlichkeit durch virtuose Brillanz zeigt und mitteilt. So war es schon, als ich anfing. Oft probten wir bestimmte Passagen immer und immer wieder, so lange, bis die Musiker mit ihrer Leistung zufrieden waren; wir verwandten viel mehr Zeit darauf, als das in einem Opernorchester sonst möglich ist. Aber das war der Ehrgeiz der Musiker selbst, und sie freuten sich auch persönlich über das Resultat. Sie identifizierten sich sehr stark mit ihrer Arbeit.

An eine Situation kann ich mich sehr gut erinnern. Sie ist bezeichnend für das Selbstverständnis der Musiker in Lyon. Wir machten Aufnahmen. Ich wollte in den Technikraum, um die verschiedenen Takes abzuhören, die wir eingespielt hatten. Das ganze Orchester drängte sich mit mir in den engen Raum, jeder wollte hören, wie er gespielt hatte, und wissen, wie das Ganze wirkte. Sie übten ganz offene Kritik, auch an sich selbst, machten Vorschläge zur Verbesserung. Jeder hatte für sich eine bestimmte Idee, wie er es noch besser machen könnte. Es war völlig selbstverständlich, dass wir zurück an unsere Pulte gingen und weitere Takes einspielten. Jeder war mit vollem Engagement bei der Sache. In ihrem sehr persönlichen Verantwortungsgefühl verhielten sich die Musiker eher wie ein großes Kammermusikensemble als wie ein herkömmliches Orchester. Das war schon zu Eliot Gardiners Zeit so, und es blieb in meiner Zeit so. Und dieses unbedingte Engagement jedes Einzelnen prägt selbstverständlich den Charakter eines Ensembles. Es findet dadurch den Klang, der ihm am natürlichsten ist. So entstand das, was man den besonderen ›Opéra-de-Lyon-Stil‹ nannte. Man erkannte ihn sofort, live, im Radio, auf der CD. Ich bin davon überzeugt, dass man versuchen muss, den Charakter eines Orchesters aus ihm selbst herauszuholen, und nicht, ihn von außen quasi aufzuerlegen. Das ist und wirkt unnatürlich. Der Klang kann dann noch so perfekt und geschliffen sein, er wird niemanden wirklich berühren.«

Das Repertoire

Die Opéra de Lyon rühmte man für ihren Mut zu gewagtem Repertoire und für ihre originellen Inszenierungen. Wer hatte es nach der Mailänder Uraufführung 1957 noch riskiert, Francis Poulencs Oper *Dialoge der Karmeliterinnen* in den Spielplan aufzunehmen? Das Werk galt als viel zu lyrisch und untheatralisch. Und auch Ferruccio Busonis Bühnenkompositionen liegen weit außerhalb des Standardrepertoires. Die musikalische Sprache, die Art, wie der Wahlberliner aus Istrien historisches Material verwendet, verlangt ein sehr genaues, gebildetes Hören – *Turandot* und *Arlecchino* standen in der Saison 1991/92 auf dem Spielplan der Opéra de Lyon. Busonis Oper *Doktor Faust*, die er 1997 in Lyon herausbrachte, dirigierte Kent Nagano 1999 bei den Salzburger Festspielen. John Adams' zeitkritische Opern wie *Nixon in China* stießen schon unter normalen Umständen nicht nur auf Beifall. Die einen wollten die traditionsreiche Gattung des Musiktheaters nicht in den Konflikt mit aktuellen Themen gerissen sehen; andere wiederum kritisierten gleichsam vom anderen Ende der Argumentationskette her die Ästhetisierung der Politik, die hier stattfinde. Mit solchen Auseinandersetzungen muss man rechnen, sie gehören dazu. Doch mitten im Golfkrieg an der Aufführung von John Adams' Oper *Der Tod von Klinghoffer* festzuhalten, erfordert geistige Resistenz, denn das Stück handelt von der Entführung der Achille Lauro durch arabische Terroristen und deren Verantwortung für den Tod eines jüdischen Passagiers. Wer würde am Beginn seiner Karriere einen Kompositionsauftrag gleich an einen ausgewiesenen Avantgardisten wie Peter Eötvös vergeben? Kent Nagano tat es. Die beiden Musiker kannten sich vom Ensemble InterContemporain und von der Arbeit am Pariser Institute de Recherche et de Coordination Acoustique/Musique (IRCAM), dem das Spezialensemble für Neue und neueste Musik angegliedert ist. Es dauerte Jahre, bis das Bühnenwerk vollendet war. Nagano konnte *Drei Schwestern* nach Anton Tschechow zum Abschluss seiner Ära in Lyon uraufführen. Eötvös hatte die Geschichte in ein verändertes Milieu verlegt. Die drei Protagonistinnen ließ er von drei Countertenören darstellen. Das Werk erregte Aufsehen. Die Deutsche Grammophon schnitt die Premiere mit und gab die Aufnahme als CD heraus. 2001 stand *Drei Schwestern* dann auf dem Programm des Edinburgh Festivals.

Eötvös' Stück war nicht das einzige neue Werk, um das Kent Nagano für die Opéra de Lyon gebeten hatte, aber das einzige, das während der zehn Jahre seiner Künstlerischen Leitung des Hauses zur Aufführungsreife gedieh. Einen weiteren Auftrag für eine Oper vergab der Maestro dell' Opera an den japanischen Komponisten Torû Takemitsu, der ihm im Dezember 1995 mitteilte, die Komposition sei fertig. Wenige Wochen später starb Takemitsu und nahm sein Bühnenwerk, das wohl in seiner Vorstellung vollendet, aber noch nicht zu Papier gebracht war, mit ins Grab. Noch im Stadium des Entstehens befindet sich ein Opernvorhaben, das Kent Nagano mit dem britischen Komponisten George Benjamin verabredet hat. Vielleicht kann die Uraufführung, die einmal für Lyon gedacht war, an Naganos neuer Wirkungsstätte in Los Angeles oder jener von Jean-Pierre Brossmann, dem Théâtre du Châtelet in Paris stattfinden.

Die außergewöhnlichen, sich aus dem Standardrepertoire hervorhebenden Produktionen Kent Naganos haben die internationale Aufmerksamkeit auf sich gezogen: Lyon, das stand für Entdeckerfreude am »anderen« Repertoire. Doch der Blick von außen reduziert ein Projekt leicht auf seine hervorstechenden Besonderheiten und vergisst darüber das »Normale«, die Substanz. Der Blick von innen kann die Verhältnisse ausgewogener beschreiben. So rückt Kent Nagano diesen Eindruck von außen zurecht: Das Team in Lyon scheute Experimente nicht, gewiss, aber es verstand sich nicht als Experimentalbühne. Die neuen Wege, die Brossmann, Nagano und Erlo gingen, waren Teil eines Konzepts, das gesellschaftliche mit künstlerischer Verantwortung verband.

»Die Meinung, wir hätten nur Repertoire außerhalb der gängigen Stücke gespielt, beruht auf einem Missverständnis. An der Opéra de Lyon hatten wir eine sehr starke Verpflichtung zum Standardrepertoire. Das war eine Selbstverständlichkeit, das war unsere Aufgabe als ›Staatsoper‹, als regionales Opernhaus für Lyon und den Lyonnais. Dazu standen wir auch nie im Widerspruch. Eine Bedingung setzte das Haus selbst: Es verfügt höchstens über 1200 Plätze, es ist ein relativ kleines Theater, gebaut nach dem Vorbild italienischer Opernhäuser mit einer ziemlich hallarmen Akustik (der Nachhall nach dem Umbau betrug durchschnittlich 1,5 Sekunden). Das hieß, dass klassisches Repertoire, zum Beispiel die kleiner besetzten Mozart-Opern, hervorragend klangen. Mozarts Opern gehörten deshalb zum festen Bestand dessen, was wir spielten. Aus der Zeit von John Eliot Gardiner übernahmen wir die relativ starke Präsenz der Barockliteratur. Das alles führten wir weiter. Unter dem Intendantenteam Brossmann/Erlo aber konnten wir uns und der Stadt Lyon auch das Repertoire der Grand Opéra, den italienischen Verismo bis zum Musiktheater des 20. Jahrhunderts erschließen.«

Zu den ersten Produktionen, die Kent Nagano dirigierte, gehörte *Ariadne auf Naxos* von Richard Strauss. Damit schlug er den Bogen von der Barockoper zum Musiktheater des 20. Jahrhunderts. *Ariadne auf Naxos* ist Teil einer Bühnenmusik, die Strauss zu Molières Komödie *Der Bürger als Edelmann* schrieb. Dort wird sie als Theater im Theater gespielt; der Parvenu, um den sich Molières böse ironisches Schauspiel dreht, leistet sich als Statussymbol eine Operntruppe, und die gibt, wie es in gehobenen Kreisen Brauch war, Musiktheater nach antikem Muster. Strauss verwendete für seine Komposition auch Stücke und Motive aus der alten französischen Musik, von Jean Baptiste Lully und François Couperin. Den Orchesterklang hielt der Komponist aus München durchsichtig, die Besetzung reicht nicht an die heran, die seine großen Bühnenwerke verlangen. Dennoch: Barockmusik entstand bei Straussens kreativem Spiel mit Klangmaterial aus alter Zeit in keiner Weise. Die kurze *Ariadne*-Oper mit ihrem virtuosen Sopranpart huldigt eher dem Komponisten, den Strauss zeitlebens am höchsten verehrte: Wolfgang Amadeus Mozart. Dennoch schlug das Stück, in Lyon gespielt, die Brücke zwischen französischer Theater- und deutscher Operntradition, zwischen barocker Formen- und Formelwelt hier und dem 20. Jahrhundert und seinen geschichtlichen Rück-Sichten dort.

Doch das Direktorium Nagano/Brossmann/Erlo erweiterte das Repertoire der Opéra de Lyon auch um Stücke, die zu den Standards der Opernliteratur zählen: *Carmen*, *Die Zauberflöte*, *La Bohème* und *Madame Butterfly*. Denn Standard bedeutet ja nicht zwangsläufig Routine oder Pflichtpensum. Das stellte das Team von Lyon auch durch seine Inszenierungen unter Beweis. Bereits in seiner zweiten Spielzeit brachte es *Madame Butterfly* von Puccini auf die Bühne des großen Auditorium Ravel, das über zweitausend Zuhörer fasste. Für die Regie gewann man den 1931 geborenen Japaner Kiju Yoshida, der sich mit Filmen wie *Eros und Massaker*, *Flamme et femme*, *Der Staatsstreich* und *Promesse* als Vertreter des japanischen sozialkritischen, expressiven Films international hervorgetan hatte. Für die Bühne hatte er bis 1990 nicht gearbeitet. Die wahre Geschichte der Cho-Cho-San aus *Madame Butterfly*, so betonte er, war für ihn kein exotischer Stoff wie für den Amerikaner John Luther Long, der die Erzählung aufgeschrieben hatte, und die Europäer Giuseppe Giacosa, Luigi Illica und Giacomo Puccini, die um 1900 daraus eine Oper gemacht hatten. Die Tragödie der Japanerin, die einen Amerikaner liebt, heiratet, von ihm verlassen und gedemütigt wird, spielt im Nagasaki des ausgehenden 19. Jahrhunderts. Yoshida konnte und wollte das, was mit dieser Stadt inzwischen geschehen war, nicht ausblenden. *Madame Butterfly* wurde bei ihm zur Geschichte der Einsamkeit in Zeiten des Krieges.

Das Bühnenbild für die Inszenierung in Lyon entwarf der Architekt Arata Isozaki. Er hatte in den 1970er Jahren in Japan das Gunma Museum der Schönen Künste gebaut und Mitte der 1980er Jahre die roten Sandsteinkuben des Museums für Zeitgenössische Kunst in Los Angeles entworfen. Als er für Lyon zusagte, war das Palau San Jordi, das futuristische, überdachte Stadion für die Fußballweltmeisterschaft in Barcelona, nach seinen Plänen gerade fertig gestellt worden. Auch für Isozaki war *Madame Butterfly* die Bühnenpremiere.

»Wenn wir mit Filmregisseuren zusammenarbeiteten, und wir taten das gerne, weil sie Erfahrungen mit einem moderneren Medium in die Oper brachten, dann stellten wir auch ihre anderen Arbeiten vor. Wir organisierten Film-Retrospektiven, wir veranstalteten offene Seminare und Diskussionen zum Beispiel über die Frage, was die Ästhetik des Films von der Bühnenästhetik unterscheidet; aber auch darüber, was beide verbindet und wie die Anregungen hin und her laufen können. Aus unserer *Butterfly*-Produktion wurde schließlich auch ein Film, und zwar nicht als Abbildung der Bühnenproduktion, sondern als Dokumentation ihrer Entstehung. Er enthält Interviews mit denjenigen, die an der Inszenierung beteiligt waren, und Ausschnitte aus den Proben und aus den Vorstellungen.«

Madame Butterfly wurde nach Wiedereröffnung der umgebauten Oper auch dort wieder ins Repertoire übernommen. Die Oper begleitete Kent Nagano durch insgesamt vier seiner zehn Spielzeiten in Lyon.

Die Saison 1991/92 stand, was die Neuinszenierungen betraf, im Zeichen von *Turandot*, jener Geschichte der angeblich chinesischen Prinzessin, die nur den Mann heiraten wollte, der ihr drei Fragen beantworten konnte. Das Märchen stammt aus Persien, doch der Dichter Carlo Gozzi, der die Fabel aufschrieb, verlegte die Handlung ins noch exotischere China. 1911 komponierte Ferruccio Busoni eine Bühnenmusik zu dem Schauspiel, die er 1917 zu einer Oper ausbaute. Sie wurde in Lyon von Henry Akina inszeniert. Der Regisseur, der heute als Intendant frischen Wind in die Oper seiner Heimat Hawaii bringt (seit 1996 leitet er das Honolulu Opera Theatre), setzte in Berlin bis Mitte der 1990er Jahre mit seiner Kammeroper Akzente gegen den Staatsopernbetrieb. Ob er Stücke aus dem 18. oder aus dem 20. Jahrhunderts inszenierte, sie wirkten immer aktuell, manchmal auch durchaus provokativ. Sein Stil passte so recht in die Zeit, als eine von sich überzeugte Off-Szene die hoch subventionierte Kultur herausforderte.

Bekannter als *Turandot* von Busoni wurde die gleichnamige Oper, die Giacomo Puccini 1924 komponierte. Das Libretto hatten seine erfahrenen Mitarbeiter Giuseppe Adami und Renato Simoni für ihn eingerichtet. Puccini konnte seine Partitur nicht mehr vollenden. Den gesamten Schlussteil nach dem Tod der Kammerdienerin Liu hinterließ er nur in Skizzen. Franco Alfano hat aus ihnen einen Opernschluss komponiert, und in dieser Fassung wird Puccinis letztes Werk für das Musiktheater zumeist gespielt. Inzwischen hat der Komponist Luciano Berio den Nachlass Puccinis erneut gesichtet und festgestellt, dass die hinterlassenen Skizzen weit mehr Material und Hinweise bieten, als Alfano nutzte. Er schrieb daraufhin einen neuen Schluss, dessen Uraufführung er sehr viel später Kent Nagano übertrug. 1992 dirigierte Nagano Puccinis *Turandot* in Lyon noch mit der gängigen Ergänzung durch Franco Alfano.

Der Regisseur Hiroshi Teshigara, den das Team in Lyon mit der Inszenierung beauftragte, sorgte wie vor ihm schon Yoshida bei *Madame Butterfly* dafür, dass der Exotismus des Stoffes aufgelöst wurde. Teshigara kam wie Yoshida vom Film. Er hatte sich früh schon selbständig gemacht und verwirklichte seine Ideen mit einem extrem niedrigen Budget. Nicht mehr als 100 000 Dollar wandte er 1964 für seinen Film *Die Frau in den Dünen* auf – und gewann damit den Filmpreis in Cannes. Bis zu seinem Tod im April 2001 blieb er auch den Bildenden Künsten verbunden, malte, schuf Skulpturen, machte Ausstellungen, allein oder mit Partnern. Das Bühnenbild für seine *Turandot*-Inszenierung schuf Teshigara, der Meister des psychologischen Films, selbst.

Kiju Yoshida hatte durch seine Inszenierung von *Madame Butterfly* die Geschichte aus Nagasaki um 1900 wie im Zeitraffer an die Gegenwart herangeholt. John Adams' Oper *Der Tod von Klinghoffer* handelt von höchst gegenwärtigen Konflikten. Als sie in der Spielzeit 1990/91 in Lyon – der zweiten Station nach dem Uraufführungstheater La Monnaie in Brüssel – auf die Bühne kam, wurde der Golfkrieg geführt. Dieser Hintergrund verlieh der Inszenierung zusätzliche Brisanz. Die Aufführung in Lyon verantwortete ein Dreierteam, das häufiger, auch in wechselnden Zweierkombinationen, zusammenarbeitete: John Adams, der Komponist, der aus Neu-England stammte, aber in der Bay Area um San Francisco lebt, Kent Nagano, der Dirigent, der aus der Bay Area stammte und nun sein Wirkungszentrum in Frankreich gefunden hatte, und Peter Sellars, der nicht nur durch seine Liebe zum zeitgenössischen Musiktheater, sondern auch durch seine provokanten Inszenierungen klassischer Opern aufgefallen war. Er hatte bereits die Premiere von *Der Tod von Klinghoffer* in Brüssel inszeniert und 1987 in Houston Adams' Oper *Nixon in China* herausgebracht. Sellars inszenierte 1995 Adams' Erdbeben-Oper *I Was Looking at the Ceiling and then I Saw the Sky* in Berkeley, 1992 und 1998 Messiaens Oper *St. François d'Assise* in Salzburg. Nagano wiederum ist mit der Musik von John Adams bestens vertraut. Er dirigierte dessen Orchesterwerke von *Short Ride on a Fast Machine* über *Gnarly Buttons* bis zur *Harmonielehre*, die Opern *Nixon in China* und *Der Tod von Klinghoffer*, und – an Weihnachten 2000 – das Oratorium *El Niño*. Adams' Kompositionsweise, die den Minimalismus nutzt, um ihn zur Trägersubstanz weiter struktureller Bögen und Linien zu machen, Kent Naganos genaues Gespür für musikalische Proportionen und die »prozessuale Architektur« einer Partitur sowie Peter Sellars reiche Bilderfantasie, die sich in experimentellen Filmen ebenso bewährte wie in Bühneninszenierungen, verliehen dem Stück über den Terrortod eines Handlungsreisenden eine starke ästhetische Innenspannung.

Am 14. Mai 1993 kam dann der große Tag für die Opéra de Lyon: Das umgebaute Haus an der Place de la Comédie wurde feierlich eingeweiht und wieder in Betrieb genommen – mit einer Uraufführung. Das Stück, das die Direktoren für diesen Anlass auswählten, war zwar nicht mehr ganz neu, doch außer Wissenschaftlern und Historikern hatte sich bislang niemand dafür interessiert. Hundert Jahre waren vergangen, seit Claude Debussy den letzten Strich an seiner Oper *Rodrigue et Chimène* gezogen hatte. Vollendet war das Werk, dessen Libretto auf Guillén Castros Erzählungen von *El Cid* beruhte, damit noch nicht: Drei der ursprünglich geplanten vier Akte hatte Debussy komponiert, sie lagen als Klavierauszug vor, waren also noch nicht instrumentiert. Das Team in Lyon fragte den russischen Komponisten Edison Denissow, ob er das vergessene Bühnenwerk ergänzen und orchestrieren könne. Denissow sagte zu, und *Rodrigue et Chimène* wurde unter den vielen Fragmenten der Musikgeschichte, die er vollendet und aufführbar gemacht hatte, das Meisterstück.

Das Team der Opéra gab an jenem 14. Mai 1993 also nicht nur der Bevölkerung von Lyon und Umgebung ihr Opernhaus, sondern auch dem französischen Musiktheater ein Werk in neuer Gestalt zurück. Eine ungewöhnliche Einweihung, gewiss, aber eine wohl überlegte. Sie war Programm, und sie hatte ihre Basis in der Arbeit, die Nagano, Brossmann und Erlo in den Jahren zuvor geleistet hatten. Sie ließen nicht nur das Haus umbauen, sie bauten auch die Institution Oper und ihre Arbeitsweise um, sie schufen ihr eine neue Verankerung in der Bevölkerung von Lyon und im internationalen Ansehen. Beides ging Hand in Hand. Was Kent Nagano in den ersten vier Jahren seiner Ära in Lyon erreicht hatte, wurde schließlich von allerhöchster Stelle gewürdigt: Die französische Regierung zeichnete ihn mit dem »Ordre des Arts et des Lettres« aus. Im Gespräch erwähnt Nagano diese Ehrung nicht, die immerhin zum höchsten zählt, was in Frankreich vergeben wird. Er betont die gute Zusammenarbeit, das Teamwork, als Grundlage des Erfolgs.

»Nur durch die enge Kooperation und das gute Einverständnis, das wir hatten, konnte die Arbeit in Lyon so erfolgreich sein. Jean-Pierre Brossmann, der jetzt das Châtelet in Paris leitet, Louis Erlo und ich glaubten an die gleiche Vision, und in künstlerischen Fragen teilten wir gleiche Ansichten und Ziele. Natürlich waren wir öfter auch unterschiedlicher Meinung, das ist nicht nur selbstverständlich, sondern notwendig. Aber die Meinungsverschiedenheiten betrafen nie die Grundlagen unserer Vision; manchmal hatten wir unterschiedliche Vorstellungen, wie wir unser Ziel am besten erreichen könnten. Weil wir drei in die gleiche Richtung gingen, weil das Orchester auch in die gleiche Richtung wollte und alle Mitarbeiter von dem, was wir gemeinsam taten, überzeugt waren, konnten wir mit einem begrenzten Budget viel mehr bewirken als andere mit einer viel komfortableren Finanzausstattung. Selbstverständlich sagten wir uns auch manchmal: ›Wenn wir nur auch einmal so viel zur Verfügung hätten ...‹ Aber wir fühlten uns durch diesen Nachteil eher in unserem Ehrgeiz angestachelt, bessere und überzeugendere künstlerische Arbeit zu leisten.«

»Wir wollten das, was die Besonderheit der Opéra de Lyon ausmachte, auch einem Publikum über die Stadt und über die Region hinaus zugänglich machen. Wir waren Realisten, wir wussten, dass man sich nicht so leicht entscheidet, nach Lyon zu reisen. Zu einem Besuch in Paris oder London entschließt man sich viel schneller. Deshalb überlegten wir: Normalerweise spielen wir eine Produktion acht bis zehn Mal pro Saison. Damit erreichen wir im besten Fall knapp 12 000 Zuschauer. Alle Energie, die wir in ein Projekt investierten, bliebe auf diese 12 000 Zuschauer beschränkt, wenn wir nicht die neuen Medien, die audiovisuellen Möglichkeiten, die multimedialen Chancen genutzt hätten, um ein größeres Publikum zu erreichen. Das ist der Grund, weshalb wir so viele Aufnahmen machten, auf CD und auch viele Filmaufzeichnungen.

Wir sagten uns: Was wir produzierten, sollte sich möglichst lange in den Katalogen halten können. Deshalb mussten wir historisch wichtige Aufnahmen machen, Werke vorlegen, von denen es keine guten Aufzeichnungen auf dem Markt mehr gab. Und so entschieden wir uns zum Beispiel für *Dialoge der Karmeliterinnen*. Außer einem Archivmitschnitt der Uraufführung war von dieser Oper nichts auf Tonträgern vorhanden, und überhaupt nichts allgemein zugänglich. Von Prokofjews zauberhafter Oper *Die Liebe zu den drei Orangen* nach einem Schauspiel von Carlo Gozzi gab es keine Einspielung in französischer Sprache. Deshalb entschlossen wir uns zur Produktion dieses Stücks. Wir nahmen Massenets *Werther* in unseren Spielplan auf, denn es lag weit zurück, dass eine wirklich gewissenhafte und gute Aufnahme von dieser Oper verwirklicht worden war. So kam es, dass wir ein Repertoire auswählten, das nur an der Opéra de Lyon zu hören und zu sehen war und deshalb auch zu deren Markenzeichen wurde. Das Standard-

repertoire haben wir deswegen aber nicht beiseite gedrängt.

Das Publikum hat übrigens diese Programmpolitik sehr
gut angenommen, weil sie integraler Teil eines umfassenden Konzepts war. Das Orchester wuchs, das Angebot der
Oper wuchs, und das Publikum wuchs mit uns; es ging unseren Weg mit. Das alles aber regelt sich nicht von selbst.
Wir gewannen die Überzeugung, dass wir unser Publikum
möglichst vielfältig an der Entwicklung unseres Opernhauses und seiner Produktionen beteiligen sollten, und zwar
nicht nur an den Resultaten unserer Arbeit, sondern auch
am Weg, auf dem sie zustande kamen. Wir nahmen zum
Beispiel Richard Strauss' Oper *Salome* in unseren Arbeits-
plan auf, und zwar in der französischen Fassung, die kaum
je gespielt wird. Oscar Wilde, der Dichter aus Irland,
schrieb ja das Schauspiel, auf dem Strauss' Komposition beruht, in französischer Sprache. Als Strauss seine Oper konzipierte, verwarf er den Gedanken, eine deutsche Übersetz-
zung in Versen zu verwenden. Er zog die Prosafassung vor,
für die deutsche Version griff er auf die Übersetzung von
Hedwig Lachmann zurück. Im Briefwechsel mit Romain
Rolland ließ er sich beraten, wie die französische Sprache
richtig und angemessen in Musik zu setzen sei. Während
der Vorbereitung unserer Arbeit wandten wir uns an das
Richard-Strauss-Institut in München. Es erklärte sich im
Laufe unseres regelmäßigen Gedankenaustauschs dazu
bereit, an einer einwöchigen Serie von Seminar- und Dis-
kussionsveranstaltungen teilzunehmen. Gesprochen wurde
über die Entstehungsgeschichte von Oscar Wildes Dichtung, über die besondere Wendung, die er dem biblischen
Stoff gab, über die Korrespondenz zwischen Richard Strauss
und Romain Rolland, über die Art, wie Richard Strauss –
nach seinen eigenen Worten – die ›Musik, die in dem
Schauspiel steckte, entdeckte‹ und – neben Claude Debussys *Pelléas et Mélisande* – zur eigentlich zukunftsweisenden

Opernpartitur nach den Musikdramen Richard Wagners machte. Die verschiedenen Fragen wurden aus historischem, literatur- und musikwissenschaftlichem Blickwinkel erörtert, aber so, dass jeder Beteiligte sie verstehen und nachvollziehen konnte; dadurch erschienen sie auch jedem wichtig und wissenswert für seine eigene Vorbereitung. Am Ende dieser Veranstaltungsreihe boten wir dann eine Aufführung an. Wir gewannen dadurch auch neue Interessenten für die Opéra de Lyon. Durch Initiativen wie diese ermöglichten wir es unserem Publikum, dem potenziellen wie dem bereits gewonnenen, mit uns zu wachsen, mit uns gemeinsam neue Erfahrungen zu sammeln. Wir konnten von unseren Zuschauern und Zuhörern nicht erwarten, dass sie ein fremdes, ungewöhnliches Werk auf Anhieb verstanden. Wir, die Professionellen auf diesem Gebiet, brauchten ja auch Wochen und Monate, um uns mit einem neuen Stück vertraut zu machen. Wenn wir von einem Projekt überzeugt waren – und andere verwirklichten wir nicht –, dann wollten wir auch, dass andere es verstehen und sich dafür begeistern könnten. Deshalb unternahmen wir große Anstrengungen, den Interessierten möglichst viel Material und möglichst viele Gedanken zur Verfügung zu stellen, um ihnen unsere Vorhaben näher zu bringen.«

»Education Programe« ist der englische Begriff für solche Initiativen, und übersetzt meinte das wohl »Bildungsarbeit«. Beim heutigen Zustand des Erziehungswesens kann man nicht mehr davon ausgehen, dass die Grundlagen eines Kultur- und Kunstverständnisses in allgemein bildenden Schulen vermittelt werden. An diesem Abwärtstrend haben alle westlichen Industrienationen Anteil. Musikunterricht spielt in den Lehrplänen der Schulen inzwischen eine absolut untergeordnete Rolle, sofern er überhaupt noch regelmäßig stattfindet. Daran ändern auch die längst bekannten Forschungsergebnisse nichts, dass Musizieren die Intelligenz eines Kindes entscheidend fördert. Dieser Bereich der Allgemeinbildung, der ja auch etwas mit der Kultiviertheit menschlichen Zusammenlebens zu tun hat, wurde inzwischen weitgehend an die Kulturinstitutionen delegiert. Einige von ihnen erkannten ihre Verantwortung schneller, andere später. Opern, Orchester und vergleichbare Einrichtungen aber kämpfen an diesem Punkt auch um das eigene Überleben. Wo musikalische Bildung und kulturelles Interesse schwinden, wächst auch kein Publikum für sie mehr nach. Sie verlieren mit ihren Zuhörern auch ihre Existenzgrundlage. Die so genannte »Eventkultur« mag äußerlich manches abfangen, die Grundlagen für ein traditionsbewusstes, innovationsfreudiges und selbstbewusstes Musikleben schafft sie nicht.

Die Arbeit, die das Direktorenteam aus Jean-Pierre Brossmann, Louis Erlo und Kent Nagano leistete und initiierte, kann allen Kulturinstitutionen zum Vorbild dienen. Sie legten Programme für Kinder und Jugendliche auf, sie richteten Veranstaltungsreihen für Erwachsenenbildung ein, sie sorgten in jedem der Arbeitsbereiche an der Oper für eine verlässliche Kontinuität. Was sie in Lyon begannen, besteht bis heute, wenn auch verändert und modifiziert. Sie bauten sich ein Team von Mitarbeitern auf, die die pädagogischen Programme betreuten, vor allem aber zeigten sie selbst großes Engagement.

»Natürlich hatten wir Mitarbeiter, die die einzelnen Projekte organisierten. Aber das Besondere in Lyon bestand darin, dass der Intendant, der Generalmusikdirektor und der größte Teil des Orchesters sich persönlich einbrachten. Wir gaben die Arbeit nicht einfach an einen Stab von Leuten ab, wir trugen sie selbst, wir engagierten uns selbst. Das Publikum sollte sehen, dass wir unsere Arbeit mit höchster Ernsthaftigkeit und größtem persönlichen Einsatz leisteten.

Das Publikum dankte uns dieses Engagement. Es entwickelte das Gefühl, dies sei sein Orchester, denn wir unternahmen viele Anstrengungen, die Zuhörer und Zuschauer mit dem Orchester, mit dem Haus in direkten Kontakt zu bringen. Wir luden des Öfteren jüngere Leute ein, nach der Vorstellung noch eine Stunde mit dem Orchester zu verbringen und Fragen an die Musiker zu stellen. So lernten sie das Orchester nicht als eine Masse kennen, sondern als Menschen, als Individuen; den Maestro nicht als irgendeine entrückte Ikone, sondern als persönliches Gegenüber. Ich ging dann nach der Vorstellung nicht gleich nach Hause, sondern blieb auch da. Genauso hielten wird es, wenn wir zum Gespräch vor einer Vorstellung oder einer öffentlichen Probe eingeladen hatten. Manchmal schufen wir auch innerhalb einer öffentlichen Probe die Möglichkeit für Fragen und Gedankenaustausch. Meistens luden wir junge Leute ein. Wenn sie dann erwachsen waren, betrachteten sie das Orchester wirklich als das ihre, denn sie kannten jede Musikerin, jeden Musiker beim Namen, und das schuf eine sehr starke Bindung zwischen der Bevölkerung von Lyon und der Oper.

Ein solch enges Verhältnis zwischen Kommune und Oper oder Orchester entsteht selbstverständlich nicht von heute auf morgen. Man muss sehr viel Energie und reichlich Erfindungskraft aufbringen, man muss Geduld und Beharrlichkeit üben. Der Erfolg der Arbeit zeigt sich erst nach Monaten oder nach Jahren. Aber das liegt in der Natur der menschlichen Beziehungen, in der Natur der Kunst. Das kann man nicht einfach für Geld kaufen. Dafür muss man Menschlichkeit, also wirklich ein Stück von sich selbst investieren.

Mit unseren Jugendprojekten gingen wir teilweise auch in die Schulen. Meistens aber luden wir die Leute zu uns ins Opernhaus ein. Wir organisierten auch den Transfer, um möglichst vielen die Teilnahme zu ermöglichen. Bei der Oper verhält sich das etwas anders als bei einem Orchester. Man braucht einen Theaterraum, eine regulierbare Bühnenbeleuchtung, Bühnentechnik, Bühnenbild, sonst kann man keinen lebendigen Eindruck von einer Produktion vermitteln. Deshalb luden wir die Leute, vor allem auch die Jugendlichen dorthin ein, wo wir unsere Inszenierungen vorbereiteten, in der Regel in unser Opernhaus an der Place de la Comédie, aber auch an andere Orte, an denen wir spielten. Einmal inszenierten wir zum Beispiel in einer ehemaligen Fabrikhalle; wir luden die Kinder und die Eltern ein, damit sie erfahren konnten, warum wir diesen ungewöhnlichen Ort für unsere Inszenierung wählten, welche künstlerische Wirkung von dieser besonderen Umgebung ausging. Auch zu einer Inszenierung in der Arena organisierten wir ein entsprechendes Begleitprogramm. Mit manchen Projekten hatten wir riesigen Erfolg; nur einmal ging unser Konzept nicht auf. Wir hatten uns ein Projekt in einer Art Vorhalle, die in Glas-Stahl-Architektur gebaut war, vorgenommen. Der Raum hatte eine charakteristische Atmosphäre, das ideale Ambiente für eine cabaret-ähnliche Inszenierung. Die Idee faszinierte uns. Leider unterschätzten wir die akustischen Probleme, die auftreten könnten. Wir arbeiteten mit zwei Verstärkeranlagen und elektronischer Beschallung, aber die Akustik erwies sich als derart kompliziert, unberechenbar und eigenwillig, dass wir sie nicht in den Griff bekamen. Für uns war es schwierig, zu spielen, für das Publikum wurde es schwierig, uns gut und klar zu hören. Kurzum: Die Raumakustik zog uns einen Strich durch das Familienprojekt. Ein schönes Vorhaben ertrank sozusagen im Meer der unregierbaren Schallwellen. Glücklicherweise«, so resümierte Kent Nagano in der ihm eigenen Bescheidenheit, »blieben die negativen Erfahrungen gegenüber den positiven in der Unterzahl.«

Will man Kent Naganos Erfolg in Lyon auf eine bündige, griffige Formulierung bringen, so wird man ihn vor allem in der klugen Vernetzung unterschiedlicher, scheinbar gegenläufiger Faktoren zu suchen haben. Die starke Verankerung in der Bevölkerung der Region ging einher mit einer Steigerung des internationalen Ansehens. Dies wurde nicht nur durch die Presse vermittelt und durch CD-Produktionen erreicht. Die Opéra de Lyon ging unter Naganos Leitung auch auf Reisen. Operntourneen sind immer eine überaus kostspielige Angelegenheit. Wer sie bucht und organisiert, muss etwas Besonderes, Einmaliges auf hohem Niveau erwarten. Unter Kent Naganos Leitung gastierte die Lyoner Oper in Kalifornien, in der Bay Area, in der ihr Chefdirigent aufgewachsen war, und in Japan – und das in den neunziger Jahren. Damals sahen sich die großen internationalen Kulturveranstalter bereits den Folgen spürbarer Wirtschaftskrisen und -flauten ausgesetzt, die vor allem den Fernen Osten und die USA erfassten. Kunst, gerade hohe Kunst zu verkaufen, fiel schwer, und die internationalen Agenturen und Sponsoren mussten auswählen. Wer sich unter diesen Bedingungen neu in den Weltmarkt der Hochkultur einführen konnte, der musste als Spitzenkraft gelten, als markante neue Stimme im globalen Konzert professionellen Musizierens. Also: Regionale Verankerung und »global playing« hingen in Lyon unlösbar zusammen. Keiner der beiden Faktoren hätte ohne den anderen die nötige Relevanz gewonnen. In dieser Hinsicht war Nagano als Amerikaner und Lyon als zweitgrößte Stadt in der Grande Nation im Denken nicht so eingeengt wie die Deutschen, die aus den sozialen Bewegungen der späten siebziger und achtziger Jahre kamen. Das, was Nagano den Aspekt von »Community« nennt, trug nicht den touch von Kiezromantik und kleinteilig denkendem Gutmenschentum, das die Welterfahrung am liebsten auf das Einzugsgebiet einer Kirchengemeinde und eine verträgliche Dosis Spiritualität reduziert hätte. In seinem Begriff und seiner Praxis von »Community« ist der französische Stolz des Citoyens enthalten, der sich nicht hauptsächlich durch sein privates Rückzugsgebiet, sondern durch sein öffentliches Wirken und Kommunizieren definiert.

Dass auch das Standardrepertoire, das ein europäisches

Opernhaus seinem Publikum traditionell schuldet, ernst genommen wurde, ermöglichte außergewöhnliche Produktionen. Filmregisseure mit Bühneninszenierungen zu beauftragen, wagte man damals noch selten. An deutschen Opernhäusern hatte eben das Regietheater auch vom Musikdrama ganz und gar Besitz ergriffen. Bühnenbilderwelten begannen sich vor die expressiven Klangwelten der Musik zu schieben, das Auge wurde in den Rang des Leitsinns erhoben; der alte Opernstreit, ob dem Wort oder der Musik der Vorrang gebühre, schien unversehens zugunsten einer dritten Größe, der jeweils aktuellen Beigabe, gelöst. Dem setzte man in Lyon zum Beispiel durch Fantasie und die strukturierende Rationalität des Architekten im Bühnenbild ausgleichende Gewichte entgegen. Für eine Oper, die in einem für ihre Entstehungszeit exotischen Milieu spielt, Regisseur und Bühnenbildner genau aus dem Land der exotischen Projektionen zu wählen, kommt einem genialen Kunstgriff gleich. Die Sicht eines japanischen Zeitgenossen auf das Fantasiejapan der Europäer vor 100 Jahren muss Aspekte zu Tage fördern, die einem Künstler aus unserer so genannten »Alten Welt« zwangsläufig verborgen blieben. Die traditionellen Opern wurden in Lyon von heute her befragt. Damit schuf das Leitungsgremium Nagano/Brossmann/Erlo auch die Voraussetzungen dafür, dass das Musiktheater des 20. Jahrhunderts und beiseite gelassene Werke aus der Operngeschichte mit Neugier aufgenommen wurden. Das Interesse des Publikums korrespondierte mit der Wertschätzung durch die Fachwelt – eine Seltenheit, der man nicht allzu oft im musikalischen Leben begegnet. Die Einspielung von Debussys *Rodrigue et Chimène*, eine Weltneuheit, wurde zum Beispiel mit dem Grand Prix du Disque ausgezeichnet, mit der Einspielung von Carlisle Floyds amerikanischem Erfolgsstück *Susannah* erhielt Kent Nagano ebenso wie für Prokofjews *Peter und der Wolf* den Grammy Award. Beide Werke wurden mit dem Orchester der Opéra de Lyon aufgenommen, zu Prokofjews Märchen mit Musik gewann der für die deutsche Version Marius Müller-Westernhagen als Erzähler. Ein Gremium französischer Journalisten ernannte Kent Nagano 1992 zur »Persönlichkeit des Jahres«.

Die Repertoirepolitik und die Begleitveranstaltungen zielten darauf ab, neue Interessenten für die Oper zu gewinnen, ohne das traditionelle Publikum zu verlieren. Modernes Marketing hat dieses Problem oft missachtet, nicht nur im Bereich der Kultur, auch in den Kernbereichen von Wirtschaft und Handel, indem es auf – bisweilen auch nur vermeintlich – neue Käuferschichten zuging, aber darüber die Basis vergaß, die vorher die Existenz des (Kultur-)Unternehmens getragen hatte. In Lyon vermied man diesen Fehler so weit wie irgend möglich. Natürlich ruft jede Neuerung Kritiker auf den Plan, die am Althergebrachten hängen und Veränderung als Gefährdung ihrer tief eingesenkten und unverrückbar fest gezurrten Orientierung erfahren. Erst kürzlich sah sich Kent Nagano in Los Angeles mit solchen Einwänden konfrontiert, als er in der dortigen Oper Puccinis Turandot nicht in der herkömmlichen Ergänzung durch Franco Alfano, sondern in der neuen Komplettierung durch Luciano Berio dirigierte. Doch selbst mit habituell Konservativen kann man den Dialog suchen und führen.

Die verschiedenen Stränge dieses multiplen Netzwerks namens Opéra de Lyon liefen im Direktorium zusammen. Die drei Verantwortlichen koordinierten, sie werteten die Erfahrungen aus, sie entschieden, wie die Arbeit weitergeführt werden solle. Der innere Zusammenhalt des Leitungsgremiums, seine Fähigkeit, Kritik zu üben und sie anzunehmen, Auseinandersetzungen zu führen und aus ihnen schließlich einen weiter treibenden Konsens zu finden, garantierte den Erfolg der Lyoner Oper. Das Triumvirat aber blieb dem Publikum gegenüber keine verborgene Instanz oder abstrakte Größe. Die leitenden Drei exponierten sich, man kannte sie, sie waren prominent, weil man sie auch vor Ort schätzte. Die Jahre 1989 bis 1998 trugen in der Opéra de Lyon alle Merkmale, die eine Ära ausmachen, im Konzept, in der Energie, der Beharrlichkeit und dem Engagement, das alle einbrachten, und auch im Abschluss. Schon 1996 war Jean-Pierre Brossmann gebeten worden, die Leitung des Théâtre du Châtelet in Paris zu übernehmen. Er sagte für 1998 zu. Mit ihm hörte auch Kent Nagano in Lyon auf. In einem so eng zusammen arbeitenden Team lässt sich ein Einzelner schwerlich so ersetzen, dass die Arbeit reibungslos weiterlaufen kann. Außerdem sind zehn Jahre eine gute, eine zugleich kompakte und hinreichend ausgedehnte Zeit, um etwas bewirken und stabilisieren zu können. Besser wäre es, so Kent Naganos Überlegung 1998, wenn ein neues Team die Chance bekäme, auf dem Geleisteten aufzubauen, sein Konzept mit den Menschen in Lyon zu kommunizieren und mit ihnen den Weg in eine neue Ära zu gehen. Sie hat, so weit man das von außen beurteilen kann, die wesentlichen Elemente, die das Direktorium Nagano/Brossmann/Erlo entwickelt hatte, beibehalten, vor allem die Programme für junge Menschen. Kent Nagano hat der Opéra de Lyon mit seiner Arbeit nicht nur eine starke Gegenwart verschafft, sondern ihr auch Perspektiven für die Zukunft eröffnet.

Manchester

Als Kent Nagano 1989 seine Arbeit in Lyon aufnahm, war er fast 38 Jahre alt und hatte sich alle Erfahrungen erworben, die für die erfolgreiche Wahrnehmung einer solchen Verantwortung erforderlich sind: Er hatte eine gründliche musikalische Ausbildung durchlaufen, die in der Kindheit und Jugend begonnen hatte und später an den Universitäten in Santa Cruz, San Francisco und Toronto und danach durch Privatunterricht bei Seiji Ozawa, Leonard Bernstein, Pierre Boulez und Bernhard Haitink fortgesetzt wurde. Ganz verschiedene Temperamente hatte er sich da als Lehrmeister der musikalischen Interpretation ausgesucht: Ozawa war der brillante Techniker mit virtuoser Gestik, ein Künstler, der um die Ästhetik des Dirigierens als Mittel musikalischer Überzeugungskraft wusste. Für Leonard Bernstein, den Impulsiven, Genialischen, kam das Dirigieren aus dem technischen, vor allem aber dem emotionalen Verständnis der Musik heraus; ein guter Musiker musste seiner Meinung nach nicht nur von Partituren, sondern auch von Kunst im Allgemeinen etwas verstehen. Pierre Boulez, der Exakte, Genaue, öffnete die Werke aus ihren Strukturen heraus für den Hörer; er nahm den Stücken, die er dirigierte, die Patina, die sie in ihrer Interpretationsgeschichte teilweise angesetzt hatten. Wer solch divergierende Einflüsse in seiner Person zu binden vermag, verschafft sich damit Zugang zu einem breiten Repertoire, zu einer Fülle von Werken und Stilen, die andere, schulmäßig Denkende, für unvereinbar halten.

Kent Nagano war in die Praxis des Dirigierens hineingewachsen, schon während seiner Studienzeit in Santa Cruz, verstärkt aber während seiner Assistenz bei Seiji Ozawa und dem Boston Symphony Orchestra. Er profilierte sich im Zentrum der Neuen Musik, als er 1985 bis 1988 das Ensemble InterContemporain als Erster Gastdirigent leitete. Erfahrungen in der Konzeption ganzer Veranstaltungsserien sammelte er nicht nur beim Berkeley Symphony Orchestra, sondern auch in den zwei Perioden, in denen er zum Musikdirektor des Ojai Festivals bei Los Angeles berufen wurde. Noch heute gehört er zu dem dreizehnköpfigen Advisory Board dieses Sommerunternehmens, zusammen mit Musikern wie Pierre Boulez, Lukas Foss, John Adams, John Harbison und Simon Rattle. Seit seinem Unterricht bei Laszlo Varga in San Francisco achtete Kent Nagano auf ein ausgewogenes Verhältnis zwischen Opern- und Konzertdirigaten. Mit Lyon übernahm er die musikalische Verantwortung für ein Opernhaus. 1991 setzte er das Gegengewicht dazu: Er folgte einem Ruf nach Manchester als Principal Conductor und Music Director des Hallé-Orchesters. Auch dort fand er sich in einem Spannungsverhältnis von Tradition und dringend notwendigem Aufbruch zu neuen Zielen.

Es lohnt sich, einen genaueren Blick auf die Geschichte dieser Institution zu werfen, denn ein Orchester ist nicht nur ein Klangkörper, sondern auch eine gesellschaftliche Einrichtung, die im kommunalen Leben steht und wirkt. Man erfährt so Verbindlicheres über das Verhältnis von Tradition und Innovation, das in jeder Kulturinstitution permanent ausgetragen werden muss. Jede von ihnen folgt dabei eigenen Bewegungsgesetzen und spezifischen Möglichkeiten. Was Kent Nagano in Lyon zu seiner Devise machte, galt ihm auch in Manchester als Leitlinie für seine Arbeit: dem Orchester zu der Bedeutung zu verhelfen, die seinen Potenzialen entspricht, und die internationale Reputation des Ensembles und dessen Verankerung in der Region als zwei Seiten einer Medaille zu entwickeln. Wie wenige andere Kollegen hat sich Kent Nagano über die Orchester und die Häuser, für die er sich engagiert, genau informiert. Er kennt ihre Geschichte und bezieht daraus die Fähigkeit, die gegenwärtige Situation zu diagnostizieren. Er nimmt das Umfeld präzise wahr und vermag sich mit seinen Entscheidungen darauf einzustellen.

In Manchester übernahm er ein Orchester, das die bürgerliche Kultur in dieser Stadt des Handels, der Manufakturen und der großen Industrieunternehmen verkörpert, ihren Stolz, ihr Selbstbewusstsein, aber auch ihre Anfälligkeit für Krisen. Denn der Anstoß für die Entwicklungen, die sich schließlich zum Markenzeichen Hallé-Orchester zusammenfügten, kam mitten aus dem Geist der Kommune und der privaten Initiative.

Das Hallé-Orchester

Im Jahre 1858 nahm das Hallé-Orchester seine Arbeit auf. Es ist damit das älteste professionelle Symphonieorchester in Großbritannien – das älteste, nichts das erste. Andere existierten lange vor ihm, die großen Ensembles zum Beispiel, die Johann Peter Salomon und Ignaz Pleyel um 1790 für ihre Londoner Konzertserien zusammenstellten. Die meisten dieser frühbürgerlichen Gründungen lösten sich jedoch wieder auf, wenn sich ihr Maestro oder Impresario aus dem unternehmerischen Risiko oder aus dem öffentlichen Musikleben zurückzog. Das Hallé-Orchester aber kann auf 145 Jahre einer oft gefährdeten, aber nie gebrochenen Kontinuität zurückblicken. Den Namen trägt es nach seinem Gründer; er hieß ursprünglich Carl Halle und stammte aus Hagen in Westfalen. Ein Ausnahmetalent muss er gewesen sein, der Organistensohn aus dem biederen Städtchen im Sauerland. Mit vier Jahren habe er schon Sonaten auf dem Klavier gespielt, die sein Vater für ihn schrieb, mit neun Jahren gab er seinen ersten

Klavierabend. Doch der alte Friedrich Halle war klug genug, seinen Sohn nicht in einer Wunderkind-Karriere zu verschleißen. Ein öffentliches Konzert pro Jahr, meinte er, reiche als Berufsvorbereitung und Belastungtest für einen Heranwachsenden völlig aus. Er schickte seinen 1819 geborenen Sohn als Sechzehnjährigen nach Darmstadt, damit er dort eine möglichst vielseitige musikalische Ausbildung erhalte. Ein Jahr später lebte der junge Musiker aus Westfalen bereits in Paris. Er hoffte, dort bei dem Klaviervirtuosen Frédéric Kalkbrenner Unterricht zu erhalten. Daraus wurde jedoch nichts, Carl Halle perfektionierte seine pianistischen Fertigkeiten stattdessen bei George Osborne. Er lernte Chopin, Liszt, Berlioz, auch Richard Wagner, den Flüchtling, kennen, doch vor allem die Kompositionen von Hector Berlioz hatten es ihm angetan. Als Interpret stieg er mitten in den modernen Trend ein, und der hieß seit 1829 Ludwig van Beethoven. Halle wagte es als erster Pianist in der französischen Hauptstadt, einen Zyklus mit allen Klaviersonaten zu spielen, die der Wahlwiener aus Bonn komponiert hatte. Gerne wäre Carl Halle in Paris geblieben, er hatte seinen Namen sogar französisch zurechtgemacht und schrieb sich Charles Hallé. Doch die Revolution von 1848 brachte ihm nur Nachteile, die Wogen der demokratischen Begeisterung trugen die ausübenden Künstler nicht, sie schlugen eher über ihnen zusammen. Schüler blieben in den unruhigen Zeiten weg, Konzerte wurden abgesetzt, Charles Hallé ging den Weg, den viele Kollegen aus Paris wählten: Er emigrierte nach England. London war voll von Revolutionsflüchtlingen; die Konkurrenz zwischen Musikern war erdrückend, und so ließ sich Charles Hallé aus Hagen in die aufstrebende Industriestadt Manchester abwerben, und zwar von einem Geschäftsmann namens Hermann Leo, der eine Stoffdruckerei betrieb. Hallé, so wollte es der kultivierte Unternehmer, solle das Musikleben in der Metropole von South East Lancashire neu organisieren und zumindest in England konkurrenzfähig machen. Eine ausreichende Anzahl

Schüler als Existenzbasis sicherte er zu. Hallé akzeptierte das Angebot, hörte sich als erstes ein Orchesterkonzert an, bei dem Chopin mitwirkte, fand außer dem Solisten alles fürchterlich und erhielt als Antwort auf seinen vernichtenden Kommentar die Aufforderung, für Verbesserung zu sorgen. Hallé fing klein an, er gründete zunächst eine Kammermusikvereinigung, übernahm dann 1849 die Leitung der »Gentlemen's Concerts«, einer Konzertgesellschaft, die pro Jahr sechs Aufführungen mit und sechs ohne Chor veranstaltete. 40 Mitglieder umfasste das Orchester, nicht eben viele, aber mehr, als Joseph Haydn zum Beispiel in Schloss Eszterházy zur Verfügung standen. Ihr Niveau ließ sehr zu wünschen übrig. Charles Hallé drängte auf Veränderungen.

Ein »Großevent« in einer anderen Kunstsparte kam ihm dabei zu Hilfe.

Tatsächlich kam der eigentliche Anstoß zum Hallé-Orchester aus einer ganz anderen Kunstgattung. 1857 wurden in Manchester kostbare historische Kunstschätze ausgestellt, ein halbes Jahr lang, von Mai bis Oktober, wurden sie der interessierten Öffentlichkeit gezeigt. Charles Hallé verpflichtete sich, jeden Abend in den Ausstellungshallen ein Konzert zu dirigieren, das »Gentlemen«-Orchester wurde eigens dafür aufgestockt – eine angenehme Sache für einen Dirigenten. Doch die Aussicht, das schöne große symphonische Ensemble nach Ende der Kunstschau wieder auflösen und auf die alte Stärke reduzieren zu müssen, betrübte Charles Hallé zunehmend. Er entschloss sich deshalb, die Musiker erst einmal für eine Spielzeit weiterzubeschäftigen und plante mit ihnen eine Wintersaison von Konzerten auf eigenes finanzielles Risiko. Die erste Serie überstand er ohne Verluste, die zweite warf schon Gewinne ab, und die steigerten sich von Jahr zu Jahr. Am 30. Januar 1858 trat das Hallé-Orchester zum ersten Mal an die Öffentlichkeit, und seitdem besteht es, hat Höhen und Tiefen einer wechselvollen Geschichte durchgemacht und überstanden.

Charles Hallé leitete das Orchester, dessen Existenz er verantwortet hatte, bis zu seinem Tod 1895. Fast alle Auftritte dirigierte er selbst, nur selten stand ein Gastdirigent am Pult. Wenn das Programm ein Klavierkonzert enthielt, übernahm er in der Regel auch den Solopart. Viele namhafte Künstler konzertierten mit ihm: Joseph Joachim, Hans von Bülow und andere, deren Namen man heute kaum mehr kennt. In jeder Saison bot Hallé ungefähr 30 Konzerte an, die Orchestermusiker wurden jeweils nach den Auftritten bezahlt. Feste Monatsgehälter waren damals noch nicht üblich. Man spielte in der Regel in der Free Trade Hall. Dieses Wahrzeichen kommunalen Gemeinsinns sollte fast 140 Jahre lang der Auftrittsort des Hallé-Orchesters in Manchester bleiben – damit wurde also eine Tradition mit hohem Identifikationswert begründet.

Das Orchester war mit dem wirtschaftlichen und bürgerlichen Leben in Manchester nahtlos verflochten. In seinem musikalischen Repertoire aber pflegte es eine internationale, gesamteuropäische Breite. Hallé fühlte sich der deutsch-österreichischen Tradition ebenso verbunden wie der französischen Musik. Beides wurde damals nicht als tiefer Gegensatz empfunden: In Frankreich verehrte man Beethoven, und Berlioz fand in Deutschland die höchste Begeisterung für seine Werke. Hallé blieb am Puls der Zeit. Er führte die größeren Werke von Berlioz zum ersten Mal in Großbritannien auf. Er sorgte für die britischen Premieren von Brahms' Zweitem und Griegs einzigem Klavierkonzert; in beiden Fällen studierte er den Solopart ein, um ihn seiner Gewohnheit gemäß selbst spielen zu können. Die beiden Werke stehen nicht in dem Ruf, technisch einfach zu sein. Hallé lernte sie – mit 63 respektive 70 Jahren. Giuseppe Verdis *Requiem* erklang zwei Jahre nach seiner Uraufführung zum ersten Mal auf den britischen Inseln – unter Charles Hallés Leitung in Manchester, denn mit dem Hallé-Orchester war 1858 auch ein Hallé-Chor ins Leben gerufen worden. Hallé dirigierte am 2. Februar 1893 die britische Erstaufführung von Tschaikowskys Fünfter Symphonie. Mit seiner internationalen Offenheit und seinem Sinn für Innovationen machte er die Stadt Manchester zum künstlerischen Herausforderer von London, dem politischen und kulturellen Zentrum des britischen Königreiches.

Drei wesentliche Grundsätze hebt der englische Musikwissenschaftler Michael Kennedy an der Arbeit des Musikers hervor, der von Deutschland nach Paris zog, um schließlich in Manchester heimisch zu werden: Hallé bestand darauf, dass für jedes Konzert eine ausreichende Anzahl preiswerter Karten vorgesehen war, damit auch ärmere Menschen am musikalischen Leben teilnehmen konnten. Er verstand das Veranstalten von Konzerten als Bildungsarbeit; das Ideal der Volksbildung bedeutete ihm, dem gebürtigen Kleinstädter, sehr viel. Damit wirkte er faktisch dem Gesellschaftsmodell entgegen, das in der Kapitalismuskritik mit dem Namen Manchesters verbunden wird: der Fundierung des sozialen Lebens auf den Egoismus. Allgemeinbildung und Elitebildung setzte er nicht in Widerspruch zueinander. Lange Jahre kämpfte er dafür, dass in Manchester ein Music College gegründet würde nach dem Vorbild des Konservatoriums, das sein Freund Felix Mendelssohn einst in Berlin einrichten wollte und in Leipzig verwirklichte. 1893, Hallé war bereits 74 Jahre, wurde es endlich eröffnet und Hallé selbst zum Gründungsrektor ernannt, obwohl er von Alters wegen längst zu den Pensionären zählte. 1923 wurde das Institut zum Royal College geadelt, 1962 wurde es mit der Northern School of Music zum Royal Northern College of Music zusammengefasst, und so besteht es heute noch. Und – drittens schließlich – sicherte Charles Hallé der zeitgenössischen Musik in seinen Programmen einen festen Platz. Das Konzept klingt modern, es ist modern. Wir kehren, zumindest in Fragen der Kulturvermittlung, am Ende der bürgerlichen Ära wieder zu den Erkenntnissen ihrer Aufbruchs- und Aufstiegsjahre zurück.

Nach Charles Hallés plötzlichem Tod 1895 bürgten drei angesehene Geschäftsleute aus Manchester für den Fortbestand des Orchesters. Sie suchten den geeigneten Nachfolger in den oberen Rängen des internationalen Konzertlebens: Sie verhandelten mit Hans Richter, der dominierenden Größe aus der Wiener Musikszene. Der Chef der Philharmoniker, Erster Kapellmeister der Hofoper und Dirigent (wir würden heute wohl sagen: Musikdirektor) der Gesellschaft der Musikfreunde war ein Kulturpotentat in der Hauptstadt der Donaumonarchie und dementsprechend angesehen im europäischen Kulturleben. In England kannte man ihn, denn seit 1879 leitete er in London eine eigene Konzertreihe. Die engagierten Bürger Manchesters wählten eine kluge Strategie, doch Richter kam zunächst nur zeitweise, um seine Wiener Positionen nicht zu gefährden. Erst 1898 gab er die Leitung der Philharmoniker auf und wollte nun in Manchester die volle Verantwortung übernehmen. Dort aber hatte sich inzwischen der »Interimsdirigent« Frederic Cowen die Sympathien des Publikums erworben. 1911 zog sich Richter aus dem aktiven Musikleben zurück. Sein Nachfolger, Michael Balling, konnte in einer kurzen Amtszeit wichtige Reformen durchsetzen; er erreichte zum Beispiel, dass die Stadt eine Mitverantwortung für ihr Renommierorchester übernahm. Doch dann begann der Erste Weltkrieg und mit ihm das Arbeitsverbot für »feindliche Ausländer«.

Die zwanzig Jahre zwischen den Kriegen beschreibt Michael Kennedy als eine Ära der »De-Teutonization« im Repertoire des Hallé-Orchesters. Von ihr blieb Gustav Mahler ausgenommen. Zwei Namen standen danach für das musikalische Ansehen des Hallé-Orchesters: Hamilton Harty und Sir John Barbirolli, der 1943 die Direktion des Orchesters übernahm und 1946 den Neuanfang nach dem Ende des Krieges leitete. Barbirolli identifizierte sich ganz mit dem Orchester; er prägte auch mit seinem Arbeitsstil die Nachkriegsära des Hallé-Ensembles. Manche meinen, er habe sich in den 27 Jahren bis zu seinem Tod 1970 für das Orchester verzehrt und zu Manchesters Gunsten manche Chance ausgeschlagen, die ihm weniger Härte abverlangt und höheres internationales Renommee eingebracht hätte. Das mag sein. Doch darüber zu spekulieren, ist müßig.

Das Orchester, dessen Leitung Kent Nagano 1991 zusätzlich zu seinen Aufgaben in Lyon übernahm, hatte also eine bewegte Vergangenheit hinter sich, eine Tradition, zu der das Wechselspiel von Gefährdung und Selbstbehauptung, von künstlerischer Konstanz und institutioneller Labilität, von Krisen und Risikobereitschaft wie ein System von Leitmotiven gehörte, die man immer wieder in den richtigen Zusammenhang und Zusammenklang zu bringen hatte. Diese Aufgabe trugen Manager, Kommunalvertreter, Unterstützer, Donatoren und künstlerisch Verantwortliche gemeinsam, und die spannende Frage war immer wieder, wer der Entwicklung die entscheidende Impulse gab und wem die Verantwortung für Rückschläge zugeschoben wurde.

Die Ära Kent Nagano

Kent Nagano ging es in manchem wie dem Gründer des Hallé-Orchesters. Auch er streckte von Frankreich die Fühler nach England aus und kam über London nach Manchester. Kein Dirigent von Rang lebt heutzutage allein von der Arbeit an einer Spielstätte. Wie gut seine Reputation vor Ort auch sein mag, wenn er sich am »Global Play« der großen Künstler nicht beteiligt, bleibt ihm eine internationale Karriere verwehrt. Außerdem bieten Gastdirigate eine exzellente Möglichkeit zur Selbstkontrolle und Erweiterung des Erfahrungshorizonts, denn sie sind wie eine Art »berufsbegleitende Fortbildung«. Wie gelingt es, die eigene Intention einem fremden Ensemble zu vermitteln? Wie kann man dessen Charakter in kurzer Zeit erfassen und für die Werkinterpretation nutzen? Kent Nagano, der nun musikalischer Opernchef war, aber noch keine neue Bindung an ein Konzertorchester eingegangen war, dehnte seinen Wirkungskreis Richtung Großbritannien aus. 1990 ernannte ihn das London Symphony Orchestra, das älteste Konzertorchester in der englischen Hauptstadt, zum Ersten Gastdirigenten. Kein Jahr verging, und Manchester meldete sich. Das Hallé-Orchester suchte einen Nachfolger für Stanislaw Skrowaczewski, den polnisch-amerikanischen Dirigenten, der seine Chefposition 1991 aufgab. Auch er hatte, wie sein Vorgänger James Loughran, Barbirollis Schwerpunkt auf der großen Symphonik Mahlers, Sibelius', Elgars, Ravels und Debussys übernommen und durch Konfrontation mit zeitgenössischen Werken aktuell belebt. Er machte Witold Lutosławski in Manchester bekannt und wurde vor allem als exzellenter Bruckner-Dirigent geschätzt. Im September 1991, als der Start in Lyon gelungen und die Arbeit dort in verlässliche Bahnen gelenkt worden war, wurde Kent Nagano zum Principal Conductor und Music Director des Hallé-Orchesters berufen. Er übernahm damit die Verantwortung für die künstlerischen Schwerpunkte und Planungen des Orchesters, musste aber nicht zwangsläufig die administrativen Aufgaben mit der oft zeitraubenden Gremienarbeit in allen Punkten wahrnehmen.

Manchester und das Orchester machten eine ambivalente Phase durch, als Nagano seine musikalische Arbeit aufnahm. Die Stadt hatte eine Welle verheißungsvoller Prosperität hinter sich, womit sich auch Hoffnungszeichen für das Orchester verbanden, dessen Schicksal immer eng an das Wohl und Wehe der Kommune und ihres Wirtschaftslebens gebunden war. Es befand sich Anfang der 1990er Jahre nicht gerade in einer Hochphase befand, obwohl es musikalisch über hervorragende Potenziale verfügte. Der Grund für die kritische Situation lag vor allem in den Umständen, unter denen die Konzerte stattfanden. Musik als gesellschaftliches Ereignis – und darin liegt ein gutes Stück ihres Sinns – lebt nicht nur vom schönen Klang und guten Ton, sondern auch vom »Drum und Dran«, wie sich die Avantgardisten der 1960er Jahre etwas salopp ausdrückten. Genau daran aber, an der einladenden, verlockenden Umgebung, fehlte es in Manchester. Seit seinem Bestehen trat das Hallé-Orchester in der Free Trade Hall auf. Das Gebäude war im Zweiten Weltkrieg zum Großteil zerstört worden. Nach 1945 wurde es wieder aufgebaut. Nur einen Teil der Außenmauern konnte man noch verwenden; alles andere musste neu errichtet werden. 1951 wurde die Free Trade Hall, das Wahrzeichen des Bürgersinns und Bürgerstolzes in Manchester, wieder in Betrieb genommen. Das Hallé-Orchester gab dort wieder seine Konzerte.

Die 1980er Jahre aber brachten bei den repräsentativen Veranstaltungsgebäuden einen wahren Bauboom überall auf der Welt: Neue Ausstellungshallen, neue Konzertsäle, neue Opernhäuser entstanden und zogen schon als Bauwerke die Aufmerksamkeit auf sich. Die Architektur lockte die Menschen ins Innere. Damit konnte Manchester 1991 nicht konkurrieren. Nachdem die Bewerbung um die Ausrichtung der Olympischen Spiele 1993 erfolglos blieb, konzentrierte man sich auf Überlegungen, wie man aus eigener Kraft die »City of Manchester« für die Bewohner aus der Stadt und der Umgebung attraktiver machen könnte.

»Manchester bot den vollkommenen Kontrast zu Lyon. In Lyon bestand das Orchester fünf Jahre, als ich dorthin kam, in Manchester bestand es seit über 130 Jahren. Das ist ein enormer Unterschied. Es gab also alte Traditionen und alte Gewohnheiten. Man muss zwischen wirklich großen Traditionen und Gewohnheiten, in denen man sich bequem eingerichtet hat, genau differenzieren, beides aber bringt die Geschichte mit sich, und beides traf ich in Manchester an. Es war eine harte Zeit, als ich anfing. Manchester stand am Beginn einer großen wirtschaftlichen Depression, nachdem es zuvor, Ende der 1980er Jahre, einen großen Aufschwung, einen richtigen Boom erlebt hatte. Ich erinnere mich noch sehr gut daran, dass das britische Pfund in dem

Monat, nachdem ich begann, fast ein Drittel seines Wertes verlor. Danach kam die Depression, und viele Projekte, die bereits fest geplant waren, gerieten in Gefahr. Während dieser langen Übergangsperiode musste das Orchester beweisen, dass es zur Lösung der Probleme und Konflikte in der Stadt beitragen konnte. Es ist völlig klar: Wann immer sich wirtschaftliche Schwierigkeiten einstellen, wird nachgerechnet, wo man Budgets kürzen oder streichen kann. Die öffentliche Hand tut das, private Sponsoren kommen an solchen Überlegungen ebenfalls nicht vorbei. Wir hatten damals das Glück, dass das Orchester wirklich auf sein Publikum, auf seine Resonanz hinweisen und den politisch Verantwortlichen demonstrieren konnte, wie wichtig es für die Stadt war, und wie wichtig es seinerseits die Stadt und die Rolle, die es darin spielen konnte, nahm. Das Ergebnis war wunderbar: Wir konnten einen neuen Konzertsaal bauen. Dieser Konzertsaal, so hoffte man, würde wie eine Initialzündung wirken, er würde helfen, die Innenstadt wieder neu zu beleben.

Bisher kamen die Leute in die Stadt, um zu arbeiten, und, kaum hatten sie Feierabend, fuhren sie hinaus in die Vorstädte, die zum Teil wunderschön gelegen waren. Manchester ist von einer sehr reizvollen Landschaft umgeben, und die Lebensqualität mancher Vorstädte war schon fast sprichwörtlich. Auf der anderen Seite gab es im Zentrum von Manchester eine ganze Reihe alter Fabrik- und Manufakturgebäude, die ihren ursprünglichen Zweck nicht mehr erfüllten, etwas heruntergekommen waren, aber nun von jungen Leuten wieder renoviert wurden. Sie richteten dort Wohnungen ein, Lofts, Ateliers, auch Restaurants. Die City gewann wieder ein Gesicht. Es war wie eine Wiedergeburt des innerstädtischen Lebens in Manchester. Der Neubau des Konzertsaales sollte die Attraktivität des Zentrums zusätzlich erhöhen. Die Menschen sollten Gefallen daran finden, nach der Arbeit in der Stadt zu verweilen, Ausstellungen zu besuchen, in Konzerte zu gehen, sich in Restaurants zu verabreden. Manchester hatte so etwas wie eine Reurbanisierung vor. Es war klug, nicht nur ein Konzerthaus zu bauen mit Sälen und Probenräumen, sondern auch neue Restaurants einzugliedern, eine neues Einkaufszentrum, und auch genügend Parkplätze vorzusehen. Das System der offenen Kanäle in Manchester wurde gereinigt, sodass die Stadt von klaren Wasserläufen durchzogen war, die auch das neue Konzerthaus umgaben. Das alles war gut koordiniert, die Neubauten, die Sanierungen, die neue Nutzung, und so konnten auch die Menschen aus Manchester ihre Stadt und die Schönheiten der viktorianischen und präviktorianischen Bauten neu entdecken.«

Der neue Konzertsaal und der Genius Loci

Am 11. September 1996 wurde die Bridgewater Hall, wie das neue Gebäude des Architekturbüros Renton Howard Wood Levin hieß, feierlich eröffnet. Das Programm, mit dem Kent Nagano und das Hallé-Orchester den neuen Konzertsaal einweihten, dessen Fassungsvermögen mit beinahe 2400 Zuhörern ungefähr demjenigen der Berliner Philharmonie entspricht, enthielt zwei Uraufführungen, Werke junger britischer Komponisten.

»Wir griffen damit eine alte Tradition des Orchesters wieder auf«, erklärt Kent Nagano im Gespräch. »Als Charles Hallé die britische Erstaufführung von Hector Berlioz' *Symphonie fantastique* in Manchester dirigierte, war das neue, unerhörte Musik. Als Hans Richter das Publikum zum ersten Mal mit Musik von Richard Wagner konfrontierte, löste er damit Kontroversen aus – das war Avantgarde. Dennoch wurde ein großer Teil von Wagners Werken in Manchester, nicht in London ins britische Musikleben eingeführt. Als

Hamilton Harty in den 1920er Jahren die Kompositionen von Edward Elgar, Ralph Vaughan Williams und Frederick Delius ins Zentrum seiner Programmplanungen rückte, orientierte er sich an der damals zeitgenössischen Musik. Als ich 1991 in Manchester begann, wollte ich das in den Vordergrund stellen, was die besondere Ästhetik dieses Orchesters ausmachte und was seine spezifische Tradition auszeichnete. Seine wirkliche Tradition lag darin, sich die bedeutenden Werke der Zeit zu Eigen zu machen und sie dem Publikum zu vermitteln. Das war ein Teil des Erbes, ein Teil der Tradition, die wir antraten, um sie lebendig zu halten. Mir war klar, dass wir als britisches Orchester uns besonders für das britische Repertoire engagieren sollten. Das hatte Hamilton Harty getan, das hatte John Barbirolli getan, und diese Tradition wollte ich fortsetzen. Das Hallé-Orchester spielte ja nicht nur in Manchester. Die Hälfte unserer Auftritte hatten wir vor Ort, die andere Hälfte unterwegs, in anderen britischen Städten, im Ausland, in Frankreich, Deutschland, Österreich, den USA, Japan. Das Orchester unternahm viele Tourneen, und es wirkte dabei selbstverständlich auch als ein Kulturbotschafter Großbritanniens. Der einzige bedeutende Komponist, der beim Hallé-Orchester unterrepräsentiert geblieben war, war seltsamerweise Benjamin Britten. Deshalb legten wir einen Schwerpunkt auf seine Musik. Drei wichtige Aufnahmen mit Werken von ihm spielten wir ein: die ursprüngliche, vieraktige Version seiner Oper *Billy Budd*, *Die Rettung der Penelope*, und sein Doppelkonzert für Violine, Viola und Orchester mit Gidon Kremer und Yuri Bashmet als Solisten. Alle drei Werke standen am Rand des Repertoires, das von Britten sonst aufgeführt wurde. Im Falle von *Billy Budd* und der *Rettung der Penelope* erinnerten wir an Versionen, die durch andere, spätere Fassungen der Werke in den Hintergrund geraten waren, obwohl sie ihre eigenen Qualitäten hatten. Damit hatten wir also die ›Britten-Schiene‹ in unser Repertoire aufgenommen. Ich fand aber auch, dass wir verpflichtet waren, die nächste Generation britischer Komponisten zu unterstützen und ihnen ein Forum zu schaffen. Wir richteten deshalb die Position eines Composers in Residence ein; der erste, den wir auswählten, war Thomas Adès. Ganze 21 Jahre zählte er, als er sich bei uns mit einer Komposition bewarb.

Ich erinnere mich gut daran, wie wir den Wettbewerb eröffneten und ich das Werk las, das Thomas Adès eingereicht hatte. Ich war unmittelbar beeindruckt von dem, was ich da vor Augen hatte, und ich war mir spontan vollkommen sicher, dass aus dieser Partitur ein außergewöhnliches, eigenständiges Talent sprach. Wir entschieden uns für ihn. 1993 bis 1995 war er unser Composer in Residence. Er schrieb eines der Werke, die zur Eröffnung des neuen Konzerthauses uraufgeführt wurden. Das andere komponierte George Benjamin, der zehn Jahre älter ist als Thomas Adès, aber eine ähnlich frühe Karriere machte. Benjamin war Principal Guest Artist beim Hallé-Orchester, das hieß, dass Werke von ihm aufgeführt wurden und dass er auch selbst Konzerte dirigierte. Adès und Benjamin waren in den Programmen des Hallé-Orchesters des Öfteren vertreten. Darin liegt der Sinn solcher Residenzen. Es war nicht immer einfach, das Publikum von unseren Programmentscheidungen zu überzeugen. Auf der anderen Seite dachte ich: Diese jungen Komponisten haben in Paris, in London, in New York Erfolg, ihre Werke werden dort gespielt, und man betrachtet sie als die Exponenten der jungen Künstlergeneration in Großbritannien. Es wäre nicht richtig, das Publikum von Manchester auf einem niedrigeren Niveau als die Konzertgänger in anderen Städten einzustufen und ihnen die Auseinandersetzung mit dem aktuellen Musikdenken zu nehmen. Das liefe der Hallé-Tradition zuwider.«

Wie Konzertgänger auf Neue Musik reagieren, hängt wesentlich von der Art und Weise ab, in der sie darauf vorbereitet werden. Zur Tradition des Hallé-Orchesters gehörte auch der Volksbildungsgedanke, den der Orchestergründer sehr leidenschaftlich verfochten und als Wert über die ausgeglichenen Bilanzen gestellt hatte. In Kent Naganos Amtszeit besann sich das Hallé-Orchester verstärkt auf diese Wurzeln, und es wurde durch die positiven Erfahrungen anderer Ensembles und anderer Städte darin bestärkt. Was man im Manchester der 1990er Jahre daraus machte, wurde als vorbildlich gelobt: Das »Education Programe« des Hallé-Orchesters errang hohe Auszeichnungen. 1989 war es aufgelegt worden und erhielt wenige Jahre später einen erneuten Schub; man startete gewagte Unternehmungen.

»Ja, wir waren der Meinung, dass wir uns mit unseren Bildungs- und Jugendprogrammen der ganzen sozialen Wirklichkeit in Manchester stellen sollten. Wir wollten nicht nur in die wohl situierten Gegenden, nicht nur in die Privatschulen gehen, die sich nur wohlhabende Familien leisten konnten. Wir gingen auch in die Stadtteile, in denen die sozialen Spannungen sehr groß waren. Manche davon waren berüchtigt und sind auch in den letzten Jahren international in die Schlagzeilen geraten. Wir dehnten unser Programm auf die ärmsten Viertel aus. Das Orchester engagierte sich sehr stark in diesem Vorhaben, und das Resultat erstaunte nicht nur uns: Einige der stärksten, der kreativsten und wirklich begeisterten Reaktionen kamen von Schülern aus diesen Problemvierteln. Wir konnten natürlich die Spannungen nicht lösen, die ihr Leben bestimmten, aber wir konnten ihren Horizont öffnen, ihre Fantasie und ihre Kreativität stärken.

Wir legten unser ›Education Programe‹ auf verschiedenen Ebenen an. Wir boten Familienkonzerte an. Die Kinder konnten mit ihren Geschwistern, mit ihren Eltern und Freunden kommen. Diese Konzerte wurden sehr gut angenommen. Gruppen von Musikern gingen zum Beispiel an die Schulen, stellten dort Werke vor, arbeiteten mit den Schülern. Wir luden Gruppen in unser Konzerthaus ein, wo sie dann wiederum mit den Musikern arbeiten konnten. Wir versuchten, möglichst vielfältige Angebote zu entwickeln.

Dieser Arbeitszweig war mir sehr wichtig. Ich selbst habe in den USA erfahren, was es heißt, den Kunst- und Musikunterricht an den Schulen zu kürzen. Als ich zur Schule ging, genossen wir einen exzellenten Musikunterricht. Das, was Dr. Korisheli damals bei uns bewirkte, wurde von der Kommune unterstützt. Ende der 1970er Jahre aber senkte man die Steuern. Die Menschen waren vordergründig davon begeistert. Die Folge war nur, dass damit auch die Staatsausgaben, sprich die öffentlichen Förderungen, drastisch gekürzt wurden. Die kommunalen und staatlichen Haushalte wurden so stark eingeschränkt, dass die Künste, dass Zeichnen und Malen, Musik, Film, alles das fast gänzlich aus den Lehrplänen verschwand. Nun erkennen die Leute, was damit angerichtet wurde. Sie merken, dass zum Beispiel der Sinn des Musikunterrichts in der Schule nicht darin besteht, Berufsmusiker oder große Solisten heranzubilden. Nein, der Sinn der künstlerischen Fächer besteht darin, dass man Kultiviertheit gewinnt, dass man lernt, Schönheit in dem zu suchen und zu finden, was uns umgibt, und nicht nur in dem, was man für Geld kaufen kann. Es bedeutet, Schönheit in der (Mit-)Menschlichkeit zu finden, die Vorzüge der Kreativität zu entdecken. Das ist keine Frage des Geldes. Kreativität trifft man überall an. Sie muss gefördert werden, sie muss gepflegt werden wie ein zartes Pflänzchen. Und je früher man sie entwickelt, desto besser. Heute beginnt man in Amerika die Fehler der Vergangenheit zu erkennen, der Trend kehrt sich um. Aber wir haben dabei fast zwei Generationen verloren. Das ist ein ungeheurer Preis, den wir da zahlen. Und in England sah ich damals eine ähnliche Gefahr heraufziehen, deshalb wollten wir mit den Kräften, die uns zur Verfügung standen, gegensteuern. Wir wandten uns besonders an junge Schüler. Viele von ihnen hatten keine Chance, jemals ein Instrument zu erlernen. Deshalb bauten wir viele unserer Projekte auf der Improvisation auf. So konnten die jungen Leute die Freude des Musikmachens erleben, auch wenn sie selbst über die Schule hinaus keinen Musikunterricht genossen. Diese Improvisationsprojekte brachten wir immer in Verbindung zu besonderen Werken, die wir in einem Konzert spielten. An eines erinnere ich mich besonders gut. Wir führten Strawinskys *Sacre du printemps* auf. Wir veranstalteten einen Workshop, den wir vom Finale von *Sacre du printemps* her anlegten. Auf der Grundlage des Rhythmus, der dieses Finale bestimmt, entwickelten die Schüler ihre eigenen Improvisationen. Ungefähr fünfzig, sechzig Schüler beteiligten sich an diesem Workshop. Sie kamen dann als Gäste in unser Konzert. Sie warteten diszipliniert die Beethoven-Ouvertüre ab, mit der wir begannen. Sie übten sich bei dem anschließenden Solokonzert, das sie hörten, weiterhin in Geduld. Sie warteten auf den *Sacre du printemps*, denn dieses Werk hatten sie studiert, sie kannten es besser als jeder andere im Saal.

Man hört manchmal den Einwand, Bildung, Kunstunterricht sei ja eine schöne Sache, aber was nütze sie einem, der Mathematiker werden will, oder Handwerker oder Arbeiter? Die Antwort ist: Ja, der Kunstunterricht, der Musikunterricht nützt etwas, denn er bedeutet Gemeinschaft, er bedeutet gemeinsames Erleben, und er legt damit auch Grundlagen für ein kultiviertes Zusammenleben – ganz abgesehen davon belegen neuere Untersuchungen, dass Studenten, die in ihrer frühen Kindheit Musik gemacht haben, schneller lernen als andere.«

Mehrfach wurden die Jugendprojekte des Hallé-Orchesters zwischen 1991 und 1998 ausgezeichnet: Ein Workshop über

Gamelan-Musik erhielt den »Royal Anniversary Challenge Gold Award«, ein Projekt mit dem Titel *Bridging the Gap* bekam den »PRS Composers in Education Award«. Diese Auszeichnungen sagen einem Leser in Deutschland vielleicht nichts, doch allein die Tatsache, dass sie verliehen wurden, weist auf einen entscheidenden Unterschied des hiesigen Musiklebens zum englischen hin, denn: Welcher Preis könnte in Deutschland für solche Aktivitäten überhaupt verliehen werden? Und: Könnte man sich vorstellen, dass private Firmen zum Beispiel ein Schulprojekt über Strawinskys *Geschichte vom Soldaten* finanzieren würden, oder bleibt, was in Manchester möglich war, in deutschen Großstädten undenkbar?

Kent Naganos Arbeit in Manchester erntete Anerkennung, vor Ort und im internationalen Musikleben. 1994 war das Hallé-Orchester zu einem längeren Aufenthalt in der Hollywood Bowl in Los Angeles eingeladen und gab dort eine ganze Reihe von Konzerten. Tourneen führten das Orchester in die USA, durch Mittel- und Südamerika, nach Australien, Hongkong, Japan, nach Deutschland, Österreich und in die Schweiz. Kent Nagano und das Hallé-Orchester stärkten ihr internationales Renommee durch CD-Einspielungen. Außer den Britten-Aufnahmen entstand eine CD-Produktion von Gustav Mahlers Frühwerk *Das klagende Lied*. Zum ersten Mal wurde dieses genialische Stück in seiner Urfassung zugänglich gemacht. Die erste gemeinsame CD legten Nagano und das Hallé-Orchester mit John Adams' *El Dorado* 1993 vor. Eine zweite CD mit Werken des Wahlkaliforniers aus Massachusetts enthielt ein Stück, das vom Hallé-Orchester in Auftrag gegeben worden war: *Slonimsky's Earbox*.

Doch trotz aller Erfolge gestaltete sich die Arbeit in Manchester ungleich schwieriger als jene in Lyon. »In den ersten sieben Jahren meiner Zeit in Manchester sah ich fünf verschiedene General Manager«, erinnert sich Kent Nagano. Für die englische Berufsbezeichnung gibt es keinen adäquaten deutschen Begriff. Das hat mit der Sache selbst, mit den unterschiedlichen Organisations- und Rechtsformen der Orchester in England und in Deutschland zu tun. Fünf General Manager in sieben Jahren – das kam einer durchschnittlichen Verweildauer von knapp eineinhalb Jahren gleich. Den ersten von ihnen lernte Kent Nagano bei seiner Ernennung zum Chefdirigenten kennen. Als er seine Arbeit aufnahm, hatte er sich bereits mit dessen Nachfolger zu verständigen.

»Aber bei einem Orchester ist es genauso wie bei anderen Institutionen: Wenn man gute Arbeit leisten will, braucht man stabile Strukturen, ein stabiles Rückgrat für das, was man vorhat. Das ist natürlich bei einem solch schnellen Wechsel an der operativen Spitze nicht gegeben. Wer in Manchester das Generalmanagement übernahm, stand eigentlich vor einer unlösbaren Aufgabe. So viele verschiedene Anforderungen wurden an ihn herangetragen, von Seiten der Politik, vom Aufsichtsgremium, durch die wirtschaftliche Situation, die auf Unterstützung durch große Firmen und private Geldgeber angewiesen war. Wir hätten einen Wundermann oder eine Wunderfrau gebraucht, um alles das zu bewältigen. Die Instabilität der administrativen Verhältnisse erschwerte die Arbeit und die Außenwirkung natürlich erheblich. Die einzigen Konstanten, die wir letzten Endes schaffen konnten, waren eine klare und überzeugende musikalische Linie in unserer Arbeit – und Selbstvertrauen, auch das Vertrauen auf eine große Tradition, die dieses Orchester hinter sich wusste. Aber das alles ging nicht ohne gefährliche Augenblicke ab.«

Sehr gefährliche Zeiten hatte das Orchester sogar durchzustehen. Anfang 1998 drohte der Konkurs. Kommentare in der BBC, die in Manchester selbst noch ein Rundfunkorchester unterhält, zeichneten ein düsteres Szenario. Gefahr lauerte nicht nur für 140 Jahre einer großen Tradition in Manchester, auch andere Kultureinrichtungen im gesamten Vereinigten Königreich standen nicht besser da. Man orakelte über eine ganze Serie von Konkursen in der Kultur des Landes und befürchtete einen nie da gewesenen Kahlschlag mit kultureller Verödung als Folge. Der Schock, so scheint es, war heilsam. Inzwischen haben auch nationale Instanzen in Großbritannien ihre Verantwortung für das Hallé-Orchester erkannt und nehmen sie wahr. Das älteste Berufsorchester im Inselreich befindet sich außer Gefahr. Kent Nagano sorgte bis zum Jahr 2000 für die dringend erforderliche künstlerische Kontinuität als Principal Conductor.

Die Spielzeit 1999/2000 schuf bereits den Übergang zu der neuen Verantwortung, die Kent Nagano ab September 2000 übernehmen würde – in einer anderen unruhigen Stadt Europas, in Berlin. In der Stadt, die sich anschickte, ihre Teilung zu überwinden, hatte Kent Nagano zum ersten Mal bei den Berliner Festwochen im September 1988 (mit dem Ensemble InterContemporain) dirigiert. Mit dem Orchester, dessen Künstlerische Leitung er ein knappes Jahrzehnt später übernehmen sollte: mit dem Deutschen Symphonie-Orchester Berlin, das damals noch, in 35-jähriger Tradition, Radio-Symphonie-Orchester Berlin hieß, debütierte er am 15. November 1991. Nicht in der Philharmonie, auch nicht im Schauspielhaus, das wenig später in Konzerthaus umbenannt wurde, sondern im Haus des Rundfunks, im Großen Sendesaal, traditionell ein Ort für Neue Musik. Kent Nagano dirigierte Musik der Gegenwart: Die Uraufführung des 1986 komponierten *Concert pour plusieurs instruments* von Paul Heinz Dittrich, das in den letzten Jahren der DDR dort nicht mehr in die Programme genommen worden war, sowie die deutsche Erstaufführung von *Cascade*, die der junge britische Komponist George Benjamin 1990 geschrieben hatte. Benjamin, der bei Peter Gellhorn, einem Emigranten aus Berlin, seinen ersten Unterricht erhalten hatte, dann bei Olivier Messiaen in Paris und bei Alexander Goehr in Manchester seine Kompositionskunst vervollkommnete, stand damals am Anfang seiner internationalen Karriere. In Deutschland wurde sein Name im Kreis von Insidern genannt. Nagano machte ihn bekannt. Den Abschluss des Konzerts bildete *Harmonium* von John Adams. Kent Nagano hatte mit diesem Konzert seine Visitenkarte in Berlin abgegeben.

Vier Monate später, im März 1992, leitete Kent Nagano im Kammermusiksaal der Philharmonie das Chamber Orchestra of Europe. Das Ensemble bestand damals seit etwa zehn Jahren. In ihm hatten sich junge Musiker noch zu ihrer Studentenzeit zusammengeschlossen. Sie planten ihre Arbeit so, dass sie ein halbes Jahr dem Orchester zur Verfügung standen, das andere halbe Jahr aber als Solisten und Kammermusiker konzertierten. Eine Zeit lang war es den Berliner Festspielen gelungen, die wesentlichen Arbeitsphasen dieses Ensembles in Berlin zu konzentrieren. Die jungen Musiker zeichneten sich durch Elan und Engagement aus, ihr hohes technisches Können stand ohnehin außer Frage. Sie brachten frischen Wind in die Konzertsäle: durch ihr Musizieren und durch ihre Programme. Mit ihnen hatte Kent Nagano regelmäßig gearbeitet, und mit ihnen wagte er sich 1992 an ein selten gespieltes Stück: Rilkes *Cornet* in der Vertonung durch Frank Martin. Die eigenwillige Farbigkeit, durch die sich die Musik des franko-schweizer Komponisten auszeichnet, fordert das subtile Herausarbeiten feinster Nuancen. Verfehlte Differenzierungen lassen die Innenspannung dieser Komposition schnell zusammenbrechen. Die Interpretation verlangt äußerste Präsenz und höchste Konzentration. Nach der Aufführung dieser symphonisch durchwirkten Kantate durch Kent Nagano und das Chamber Orchestra of Europe fragte sich nicht nur der

Kritiker des Berliner *Tagesspiegels*, weshalb man dieses Werk so selten zu hören bekommt.

Am 4. März 1997 dirigierte Kent Nagano zum ersten Mal das Berliner Philharmonische Orchester. Auch bei dieser Premiere setzte er nicht auf Bewährtes, scheinbar Risikoloses. Er dirigierte Olivier Messiaens letztes Werk, *Éclairs sur l'Au-Delà* für großes Orchester. Messiaen hatte es für die New Yorker Philharmoniker zu ihrem 150-jährigen Bestehen geschrieben. Dieses »Glänzen aus dem Jenseits« ist nicht als »letztes Wort« komponiert worden, mit jedem seiner Werke formulierte Messiaen ein bestimmtes Vermächtnis, darin unterscheidet sich *Éclairs sur l'Au-Delà* nicht von seinen Vorgängern. Dennoch zog Messiaen mit diesem großen Opus, das kaum ein anderes Stück neben sich duldet, ein Resümee seines Denkens. Hier gewinnen seine Ideen vom Klang des Lichts und vom Leuchten der Klänge noch einmal komponierte Gestalt, hier teilen sich sein Glaube und seine Mystik, die sich nicht unter den engen Horizont einer einzigen Konfession bannen lassen, in tönend bewegten Formen mit, hier wirkt seine Beschäftigung mit dem Gesang der Vögel weiter, in dem er nicht nur ein Vorbild für das menschliche Musizieren sah, sondern dem er auch reichlich Material für eigene Kompositionen abgewann. Auch in diesem mehr als einstündigen Orchesterwerk verwandte er Vogelstimmen, die er auf eine ganz spezifische Weise in das menschliche Hörspektrum übersetzte.

Fünf Jahre lagen zwischen Naganos Berliner Debütsaison und seinem ersten Auftritt mit der Nummer eins unter den hauptstädtischen Orchestern. Knapp drei Jahre vergingen danach, bis er zum zweiten Mal am Pult des Deutschen Symphonie-Orchesters Berlin stand – bei jenem Konzert von Hector Berlioz' *Damnation de Faust*, das den Auftakt zu einer intensiveren, längerfristigen Zusammenarbeit gab.

Aufbruch ins neue Jahrhundert:
Berlin und Los Angeles

In den 90er Jahren des vergangenen Jahrhunderts konzentrierte sich Kent Naganos künstlerisches Wirken auf die Städte Lyon und Manchester. Zu Beginn des 21. Jahrhunderts treten zwei andere, größere Metropolen an ihre Stelle: Berlin und Los Angeles. Seit September 2000 verantwortet Kent Nagano als Chefdirigent und Künstlerischer Leiter die musikalischen Geschicke des Deutschen Symphonie-Orchesters Berlin. Seit Beginn der Spielzeit 2001/02 ist er außerdem Principal Conductor der Los Angeles Opera, einer Institution, die bis dahin im Schatten des Filmbusiness und des musikalischen »Rising Stars«, des Los Angeles Philharmonic Orchestras, stand. Das sollte anders werden, und die ersten Schritte zur Neupositionierung der jungen Institution sind bereits getan. Wie in den Jahren zuvor konzentrieren sich am einen Ort die Opernaktivitäten und am anderen die Konzertvorhaben des 51-jährigen Dirigenten. Die Grenzen der Genres sind allerdings auch diesmal nicht streng und absolut gezogen. So, wie Kent Nagano die Aufführung von Messiaens Oper *St. François d'Assise* 1998 in Salzburg mit dem Hallé-Orchester bestritt, so spielt 2002 das Deutsche Symphonie-Orchester Berlin in der traditionsreichen Festspielstadt die Aufführungen von Alexander Zemlinskys Oper *König Kandaules*. Salzburg, eines der international hoch angesehenen Festivals, bei dem der Konflikt zwischen Beharren und Aufbruch mit österreichischer Beständigkeit jährlich neu ausgetragen wird, ist inzwischen fast zur

Sommerresidenz für Kent Nagano geworden. Er wird dort auf der Seite der Innovatoren geführt: 1998 Messiaens Franziskus-Oper, 1999 Ferruccio Busonis *Doktor Faust*, 2000 die Uraufführung von Kaija Saariahos Oper *L'amour de loin* und zwei Jahre später Zemlinskys so gut wie vergessener *König Kandaules*. Und wie er mit dem Hallé-Orchester 1998 in Salzburg auch ein Konzert gab und dabei eine Symphonie von Edward Elgar ins Programm nahm, denn »kein Orchester spielt Elgar so authentisch und fesselnd wie dieses«, so tritt er auch mit dem Deutschen Symphonie-Orchester in der Mozartstadt einmal ohne Szene und ohne Orchestergraben auf. Gemeinsam mit dem Wiener Singverein führen sie Mozarts *Requiem* und Arnold Schönbergs *Jakobsleiter* auf, zwei Werke, die unvollendet blieben. Die Wahl der Stücke hat mit dem Leitgedanken der Salzburger Festspiele 2002 zu tun – *Die Musen im Exil*, erzwungenes Exil ist die schlimmste Form der Lebensfragmentierung –, hängt aber auch mit den Schwerpunkten zusammen, die Kent Nagano bei seiner Arbeit in Berlin setzte, transportiert also auch ein Stück der besonderen Identität des Deutschen Symphonie-Orchesters. Doch davon handeln spätere Teile dieses Kapitels.

Kent Nagano ist kein Künstler, der Grenzen zieht und Gegensätze verfestigt. Er kennt Grenzen und belässt sie dann, wenn sie Unvereinbares trennen. Doch er überschreitet sie dort, wo sich Neues auftut, wo Unentdecktes sichtbar wird oder wo sich Bekanntes in neuem Licht zeigt. In seinem künstlerischen Werdegang stößt man immer wieder auf Polaritäten, die keinen unversöhnlichen Widerspruch, sondern produktive Spannung beschreiben: Kunst und Wissenschaft, Rationalität und Spiritualität, Traditionsbezug und Innovationssinn, Intensität des musikalischen Augenblicks und strategisches Denken, differenzierendes Abwägen und präzises Entscheiden, Musiktheater und absolute Musik, ruhiges Bedenken und Geschwindigkeitsrausch, Detail, Struktur und Zusammenhang. Kent Nagano orientiert sich nicht an Aus-

Waiting for the things to come ... Kent Nagano im Alter von einem Jahr

Der 13 Monate alte Kent mit seinen Eltern George und Ruth Nagano, Dezember 1952

1966 zog die Familie von ihrer Farm in dieses Stadthaus in Morro Bay, Kalifornien

Das offizielle Highschool-Abschlussfoto: Kent Nagano im Alter von 17 Jahren

Eine prägende Zusammenarbeit: Olivier Messiaen und Kent Nagano

Mit seiner Ehefrau, der Pianistin Mari Kodama, und Tochter Karin Kei

Der Durchbruch in Lyon

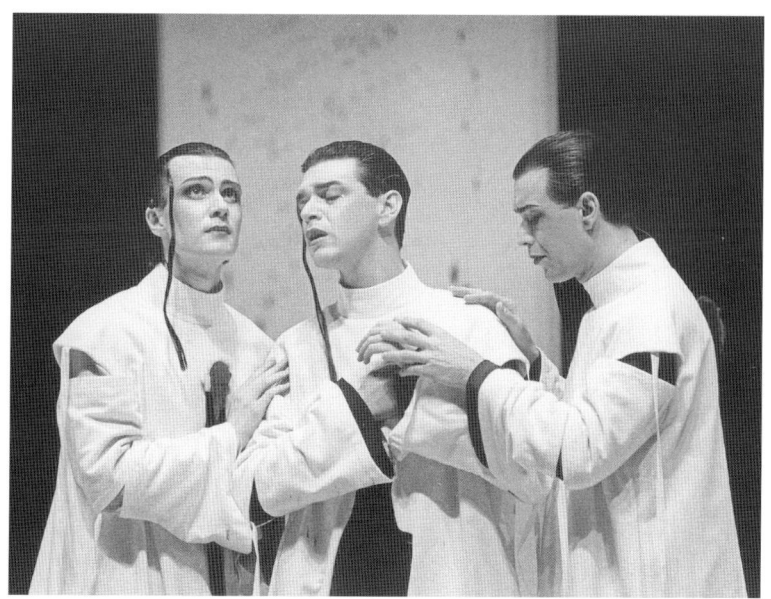

Szenenbild aus »Trois Soeurs« von Peter Eötvös an der Opéra National de Lyon, 1998

Im Gespräch mit dem Komponisten

Quasi una symphonia: allegro con brio …

… marcia funebre …

… scherzo …

… finale

Auf Tournee mit dem DSO

Warten – Zeit für Gespräche

Abflughalle Berlin-Tempelhof: Ein Orchester geht um die Welt

Kent Nagano als Dirigent des Deutschen Symphonie-Orchesters Berlin

Beim traditionellen Waldbühnen-Konzert mit den Berliner Philharmonikern, 25. Juni 2000

Probe mit Christian Tetzlaff und dem DSO am 21. August 1999 in Lübeck anlässlich des Schleswig-Holsteinischen Musikfestivals

Probe zur Pfingstgala im Landgestüt Redefin (Mecklenburg-Vorpommern) mit dem DSO, Juni 2001

Während der Probenarbeit mit dem DSO

Im Gespräch mit den Konzertmeistern des DSO, Bernhard Hartog (links) und Sebastian Breuninger

Arbeiten für die Neue Musik: Kent Nagano, Dieter Rexroth und Wolfgang Rihm, 16. März 2002

»Composer in Residence« Unsuk Chin (rechts) mit Kent Nagano und der Interpretin ihres Violinkonzertes, Viviane Hagner

*Ein Glücksfall für Berlin:
Am 14. April 2002
verlängert Kent Nagano
seine Amtszeit beim
Berliner DSO bis 2008*

*»Toy Symphony« von Tod Machover im Großen Sendesaal des SFB am
24. Februar 2002: Ein Orchesterfest für kleine Kinder, große Kinder und
Erwachsene*

Während der Japantournee im Oktober 1999: Mitglieder des DSO treffen Waisenkinder aus Ritto bei Kobe

Kent Nagano und Plácido Domingo, der Chefdirigent und der Künstlerische Leiter der Los Angeles Opera, gemeinsam mit dem Filmkomponisten John Williams (mitte links) und Popsänger Ricky Martin (mitte rechts)

Der Klang des 21. Jahrhunderts

schließlichkeiten, sondern an der stimulierenden Wirkung von Gegensätzen.

Berlin und Los Angeles sind geographisch ungleich weiter voneinander entfernt als Lyon und Manchester, und doch stehen sie sich in vieler Hinsicht näher als die beiden Industriestädte in Frankreich und England. Die Geschichte der Großstadt Berlin weist Parallelen zu den amerikanischen »Big Citys« auf, denn obwohl sie schon lange vor deren Gründung Residenz der preußischen Könige und Sitz ihrer Regierungen war und Zuwanderer, Ausländer und Exilanten in ihr sandig-sumpfiges Ursprungsgebiet zog, entwickelte sie sich erst zu Beginn des 19. Jahrhunderts zu einer Kulturstadt von mehr als regionaler Bedeutung. Ein Blick auf international anerkannte Leuchttürme des globalisierten Musiklebens verdeutlicht dies: Das New Yorker Philharmonische Orchester ist vierzig Jahre älter, das Los Angeles Philharmonic Orchestra ganze 16 Jahre jünger als ihr Berliner Pendant. Beide Städte, Los Angeles und Berlin, befinden sich permanent im Umbruch, weit über das Maß anderer Großstädte hinaus, wenn auch aus verschiedenen Gründen. Es gibt wohl kaum eine Zäsur in der deutschen und europäischen Geschichte der letzten zweihundert Jahre, nach der sich Berlin nicht neu definiert und quasi neu erfunden hätte. Anstrengend ist das, aber auch aufregend und attraktiv für Menschen, die gestalten können und wollen. Der Rhythmus des Umdenkens und Umkrempelns zeigt hohes historisches Tempo: 1840/48, 1871, 1918, 1933, 1945, 1961, 1990. Der Puls der Geschichte von Los Angeles wird vom Business und der Medienrevolution bestimmt; er schlägt schneller und gleichmäßiger als der politisch regulierte, und das gilt auch für die periodische Wiederkehr von Krisen. Zwei Städte mit Tempo hat sich Kent Nagano also ausgewählt, um die Musik für ein neues Jahrhundert auf den kritischen Prüfstand zu stellen, und der Kritik kann er sich in beiden Städten sicher sein.

Die Institutionen, für die er die musikalische Verantwor-

tung übernahm, standen beide vor einer überfälligen Neu-
orientierung. Die Situation ähnelte, von außen betrachtet, jener, die er in Lyon und Manchester vorfand, als er dort begann. Sie bot Gestaltungsmöglichkeiten. Doch Nagano wollte
keine radikalen Eingriffe, denn Zukunft kann man nach seiner
Überzeugung einem Ensemble, einem Orchester oder einem
Opernhaus nicht implantieren. Sie muss aus dem eigenen Potenzial, dem eigenen Willen den Traditionen und den Chancen des kulturellen Umfeldes kommen, wenn sie tragen und
nicht nach einem kurzen Boom wieder in sich zusammen-
stürzen soll. Kent Nagano kennt sich noch heute in der Geschichte von Lyon und seiner Oper besser aus als mancher
Einheimische, er weiß um die wechselvolle Kulturhistorie
Manchesters und seines Hallé-Orchesters, und er hat sich
mit dem bewegten Werdegang des Deutschen Symphonie-
Orchesters Berlin gründlich beschäftigt.

Wird Berlin die dritte Heimat von Kent Nagano? Urteilt
man nach der Sprache, so befindet er sich auf dem besten Weg
dahin. Es ist beeindruckend, wie schnell er sich in die Denk-
und Klangwelt, die Struktur und Eigenheiten einer Sprache
versetzen und sie sich aneignen kann. Die Sprache ist das Por-
tal zur Kultur eines Landes, und deshalb nimmt er sie wichtig.
Obwohl sein Terminplan gefüllt und perfekt durchorganisiert
ist und keine Lücken für Sprachkurse oder Seminare lässt, ver-
ständigt er sich in Berlin auf Deutsch, beantwortet Interview-
fragen auf Deutsch, flicht dort, wo er sich des vertrauteren Englisch bedient, deutsche Begriffe ein, weil sie etwas Spezifisches
benennen, was sich mit dem ganzen Resonanzraum der Bedeu-
tungen nicht treffend in andere Sprachen übertragen lässt.
Sprachlich ist er also auf dem Weg Richtung Deutschland, einen festen Wohnsitz aber hat Kent Nagano in Berlin noch
nicht. Auch wenn er mit seiner Familie, seiner Frau Mari
Kodama und der vierjährigen Tochter Karin Kei, für längere
Zeit in Berlin lebt, logieren die Naganos im Hotel. Dennoch
kennt er die Stadt und ihren Rhythmus, das, was Kurt Tu-

cholsky einmal den »Herzschlag« nannte; er kennt die Menschen, die dieser Stadt ihr Gesicht geben, und er will, genauso wie in Lyon und Manchester, dass sich das vielfältige, vitale Bild des hauptstädtischen Lebens auch im Konzertsaal, im Publikum des Deutschen Symphonie-Orchesters wieder findet.

Wie kaum ein anderer ist Kent Nagano dazu prädestiniert, zwischen seinen beiden neuen Wirkungszentren Brücken zu schlagen, und er hat es bereits getan. Das Deutsche Symphonie-Orchester Berlin konzertierte im Dezember 2001 unter seiner Stabführung in Los Angeles, und Plácido Domingo, den Intendanten der Los Angeles Opera, gewann er Anfang 2002 für ein Galakonzert mit dem Deutschen Symphonie-Orchester in Berlin. Außerdem nutzt er die bereits bestehenden Kommunikationskanäle zwischen den beiden Großstädten, die räumlich fast eine halbe Welt trennt. Denn zwischen Los Angeles und Berlin bestehen manche Verbindungen, auch solche, die aus historischen Tragödien entstanden sind. Los Angeles ist heute die Filmmetropole, die Berlin einmal werden wollte und vielleicht auch hätte werden können; es hatte international in mancher Hinsicht die Nase vorn. In Los Angeles fanden Dichter, Musiker, Regisseure und Schauspieler Zuflucht, die 1933 aus Berlin emigrieren mussten, weil ihnen ihr Leben und ihre Kunst lieb waren. Ein Stück des europäischen Aufbruchsgeistes, der in den 1920er Jahren Berlin belebte, ist an die Pazifikküste Amerikas ausgewandert und hat dort Fuß gefasst. Berlin wiederum hat, zumindest im Westen, von der 45 Jahre dauernden Nachkriegszeit manche Vorteile gehabt. Der Viermächtestatus begünstigte Kontakte zu amerikanischen, britischen, französischen Einrichtungen, und über sie auch wieder zu Künstlern, die einst aus der Kulturmetropole Deutschland vertrieben worden waren. Das Deutsche Symphonie-Orchester Berlin verdankt seine Existenz einer amerikanischen Initiative. Die gute Verbindung zwischen Los Angeles und Berlin findet ihren Ausdruck in einer Freundschaftsgesellschaft, die ungleich aktiver arbeitet als viele ähnliche Gründungen, und sie äußert sich in einer erstaunlichen Wertschätzung, die der neuen deutschen Hauptstadt in dem vitalen, konflikterprobten Herzen Kaliforniens entgegengebracht wird.

Berlin – Los Angeles: Protokoll einer Odyssee

»... what is becoming the most important classical music city in the world«, schrieb die *Los Angeles Times* am 13. September 2001 über Berlin, nicht über Wien oder eine der anderen Traditionsmetropolen in Europa. Drei Tage zuvor hatte Kent Nagano in der Berliner Philharmonie seine zweite Saison als Chefdirigent und Künstlerischer Leiter des Deutschen Symphonie-Orchesters Berlin eröffnet. Das Programm konnte in seiner Zusammenstellung als dezente Richtungsangabe für die ganze Spielzeit verstanden werden: Verdis *Quattro pezzi sacri*, den konzentrierten Vermächtnissen des greisen Komponisten, geschrieben zwischen seinen beiden letzten Opern, stand Schönbergs *Jakobsleiter* gegenüber, einer der Torsi der Musikgeschichte, die in ihrer Unvollendetheit vollendet wirken, weil sie in künstlerisches Neuland, ins Land einer ästhetischen Verheißung blicken lassen (der Schlussteil des Werkes ist klanglich überzeugend nur mit Mitteln der modernen Elektronik zu verwirklichen). Das Konzert fand im Rahmen der Berliner Festwochen statt und zählt in deren Geschichte zu den denkwürdigen Ereignissen. Zwei Mal zuvor hatte Schönberg im Zentrum des Festivals gestanden, das traditionell die Kultursaison in Berlin (West) eröffnete: 1974 zum 100. Geburtstag des Komponisten und 1988 als Gegenüber zu Johannes Brahms. Für beide Jahre hatte Ulrich Eckhardt, der die Festspiele 28 Jahre als Intendant führte, Interpreten für die *Jacobsleiter* zu gewinnen versucht; es war ihm kein Erfolg beschieden. Keiner wagte sich an das Werk, über das man wie über einen Mythos redete, und das besonders intensive Vorbereitung fordert, weil es zum einen Fragment blieb und zum anderen einige besondere aufführungspraktische Schwierigkeiten stellt. »Kent Nagano war der erste, der mir eine Zusage für die *Jacobsleiter* gab«, erinnert sich Ulrich Eckhardt, »er hat damit eine Lücke im Berliner Musikleben geschlossen, die ich immer als schmerzlich empfand.«

Das Konzert am 10. September 2001 war außerdem der Eröffnung des Jüdischen Museums gewidmet, jenem kühnen Bau, in dem der Riss durch die deutsch-jüdische Geschichte architektonische Gestalt gewann. Der Architekt Daniel Libeskind sei, so ließ er wissen, unter anderem durch Schönbergs Oper *Moses und Aron* zu seinem Entwurf inspiriert worden. Es war ein ernstes, im ganz wörtlichen Sinne nach-denkliches Konzert, das der Rundfunkchor, das Deutsche Symphonie-Orchester Berlin und die Solisten Dietrich Henschel, Thomas Moser, Robert Gambill, Michael Volle, James Johnson, Kurt Azesberger und Laura Aikin unter Kent Naganos Leitung am 10. September 2001 gestalteten, ein Programm, das hinter die Fassaden vordergründiger Aktualität leuchtete. Mit der *Jakobsleiter* begann Schönberg einst die Reihe der Werke, in denen er sich mit der jüdischen Geschichte auseinander setzte. Mit seinen *Vier geistlichen Stücken* stellte sich der nicht eben fromme Verdi der Frage nach den letzten Dingen; die alten kirchlichen Texte nahm er als Chiffren der Humanität, der Sinnsuche, die nach Visionen, und nicht nach vorgefertigten oder vorschnellen Antworten trachtet. Das Konzert nahm die Linie der vorangegangenen Spielzeit wieder auf, die ihren Höhepunkt in der konzertanten Aufführung von Schönbergs Oper *Moses und Aron* gefunden hatte. Werke des Komponisten, der einmal auf Berlin und sein offenes Musikleben große Hoffnungen gesetzt hatte, bis ihn die Machtergreifung der Nationalsozialisten zur raschen Emigration zwang, sollten auch der neuen Spielzeit als ein Leitfaden dienen; sie sollten in ungewöhnlichen Konstellationen frische, direkte und ungekannte Wirkung entfalten und auch ihren historischen Kontext zur Geltung bringen.

Im zweiten Konzert, das Kent Nagano etwa drei Wochen später dirigierte, stellte er Schönbergs Monodram *Erwartung* zwischen den zweiten und den dritten, langsamen Satz von Anton Bruckners Neunter Symphonie, die auch zu den seltsam vollendet wirkenden Torsi der Musikgeschichte zählt. Große Vorbehalte wurden diesem Konzept schon vorab entgegengebracht. Doch zur Verwunderung der meisten Skeptiker ging es auf und gelang überzeugend. Der Horizont von Bruckners Musik weitete sich durch die Klangstudie der Angst, die Schönberg komponiert hatte. Der langsame Satz der Neunten Symphonie, dem Bruckner ein rasches Finale folgen lassen wollte, ohne je über bruchstückhafte Skizzen dazu hinauszukommen, wurde im Blochschen Sinne (»Großes Adagio ist das eigentliche Finale«) zum zwingenden Schlusswort, dem substantiell nichts mehr folgen konnte. Es gibt Konzertabende, an denen die Stille danach mehr sagt als tosender Beifall. An jenem 29. September, als der letzte Ton aus Bruckners großem Adagio verklungen war, war es so, und stärker noch am 10. September, als der Schluss der *Jakobsleiter*, das »auskomponierte Fragment«, mit Lautsprecherklängen im großen Saal der Philharmonie verhallte und das Auditorium seinen eigenen Gedanken überließ. Die Musik zog sich ins Schweigen zurück, als könne sie, als wolle sie nicht anders.

Am Tag nach dem Eröffnungskonzert der Saison 2001/02 bestieg Kent Nagano frühmorgens das Flugzeug von Berlin nach Frankfurt am Main, um nach Los Angeles weiterzufliegen. Der Auftakt zu seiner ersten Saison als Principal Conductor an der dortigen Oper stand unmittelbar bevor. Plácido Domingo, seit 1999 Intendant, hatte ihn darum gebeten, die musikalische Verantwortung für den musiktheatralischen Neuanfang in der Metropole des schönen Scheins zu übernehmen.

»Er wollte mich für die Position des Generalmusikdirektors gewinnen. Ich sagte ihm, sein Angebot sei eine sehr große

Ehre für mich, und ich würde es nur zu gerne annehmen, aber ich hätte das Gefühl, ich könnte nicht Generalmusikdirektor in Los Angeles und Künstlerischer Leiter in Berlin sein. Ich würde mich sehr stark für das Deutsche Symphonie-Orchester Berlin engagieren müssen, das war abzusehen. Die Zeiten hier in Berlin sind gegenwärtig sehr schwierig«, sagte Kent Nagano Anfang Februar 2002 im Dirigentenzimmer neben dem Probensaal des Deutschen Symphonie-Orchesters Berlin. »Es wäre deshalb ungünstig, wenn ich ständig hin und her gerissen wäre und hin und her fliegen müsste. Doch wenn Plácido Domingo von der Richtigkeit einer Idee überzeugt ist, verfolgt er sie ernsthaft und konsequent in all ihren möglichen Aspekten. Ein glattes, einfaches ›Nein‹ als Antwort genügte ihm nicht. Er kam zurück und fragte: ›Was können Sie übernehmen? Ich will mit Ihnen zusammenarbeiten.‹ Ich sagte ihm: ›Ich kann anbieten, der Erste Dirigent zu sein‹. Das heißt, ich leite die wichtigen Produktionen und Vorstellungen – und das sind in der Regel nur zwei pro Jahr –, dirigiere einige Konzerte, aber ich übernehme keine administrative Verantwortung, keine Verantwortung für Vorsingen und Probespiele. ›Ich konzentriere mich ganz auf die künstlerische Arbeit, in enger Kooperation mit Ihnen.‹ Plácido Domingo akzeptierte diesen Vorschlag.«

Als Kent Nagano am Morgen nach der Eröffnung der (offiziell) zweiten Saison mit dem Deutschen Symphonie-Orchester Berlin nach Los Angeles flog, hatte er die Premiere von Richard Wagners Oper *Lohengrin* vor sich. Sie war für den 15. September 2001 angesetzt – übrigens als Premiere in einem umfassenden Sinn, denn dieses romantische Gesamtkunstwerk war nie zuvor in Los Angeles gegeben worden. Die Phase der Endproben stand bevor. Alles schien nach Plan zu laufen, doch etwa eineinhalb Stunden vor der geplanten Landung des Flugzeugs, ungefähr in Höhe der kanadischen Wintersport- und Stampedestadt Calgary, drehte die Maschine ab und änderte ihre Richtung um 180 Grad. »Ungefähr nach einer Flugstunde in die falsche Richtung – wir sahen die Rocky Mountains, die wir längst schon überflogen hatten, wieder unter uns – meldete sich der Flugkapitän mit einer Durchsage und teilte uns mit, dass wir nach Deutschland zurückbeordert worden seien. Warum, das sagte er uns nicht«, berichtete Kent Nagano dem Journalisten John Newman. Als das Flugzeug auf Island zum Auftanken zwischenlandete, erfuhren die Passagiere, was am Vormittag des 11. September in New York und Washington geschehen war. Kein Flugzeug durfte mehr in den USA starten oder landen. Die Maschine, in der Kent Nagano saß, wurde zunächst nach Frankfurt zurückgeschickt, am Ende landete sie in Leipzig. Von dort flog Kent Nagano nach München. Die Mitarbeiter der Los Angeles Opera hatten inzwischen eine Möglichkeit ausfindig gemacht, wie er auf Umwegen doch noch nach Kalifornien gelangen konnte. So flog er am Tag darauf von München – wieder über Frankfurt am Main – nach Mexiko Stadt, von dort mit einem Kleinflugzeug nach Guadalajara und weiter in die mexikanisch-kalifornische Grenzstadt Tijuana. Dort musste er wegen einer Bombendrohung erneut zwei Stunden warten, ehe er mit dem Auto abgeholt und die annähernd 250 Kilometer nach Los Angeles gefahren werden konnte.

Obwohl die letzten Proben, die das Orchester mit Kent Nagano allein gehabt hätte, nicht mehr stattfinden konnten, wurde die *Lohengrin*-Premiere zu einem großartigen Erfolg. Alle spielten am Nachmittag des 15. September, vier Tage nach den Terroranschlägen, mit äußerster Anspannung und Konzentration. Die Premiere war ausverkauft. Die Musik, so drückten es viele aus dem Auditorium aus, wurde in dieser bedrückenden, beängstigenden Lage zum Zeichen der Hoffnung. Dennoch konnte dieser Akt des Zusammenstehens in der Krise, die der 11. September verursacht hatte, nicht mehr als ein Signal sein.

»Nach den Terroranschlägen drohte die Los Angeles Opera einen relevanten Teil ihrer Zuschüsse zu verlieren; es war unklar, was wir an Sponsorengeldern und Zuwendungen würden bekommen können. Für Amerika war das eine dramatische Zeit, in der grundsätzlich alles in Frage stand; die Angriffe und das Trauma, das sie auslösten, wirken bis heute nach. Wir mussten unsere Situation gründlich überdenken. Eine Zeit lang überlegten wir, ob wir die Saisonvorhaben nicht reduzieren sollten, damit wir nicht in die roten Zahlen gerieten. Auf der anderen Seite: *Lohengrin* war ausverkauft, und zwar unmittelbar nach den Terroranschlägen. Das schien gegen den Trend zu gehen, denn überall in Amerika ließ der Konzertbesuch dramatisch nach. Die Menschen mieden öffentliche Plätze und Veranstaltungen. Die Auswirkungen spürte man in New York, in San Francisco, in Chicago, in Boston, überall. Besonders zwei sehr teure Projekte – darunter *Moses und Aron* – standen für uns zur Disposition. Andererseits hatte uns die *Lohengrin*-Aufführung gezeigt, dass es eigentlich ein Bedürfnis nach Musik gab. Plácido Domingo und ich entschlossen uns daher zu einem sehr emotionsgeladenen Appell. Wir argumentierten: Dies ist nicht die Zeit, Kunst abzusetzen. Im Gegenteil. Die Menschen brauchen gerade jetzt die Kunst. Es ist wichtig, dass wir Aufführungen veranstalten. Wir werden dafür Sorge tragen, dass sie so breit wie möglich bekannt gemacht und mit höchstem Engagement durchgeführt werden. Wir initiierten zusätzliche Werbekampagnen, wir verstärkten die Pressearbeit. Plácido Domingo wollte Schönbergs Oper unbedingt in Los Angeles haben, und wir taten deshalb alles dafür.

Zugleich wollten und mussten wir natürlich mit dem Deutschen Symphonie-Orchester und mit dem Rundfunkchor Berlin darüber sprechen, ob die Musikerinnen und Musiker bereit wären, unter den gegebenen Umständen nach Amerika zu reisen, um *Moses und Aron* aufzuführen. Für selbstverständlich konnten wir das nicht nehmen. Nach dem

11. September gab es die Milzbrandattacken; Erkenntnisse des Geheimdienstes ließen einen Angriff auf den Flughafen von Los Angeles befürchten. Es gereicht dem Orchester und dem Chor zur Ehre, dass sie sagten: ›Wir wollen nach Los Angeles, wir werden nach Los Angeles fliegen und ein Zeichen setzen. Wir sind auch bereit, ein Benefizkonzert zu geben, wenn das gewünscht wird.‹ Das war eine sehr großherzige Geste von Seiten des Orchesters. Also flogen wir nach Los Angeles und führten *Moses und Aron* konzertant auf. Es war ein unglaublich bewegender Augenblick, als die Familie Schönberg – die Kinder des Komponisten mit ihren Ehepartnern und ihren eigenen Kindern – in den Saal kamen. Sie waren in Los Angeles aufgewachsen, ihr Vater hatte dort nie die volle Anerkennung erlangt, die ihm gebührt, und nun, zu seinem 50. Todestag, wurde *Moses und Aron*, die Oper, die er in Berlin nicht zu Ende schrieb und in Los Angeles mehrmals überarbeitete, zum ersten Mal dort aufgeführt, wo Schönberg den letzten Abschnitt seines Lebens zubrachte, und wo sie, seine Kinder und Enkel, zu Hause sind.

Bewegend aber war vor allem auch, dass das Haus bis auf den letzten Platz ausverkauft war. Die Leute kamen nicht allein aus Los Angeles, sie kamen aus Seattle, aus San Francisco, aus Chicago, aus Denver, Houston, San Diego, von überall her. Sie trugen Bücher und Partituren bei sich, sie kamen gut vorbereitet, noch nie habe ich so viele Partituren im Publikum gesehen. Das war ein überwältigender Moment, denn wir hatten ja der Opera Company zu beweisen, dass unsere Entscheidung genau die richtige war und dass wir vor vollem Haus spielen würden. Und sie sahen an diesem Abend, dass unsere Entscheidung richtig war. Ich glaube, mit dieser Aufführung hat die Stadt Los Angeles Schönberg ein Stück mehr als ihren Komponisten angenommen.«

Das Deutsche Symphonie-Orchester Berlin hatte seine Planungen so abgestimmt, dass es *Moses und Aron* – auch ein großer Torso der Musikgeschichte, denn der dritte Akt wurde nie komponiert – an allen Wirkungszentren Schönbergs aufführte. Beginn war am 31. Mai 2001 in Berlin, die dritte Station – nach dem Beethoven-Fest Bonn, wo *Moses und Aron* am 3. Juni gegeben wurde – war Wien am 5. Juni 2001. Heinz Rögl rezensierte die Aufführung in den *Salzburger Nachrichten*: »Kent Nagano, der das vorbildlich einstudierte Deutsche Symphonie-Orchester Berlin leitete, leistete vom Dirigentenpult aus wahre Wunder an Balancearbeit und erzeugte stets einen zwingenden Sog der Klänge, der nichtsdestotrotz von größtmöglicher Klarheit gekennzeichnet war. Der Mitschnitt des Konzerts dürfte eine Referenzaufnahme werden.«

Die letzte Station in der Aufführungssequenz von *Moses und Aron* 2001 war am 9. Dezember Los Angeles, die Partnerstadt Berlins. Als in der alten und neuen Hauptstadt der Deutschen 1990 die Vereinigung unseres Landes gefeiert wurde, feierte Los Angeles mit; es lud den Regierenden Bürgermeister und eine Reihe von Künstlern an die amerikanische Westküste ein. Die Regie der Geschichte, fügte es, dass das Deutsche Symphonie-Orchester und der Rundfunkchor Berlin in Los Angeles sein konnten, als diese Stadt, als die Vereinigten Staaten insgesamt, vor einer der größten Prüfungen und Herausforderungen ihrer jüngeren Geschichte standen. Schönberg, der in beiden Städten wirkte, bildete die Brücke, und so wurde *Moses und Aron* im dreifachen Sinn zum mahnenden Zeichen gegen fanatisierte, verblendete Gewalt: durch den Inhalt der Oper selbst, durch die Geschichte ihrer Entstehung und Nicht-Vollendung und durch die historische Situation, in der sie in Los Angeles zum ersten Mal erklang.

Für das Deutsche Symphonie-Orchester Berlin und seinen Chefdirigenten ist Arnold Schönberg nicht nur ein großer Komponist unter vielen anderen. Sowohl für Kent Nagano und seinen musikalischen Werdegang als auch für das Deutsche Symphonie-Orchester Berlin und seine kulturpolitische Stellung in der geteilten Viermächtestadt spielte er eine besondere Rolle. Beide haben in ihrer Geschichte zum Spiritus Rector der Zweiten Wiener Schule ihr spezifisches Verhältnis entwickelt. Bereits Anfang Mai 1933, noch ehe die Nationalsozialisten auf dem Opernplatz (dem heutigen Bebelplatz) ihre rituellen Bücherverbrennungen inszenierten, verließ Arnold Schönberg die deutsche Hauptstadt. Über Paris, wo er, vorher Protestant, zur jüdischen Glaubensgemeinschaft übertrat, emigrierte er zunächst nach New York und in die Neuenglandstaaten; 1934 schließlich nach Kalifornien. In Brentwood Park, einer der Kommunen von Los Angeles, fand er in der Rockingham Avenue unweit des Sunset Boulevard eine kleine spanische Villa, in der er bis zu seinem Tod am 13. Juli 1951 lebte und arbeitete. Eine Rückkehr nach Europa erwog er nicht. Er unterrichtete, privat, an der University of Southern California und an der University of California Los Angeles, deren Konzertsaal noch heute den Namen Arnold-Schoenberg-Hall trägt.

»Für mich als Kalifornier war Schönberg ein kalifornischer Komponist«, erklärt Kent Nagano. »Er hat hier gelebt, ein Einwanderer wie meine Vorfahren, wie die meisten, die in Kalifornien leben; er hat hier komponiert, hatte Schüler, die ihrerseits wieder an den Universitäten lehrten. Er war einer von den vielen, auch ausübenden Künstlern wie Jascha Heifetz, Gregor Piatigorsky, Bruno Walter, die aus Europa in die USA emigriert waren. Alle diese großen Künstler hatten wir in Kalifornien, sie traten dort regelmäßig auf, unterrichteten auch. Ich selbst bin jedoch in Kalifornien nicht direkt von Schönbergschülern in Analyse, Tonsatz und Komposition unterwiesen worden. Grosvenor Cooper hatte wohl Kontakt zu Schönberg, aber er war nicht sein Schüler. Starken Einfluss übte Leonard Stein auf mich aus. Er hat bei Schönberg intensiv studiert, er war ein großartiger Pianist und Musiktheoretiker. Schönberg wählte ihn zu seinem Assistenten. Stein gründete an der University of Southern California das Arnold-Schönberg-Institut, das später nach

Wien verlegt wurde. Es erhielt auf dem Campus der USC ein eigenes, modernes Gebäude. Leonard Stein leitete das Institut, in dem der Nachlass von Schönberg aufbewahrt wurde, er organisierte Konzerte, Symposien, Kongresse, hielt Gastvorlesungen. Von ihm lernte ich am meisten über Schönberg und seine Musik.«

Für das Deutsche Symphonie-Orchester Berlin gehörte Schönberg zu dem, was Kent Nagano gern die RIAS-Tradition nennt. Mit der Gründung des Orchesters setzte die amerikanische Besatzungsmacht in Berlin 1946 ein Zeichen für einen kulturellen Neubeginn in Deutschland in freiheitlichem Geist, und für ihn erwies sich die Musik Schönbergs als eine Art Probe aufs Exempel. Denn seine Werke waren nicht nur von den Nationalsozialisten als entartet diffamiert worden, sie standen auch nach dem Krieg im sowjetischen Machtbereich unter dem Bann des Formalismus und durften nicht aufgeführt werden. Der amerikanische Komponist Aaron Copland hatte nicht ganz Unrecht, als er 1950 meinte, bei der Diskussion um die Zwölftonmusik gehe es nicht nur um künstlerische, sondern auch um politische Fragen: »Der Zwölftonkomponist schreibt heute nicht länger Musik allein um seiner ästhetischen Vorstellungen willen; ob er will oder nicht, schreibt er sie gegen eine lautstarke kommunistische Gegnerschaft.«

Schönbergs Werke standen beim heutigen Deutschen Symphonie-Orchester Berlin auf den Programmen und Arbeitsplänen, seit es in der Lage war, ihren musikalischen Anforderungen gerecht zu werden. Den Anfang machte am 7. März 1948 die Erste Kammersymphonie, eine wichtige Station auf dem Weg der Musik in die Moderne. Für Schönberg-Aufführungen wurden Musiker wie Peter Stadlen, Eugen Szenkar, Jascha Horenstein und Paul Kletzki gewonnen; sie waren mit der Musik der Zweiten Wiener Schule seit den 1920er Jahren vertraut, hatten selbst, wie Schönberg, in Berlin und Wien ihre Wirkungsstätten und mussten emigrieren, um der Verfolgung durch die Nationalsozialisten zu entgehen. Im Laufe der Jahre kam in den Konzerten des heutigen Deutschen Symphonie-Orchesters Berlin fast alles vor, was Schönberg für Orchester komponiert und eingerichtet hatte. Das Repertoire begrenzte sich nicht auf die *Gurrelieder*, die trotz ihres monumentalen Aufgebots an Sängern und Orchestermusikern relativ häufig aufgeführt werden: Sie präsentieren einen Schönberg ohne avantgardistisches Ärgernis, sozusagen einen konzertanten Über-Wagner und Hyper-Mahler in einem. Das Deutsche Symphonie-Orchester Berlin brachte dagegen manche Rarität zu Gehör, das *Genesis*-Prélude etwa oder eine frühe Symphonische Dichtung über *Frühlings Tod*. Kent Nagano hat mit seinem Schönberg-Zyklus in Berlin prägende Momente aus der Orchestergeschichte aufgegriffen und in sein musikalisches Konzept integriert. Er denkt in historischen ebenso wie in konkret aktuellen Bezügen. Für einen Dirigenten hohen internationalen Ansehens ist eine solche Beschäftigung mit der Geschichte eines Orchesters äußerst ungewöhnlich. Sie wurzelt in Naganos künstlerischem Selbstverständnis.

Berlin im Streit mit sich selbst

In Berlin sah sich Kent Nagano in der Zeit nach dem 11. September 2001 mit Querelen konfrontiert, die weit unter Weltniveau angesiedelt waren. Um sie etwas besser zu verstehen, muss man in die Geschichte der deutschen Hauptstadt und in den Entwicklungsgang des Orchesters zurückblenden, dessen künstlerische Verantwortung Kent Nagano zum Aufbruch in ein neues Jahrhundert übernahm. Das heutige Deutsche Symphonie-Orchester Berlin wurde am 15. November 1946 als RIAS-Symphonie-Orchester gegründet; RIAS stand für Rundfunk im amerikanischen Sektor. Unmittelbar nach Kriegsende verfügten die Radiostationen in Deutschland kaum über Archivmaterial, auf das sie hätten zurückgreifen können. Was man an Musik über den Hörfunk verbreiten wollte, musste größtenteils neu produziert werden. Daher richtete auch der RIAS ein eigenes Orchester ein. Es beschäftigte zunächst nur eine relativ kleine Anzahl fester Mitglieder, bis Ferenc Fricsay, der 1948 die musikalische Leitung übernahm, es auf die volle Stärke eines Symphonie-Orchesters vergrößerte. Er gewann dafür zahlreiche gute Musiker aus der Staatskapelle und dem Rundfunk-Sinfonieorchester Berlin, das dem sowjetisch kontrollierten Sender unterstand. Das RIAS-Symphonie-Orchester wurde, wie der Sender, der es trug, aus Geldern des amerikanischen Staates bezahlt. 1953 entdeckte ein Beamter in den USA, dass seine Regierung zwar ein Orchester in Deutschland, dem einstigen Feindesland, komplett finanzierte, den entsprechenden Institutionen im eigenen Land jedoch nur ungefähr zwei Prozent ihres Budgets zuwandte. Er sah darin ein krasses Missverhältnis, das man nicht hinnehmen dürfe, und seine Argumente fanden Gehör. Die Verträge der Musiker des RIAS-Symphonie-Orchesters wurden gekündigt.

Dieser Akt hätte nach knapp sieben Jahren Existenz das Ende des Orchesters bedeuten können, wenn nicht weiterhin ein Produktionsbedarf seitens des Senders bestanden hätte und die Musiker ihre Arbeit nicht hätten fortführen wollen. Doch sie wollten. Sie bildeten eine Gesellschaft mit beschränkter Haftung (GmbH), als deren Teilhaber und Kapitalgeber sie selbst eintraten. Die Gesellschaft bezahlte die Musiker aus den Einnahmen, die sie durch Rundfunkproduktionen und Konzerte erzielte. Mit der GmbH war eine Rechtsform gefunden, die sich in der weiteren Geschichte als günstig, ja rettend erweisen sollte. 1956 nahm im Westen der Viermächtestadt Berlin ein weiterer Rundfunksender seine Arbeit auf: der Sender Freies Berlin. Er trat in die Rechtsnachfolge des Nordwestdeutschen Rundfunks (NWDR), der entsprechend dem Föderalismus in der Bundesrepublik Deutschland in mehrere Sendeanstalten kleinerer Reichweite aufgeteilt wurde. Für seine Musikproduktionen entschloss sich der neue Sender zur

Zusammenarbeit mit dem bereits bestehenden RIAS-Symphonie-Orchester. Das diente nun zwei Rundfunk-Herren, dem RIAS und dem SFB. Außer einer aufwändigeren Organisationsstruktur bedeutete dies: Die Intendanten beider Radiostationen traten der GmbH als Gesellschafter bei und repräsentierten darin ihre Institutionen. Das Orchester konnte nicht länger den Namen nur einer Sendeanstalt tragen und wurde daher in Radio-Symphonie-Orchester Berlin (RSO) umbenannt. 1971 schloss sich mit dem Land Berlin auch die öffentliche Hand der RSO-GmbH als Gesellschafterin an. Diese Neuerung trug der Tatsache Rechnung, dass das Orchester, das in den ersten Jahren vor allem Radioproduktionen eingespielt hatte, seinen Schwerpunkt immer stärker auf öffentliche Konzerte, Plattenproduktionen und Tourneen verlegte, weil die Beanspruchung durch den Rundfunk abnahm.

Schon Ferenc Fricsay hatte das Orchester darauf eingestellt, die Entwicklungen und Möglichkeiten der Medien aufmerksam zu verfolgen und zu nutzen. Früh erkannte er die Chancen der Langspielplatte, die unmittelbar nach dem Zweiten Weltkrieg noch ein Luxusgut war. Er registrierte die Bedeutung des Fernsehens für die Verbreitung, Vermittlung und Erklärung klassischer Musik. Das Radio-Symphonie-Orchester Berlin reagierte von Anfang an seismographisch auf die Veränderungen im kulturellen Leben. Das machte – in Berlin und in der zunehmend wichtiger werdenden internationalen Arena – seinen großen Vorzug aus.

1990 wurde mit Deutschland auch Berlin vereint, das seit vierzig Jahren aus einer hoch subventionierten Enklave auf der einen und einer ebenso hoch subventionierten Hauptstadt eines wenig souveränen Staates auf der anderen Seite bestanden hatte. In Berlin wurden die Kulturkonflikte, die die deutsche Vereinigung freisetzte, beispielhaft ausgetragen. Hier musste sich auch entscheiden, wie die Deutschen und ihr begrenzt neuer Staat international ge- und beachtet würden. Das kulturelle Leben in Berlin würde sich wandeln, darüber gab es keinen Zweifel. Aber wie und wohin? Viele Einrichtungen des gesellschaftlichen und politischen Lebens bestanden aufgrund der geteilten Stadtgeschichte zweifach, und dies galt in gewissem Umfang auch für Kulturinstitutionen. Berlin sollte Hauptstadt werden, auch wenn sich der Bonner Bundestag mit der Verwirklichung dieser Regelung aus dem Grundgesetz schwer tat. Das Rundfunkwesen in der ehemaligen DDR musste auf eine neue Basis gestellt werden, davon war auch Berlin als Hauptstadt in spe betroffen. Hier verlief die Reform der öffentlich-rechtlichen Sender in Etappen, und sie ist bis heute noch nicht ganz abgeschlossen. Der Berliner Rundfunk erhielt unmittelbar nach der Vereinigung einen neuen inhaltlichen Schwerpunkt und hieß nun Deutschlandsender Kultur. Dieser wurde Anfang 1994 mit dem RIAS und dem bundesweit operierenden Deutschlandfunk vereinigt. Zum Sitz des neuen Senders namens DeutschlandRadio Berlin wurde das RIAS-Haus am Innsbrucker Platz in Berlin-Schöneberg bestimmt. Mit der Neuorganisation des Rundfunks war auch die Trägerschaft für das Radio-Symphonie-Orchester Berlin neu zu regeln, und nicht nur diese. Insgesamt existierten in der wieder vereinten Stadt mindestens sechs Berufsensembles, die ganz oder zum Großteil vom Rundfunk getragen wurden: der Große Rundfunkchor und der RIAS-Kammerchor, das Radio-Symphonie-Orchester Berlin und das Rundfunk-Sinfonieorchester Berlin (beide nannten sich bis zur Vereinigung RSO, was zu nicht unerheblichen Verwirrungen führte), das RIAS-Tanzorchester und das Unterhaltungsorchester des Berliner Rundfunks. In wessen Verantwortung sollten sie übergehen? Wer sollte ihre Zukunft sichern? Sollten sie überhaupt bestehen bleiben?

Abwicklungen wollte man möglichst vermeiden, und so entschieden sich die politisch zuständigen Gremien für eine große Lösung, deren Verantwortung auf mehrere Schultern verteilt wurde. Die fünf weiter bestehenden Ensembles sollten in einer GmbH zusammengefasst werden. Dieser verordnete man – korrekt, aber nicht eben kreativ – den Namen Rundfunk-Orchester und -Chöre GmbH, sie wurde als Erweiterung der bereits bestehenden RSO GmbH installiert (die noch für eine gewisse Zeit als selbständige Rechtsperson erhalten blieb). Als Gesellschafter der ROC GmbH, wie sie kurz genannt wurde, engagierten sich das neu gegründete DeutschlandRadio mit 40, die Bundesrepublik Deutschland mit 35, das Land Berlin mit 20 und der Sender Freies Berlin mit 5 Prozent der finanziellen Verpflichtungen. Der größte Gesellschafter kam also aus dem Rundfunkbereich, die öffentliche Hand aber hielt die Mehrheit der Anteile. Zum Intendanten der ROC GmbH wurde der damalige Intendant des Radio-Symphonie-Orchesters Berlin, Elmar Weingarten, berufen. Die GmbH nahm ihre Arbeit am 1. Januar 1994 auf.

Bereits im Vorfeld hatte das Radio-Symphonie-Orchester einen nicht unbedeutenden Beitrag zur Übersichtlichkeit der Berliner Kulturlandschaft geleistet: Es änderte erneut seinen Namen und nannte sich fortan Deutsches Symphonie-Orchester Berlin. Der neue Name wurde im Eröffnungskonzert der Saison 1993/94 feierlich verkündet. Im selben Konzert wurde zwei Altmeistern der Dirigierkunst, Günter Wand und Kurt Sanderling, der Berliner Kritikerpreis verliehen. Ein würdiger Rahmen also, und dennoch ein Neustart, dessen Folgeprobleme schwer abzusehen waren. Denn wer wusste schon, dass sich hinter dem Neuling Deutsches Symphonie-Orchester – ein Ensemble dieses Namens hatte es (mit anderer Orthographie) in der DDR einmal gegeben – das wohl eingeführte Radio-Symphonie-Orchester Berlin verbarg? Das genoss international hohes Ansehen. Kaum ein anderes Orchester verfügte über so viel Erfahrung und Kompetenz in der Verwirklichung zeitgenössischer Musik; sie bildete, wie es der Tradition der Rundfunkorchester in Deutschland entspricht, einen konstanten Schwerpunkt seiner Arbeit. Bis heute besteht beispielsweise die Reihe *Musik der Gegenwart*, die der Sender Freies Berlin 1959 initiierte und gemeinsam mit dem

Radio-Symphonie-Orchester Berlin mit Leben erfüllte. Man schätzte das Orchester für seine entdeckungsfreudige Programmpolitik, die sich sowohl bei der Auswahl einzelner Werke wie auch deren Zusammenstellungen zeigte. Ihre Dirigenten waren immer wieder für neue Lesarten des eingeführten Repertoires gut. Kurz: Das Radio-Symphonie-Orchester stand deutschlandweit und international für den vitalen und kreativen Kulturwillen (West-)Berlins. Dieser exzellente Ruf übertrug sich nicht automatisch und über Nacht auf den neuen Namen. Ihn bekannt zu machen, ihn mit geschichtlicher Identität zu füllen, kostete Zeit und Kraft, die andere im Wettbewerb der Kulturinstitutionen nicht aufzubringen hatten. Das Radio-Symphonie-Orchester Berlin nahm diese Nachteile in Kauf, ohne dass dies von den Mitbewerbern im Berliner Musikleben sonderlich gewürdigt worden wäre. In der ersten Runde gemeinschaftlicher Kulturpolitik zählte es zu den Gebenden, zu denen, die in einem übergeordneten Interesse Verzicht leisteten.

Die Konstruktion der Rundfunk-Orchester und -Chöre GmbH barg von Anfang an Probleme, die irgendwann aufbrechen, Auseinandersetzungen provozieren und Lösungen verlangen mussten. Die Ensembles, die unter dem Dach der ROC versammelt wurden, hatten trotz der verschiedenen politischen Systeme, aus denen sie kamen, eine ähnliche Geschichte mit ähnlicher Zielsetzung hinter sich, doch im vereinten Berlin standen sie sich als Konkurrenten gegenüber. Die beiden Chöre gerieten dabei kaum in Konflikt miteinander, sie sind verschieden groß und setzen in ihrem Repertoire deutlich differierende Akzente: hier Kammerchor, dort großer Chor, hier historische Aufführungspraxis Alter Musik, dort Schwerpunkt auf die Chorsymphonik der klassischen und romantischen Ära, und deshalb sprechen sie unterschiedliche Hörerkreise an. Das Engagement für die Musik des 20. Jahrhunderts ist ihnen gemeinsam, doch dieses Feld ist so weit, dass sich Klangkörper verschiedenster Identität darin profilieren können.

Anders gestaltet sich zum Teil bis heute die Situation der beiden Symphonieorchester. Sie griffen auf weitgehend identisches Repertoire aus der musikalischen Tradition zurück, selbst wenn sie die Schwerpunkte in den einzelnen Spielzeiten unterschiedlich setzten. Oft wurde angemahnt, dass sie ihre Profile deutlicher auseinander entwickeln sollten. Das Gegenteil geschah. Bestimmte Schwerpunkte teilten sie sich, der Vernunft folgend, wie zum Beispiel das Engagement für Komponisten, die während des Nationalsozialismus verfolgt, getötet oder ins Exil gedrängt wurden. Solche Pionierarbeit, die gegen verschiedenste Trägheiten im Musikbetrieb durchgesetzt werden muss, darf man nicht dem Konkurrenzprinzip opfern. Die Angleichung zwischen den beiden Orchestern reichte jedoch viel weiter. Das Rundfunk-Sinfonieorchester Berlin verpflichtete 1992 Rafael Frühbeck de Burgos als Chefdirigenten. Der damalige Generalmusikdirektor der Deutschen Oper Berlin hatte zuvor oft und gern mit dem Deutschen Symphonie-Orchester Berlin gearbeitet. Zu seinem Nachfolger wählte das Rundfunk-Sinfonieorchester Berlin Marek Janowski, der vorher einige Jahre Erster Gastdirigent des Deutschen Symphonie-Orchesters Berlin gewesen war.

In der Rundfunk-Orchester und -Chöre GmbH Berlin stellen die beiden Symphonieorchester schon quantitativ die beherrschenden Größen dar. Für jedes von ihnen sind ca. 110 Musikerstellen vorgesehen, mehr als für die beiden Chöre zusammen. Die Konstruktion, beide gleichberechtigt in einer Trägergesellschaft zu organisieren, begünstigt formales Proporzdenken, das durch die Furcht vor Benachteiligung – ein Dauerthema im deutsch-deutschen Vereinigungsprozess – permanent genährt wird und damit zwangsläufig planerische Energien bindet. Das liegt in der Natur der Sache, nicht an den Verhaltensmaximen der Orchester und ihrer Verantwortlichen. Wenn aber Gleichheit auf einer formalen, administrativen Ebene gesucht wird, rücken Leistungskriterien unvermeidlich in den Hintergrund. Sie setzen sich nur dann durch, wenn ein Ensemble in Eigenverantwortung handeln kann und muss, darauf hatte schon Kent Naganos Vorgänger, Vladimir Ashkenazy, immer wieder mit Nachdruck hingewiesen. Die GmbH kann als Trägerorganisation mehrerer »Klangkörper«, wie man verwaltungsdeutsch formuliert, eine Ausgangsbasis schaffen, vielleicht manches in der Administration vereinfachen und zusammenfassen. Zur künstlerischen Instanz, die Leistungen bewertet und beurteilt, taugt sie nicht, und dazu darf sie sich niemals aufschwingen. Dies ist auch in der beinahe zehnjährigen Geschichte der ROC GmbH nie geschehen. Ihre Leitungsinstanz kann mit Programm- und Konzertvorschlägen den Ensembles gegenüber initiativ werden. Das musikalische Profil, die öffentliche Erfolgskontrolle durch Zuspruch oder Ablehnung aber muss jedes Ensemble in die eigenen Hände nehmen und selbst verantworten, dafür gibt es keine zentralisierte Regie. Dies gilt selbstverständlich auch für den Etat; die Zuweisung der Grundfinanzierung, für die vertragsgemäß die vier Gesellschafter aufkommen, kann über eine gemeinsame Dachorganisation laufen; die Verfügung über Einnahmen aus Eintrittsgeldern, Sponsoring und anderer Drittmittel muss in der Verfügung und Verantwortung des jeweiligen Klangkörpers bleiben. Diese Grundsätze waren in der ROC GmbH nicht von Anfang an in strikter Konsequenz verwirklicht, konnten es gar nicht sein, wurden doch hier vereinigungsbedingte Probleme ausgetragen und ausgefochten, für die es kein organisatorisches und rechtliches Vorbild gab.

Den tiefsten und härtesten Einschnitt aber schuf die Entscheidung der ROC-Gesellschafter, die jährlichen Zuwendungen auf einen festen Betrag einzufrieren. Da jedes Jahr die gesetzlichen Tariferhöhungen für Musiker und Verwaltung zu bezahlen sind (die GmbH und ihre Mitarbeiter haben darauf keinen Einfluss), schrumpfte der künstlerisch verfügbare Etatanteil ständig, der Engpass war vorprogrammiert. Ein erstes kritisches Stadium überwand man durch Auflösung der RIAS Big Band. Doch die nächste Krise war bereits abzusehen.

Kunst kontra Politik oder wie Berlin
auf seine Chancen gestoßen wird

Mitten in dieser unruhigen und schwierigen Situation, die auch nicht ohne Wirkung auf die Musiker blieb, übernahm Kent Nagano die musikalische Verantwortung für das Deutsche Symphonie-Orchester Berlin. Den Ausschlag für seine Entscheidung gaben künstlerische Überlegungen: eine glänzende Zusammenarbeit mit dem Orchester bei der Aufführung von Berlioz' *Damnation de Faust* im Januar 1998 und das bestimmte Gefühl bei Dirigent und Orchester, dass in dieser Kooperation noch weit mehr möglich war. Kent Nagano wusste, wofür er sich entschied, denn er hatte in der alten und neuen Hauptstadt nicht nur mit dem Deutschen SymphonieOrchester Berlin gearbeitet. Nach seinem Debüt beim Berliner Philharmonischen Orchester 1997 mit Olivier Messiaens *Éclairs sur l'Au-Delà* hatte er das Spitzenorchester auch danach noch des Öfteren dirigiert: 1999 mit Messiaens *Turangalîla-Symphonie* – die CD-Einspielung, die diesem Konzert folgte, wurde als eine der ganz wenigen Plattenproduktionen der Berliner Philharmoniker für den »Grammy Award« nominiert –, im Sommer 2000 leitete er das traditionelle Openair-Konzert in der Berliner Waldbühne mit einem amerikanischen Programm. 1999 stand er außerdem in einem Konzert am Pult der Staatskapelle Berlin. Die designierten und amtierenden Chefs der anderen beiden Orchester hatten zwar als junge Künstler ihr Berlin-Debüt mit dem damaligen Radio-Symphonie-Orchester gegeben – Daniel Barenboim als Pianist, Claudio Abbado und Simon Rattle als Dirigenten, alle drei in der Reihe *RIAS stellt vor*, die seit der Senderfusion als *Debüt im DeutschlandRadio* weitergeführt wird –, aber keiner von ihnen hat wie Kent Nagano je alle drei Orchester dirigiert, noch dazu so kurz hintereinander.

Kent Nagano war davon überzeugt, dass das Deutsche Symphonie-Orchester Berlin zu Hause und international in den vorderen Rängen mitspielen könne, wenn ihm die Möglichkeit gegeben oder gelassen würde, sein Potenzial ganz zu entfalten. Er selbst wäre nie der Künstler geworden, der er jetzt ist, wenn er Chancen nicht als Aufforderung betrachtet hätte, sie zu verwirklichen. Für Talentverschwendung ist Kent Nagano nicht zu haben, weder im persönlichen noch im gesellschaftlichen Bereich. In Deutschland aber betrieb man sie, besonders auf dem Gebiet der Bildungspolitik, jahrelang mit fahrlässiger Gleichgültigkeit. Naganos musikalische – und in der Berliner Situation gezwungenermaßen auch kulturpolitische – Strategie war eindeutig; jeder, der dies wollte, konnte sie erkennen, denn sie entsprach der einzig konsequenten Linie, die ein verantwortungsbewusster Künstler einschlagen kann. Wer sich auch nur ein wenig mit Naganos musikalischem und beruflichem Werdegang auseinandergesetzt hätte, wäre ganz von selbst auf die Konflikte gestoßen, die seine Arbeit schließlich aufdecken sollte. Künstlerischer Erfolg wird nicht aus Kompromissen gebastelt; wer das Optimum vorhandener Möglichkeiten ausschöpfen will, legt zwangsläufig unproduktive Hemmnisse frei, und er wäre ein Tor, wenn er ihre Beseitigung nicht verlangte.

In der Saison 1999/2000, in der Nagano als designierter Chefdirigent und Künstlerischer Leiter bereits eine Reihe von Konzerten und vor allem eine wichtige Japan-Tournee mit dem Deutschen Symphonie-Orchester Berlin übernahm, legte er die Fundamente seiner Arbeit: im Repertoire, in der Verständigung mit dem Orchester (die ja weit mehr als Proben umfasst) und dessen Mitarbeiterstab, im Medienauftritt der neuen künstlerischen Partnerschaft. In seiner ersten Saison als Chefdirigent und Künstlerischer Leiter entfaltete er die Schwerpunkte und Grundsätze seiner Programmlinien. Von Konzert zu Konzert beantwortete er die Frage neu, was er sich unter der Musik für ein neues Jahrhundert vorstelle: einen hohen Anteil an Kompositionen der Gegenwart, an Kunst, die heute geschaffen wird. Er ließ aber auch keinen Zweifel daran, dass nicht allein das Entstehungsdatum eines Werkes für Aktualität bürgt: »Entscheidend ist nicht allein, wann ein Stück komponiert wurde. Die Frage ist vor allem, was es uns heute zu sagen hat. Große Musik hat uns heute etwas zu sagen, auch wenn sie im 19. oder 18. Jahrhundert oder noch früher komponiert wurde. Sie enthält so viele Aspekte, dass keine Epoche sie ganz ausschöpfen kann. Durch die Interpretation muss man die Seiten eines Werkes hervorlocken, die mit den Fragen der heutigen Zeit korrespondieren.«

In seinem zweiten offiziellen Amtsjahr kämpfte Kent Nagano darum, dass er seine Linie auch weiterführen konnte. Die Resonanz beim Publikum hatte seine Ideen bestätigt. Künstlerische Arbeit ist keine Spielwiese, auf der man bald dieses, bald jenes ausprobiert, ein Konzept kreiert und es wieder fallen lässt, wenn sich Schwierigkeiten in den Weg stellen. Hier ist Verbindlichkeit gefragt, und darum ging es Kent Nagano, als er im Sommer und Herbst 2001 einige Bedingungen für seine weitere Arbeit formulierte. Er forderte vor allem die Autonomie der künstlerischen Entscheidungen für das Deutsche Symphonie-Orchester Berlin (und dementsprechend auch für die anderen Ensembles der ROC GmbH). Eine verantwortliche künstlerische Planung muss Zeiträume von mehreren Jahren bedenken und die entsprechenden Verabredungen treffen können. Wenn sie unter ständigem Genehmigungsvorbehalt steht, kann sie keine hinreichende Verbindlichkeit entwickeln. Internationale Kooperationen, die für größere, mutige Projekte immer notwendiger werden, kann man dann nicht eingehen. Versäumt man sie, dann versinkt man über kurz oder lang im unbeweglichen Mittelmaß, in der Bedeutungslosigkeit. Die ROC GmbH verschafft den Ensembles die Basis, die sie brauchen; ihr Profil, ihr Programm, ihre Erfolge müssen sie selbst entwickeln und vertreten. Dazu benötigen sie aber auch den entsprechenden Entscheidungsspielraum und längerfristige Planungssicherheit. Nagano verlangte, dass die Einschränkung des Etats, die von den Gesellschaftern beschlossen wurde, aufgehoben würde, denn sie engt die künstlerischen Handlungsmöglichkeiten von Jahr zu Jahr stärker ein. Würde der Zustand beibehalten, müsste er notwendigerweise in die künstlerische Agonie führen. Nagano wollte eindeutig geregelt wissen, dass der Erfolg, den ein Ensemble erzielt, ihm selbst und ihm allein zu Gute komme. Jedes Ensemble in der GmbH brauchte daher sein eigenes »Costcenter«, innerhalb dessen es auch mit seinen Einnahmen eigenverantwortlich wirtschaften kann und muss.

Kent Nagano setzte seine ganze Autorität ein, um eine Entscheidung in diesen grundsätzlichen Fragen zu beschleunigen. Sie mussten gelöst werden, und je früher das geschah, desto besser war es für alle Beteiligten. Er suchte das Gespräch mit den Gesellschaftern der Rundfunk-Orchester und -Chöre GmbH; er suchte das Gespräch mit den Verantwortungsträgern der Politik. Manche, auch Teile der Berliner Presse, verübelten ihm seinen Vorstoß. Er greife den Proporz in der ROC GmbH und in der Berliner Kulturszene an, lautete der Vorwurf. Doch in einer Situation, in der sich die Verhältnisse ständig verändern, ist dies das denkbar schlechteste Argument. Die Proportionen im Berliner Kulturleben wurden ohnehin verschoben: Die Berliner Staatsoper erhielt von der Bundesregierung höhere Zuwendungen – 3,5 Millionen Mark pro Jahr –, das Philharmonische Orchester wurde als Stiftung reorganisiert, die Philharmonie hatte eine neue Intendanz mit neuen Kompetenzen erhalten. Das reiche Mosaik der Kultur in Berlin war noch nicht endgültig zusammengefügt, da wurden noch immer Profile verändert, Plätze getauscht, Zuordnungen verschoben.

Hier setzte Nagano an. Er verlangte die Möglichkeit zur künstlerischen Konsequenz, zur optimalen Nutzung der Potenziale, die das Deutsche Symphonie-Orchester Berlin vorzuweisen hat. Er stellte die Argumente vom Kopf der Institutions- und Finanzpolitik auf die Füße dessen, wofür Orchester bezahlt werden: auf überzeugende Weise gute Musik zu machen. Im Grunde genommen forderte er Berlin und diejenigen, die die hauptstädtische Kultur verantworten, dazu auf, mit ihren Pfunden zu wuchern und sich auf die Chancen zu besinnen, die Außenstehende schon fast als selbstverständlich gegeben annahmen: dass hier die weltweit wichtigste Stadt für klassische Musik heranwuchs – wenn, so müsste man einschränkend hinzufügen, wenn sie selbst es nur wollte. Die Berliner Politik vermochte auch in der neuen Hauptstadtsituation eine ihrer ausgeprägtesten Eigenschaften nicht ganz aufzugeben: die zur Selbstprovinzialisierung.

Der Künstler Kent Nagano sah sich in der zweiten Hälfte des Jahres 2001 politisch auf ganz verschiedenen Ebenen herausgefordert, weltpolitisch und lokalpolitisch. Auf beiden Ebenen bewies er außergewöhnlichen strategischen Sinn, bei den Entscheidungen, die er angesichts der terroristischen Bedrohung mit Plácido Domingo für Los Angeles vorbereitete, und bei seinem Einsatz für das Deutsche Symphonie-Orchester in Berlin. Ihm kommt, so darf man vermuten, in solch schwierigen Situationen die künstlerische und wissenschaftliche Doppelbegabung zugute, die ihn wie seine Eltern auszeichnet. Seinem strategischen Denken liegt eine feste Überzeugung zu Grunde: das, was Kent Nagano in der Vorschau des Deutschen Symphonie-Orchesters Berlin für die Saison 2002/03 »Glauben an die Musik« nannte.

Der engagierte Beobachter der Berliner Kulturszene aber hätte im Herbst und Winter 2001 manchmal am liebsten das erste Bass-Solo aus Ludwig van Beethovens Neunter Symphonie zitiert: »Freunde, nicht diese Töne, sondern lasst uns andere anstimmen, und freudenvollere«, vor allem: Lasst uns zu dem zurückkehren, was Sinn und Zweck eines Orchesters und eines Dirigenten ausmacht, zur Musik. Doch wer heute künstlerische Verantwortung übernimmt, kommt an der Politik nicht vorbei, er muss sich zu Zeiten auch um die Rahmenbedingungen des kulturellen Tuns und Lassens kümmern. Daniel Barenboim griff politisch ein, als er einen zusätzlichen

Zuschuss des Bundes für die Berliner Staatsoper und ihr Orchester, die Staatskapelle Berlin, erwirkte. Simon Rattle agierte politisch, als er die Unterzeichnung seines Vertrags an bestimmte wirtschaftliche und organisatorische Voraussetzung knüpfte. Beide verschoben die bestehende labile Balance im Berliner Kulturleben zu ihren Gunsten und setzten damit zugleich längst überfällige Entscheidungen durch. Kent Nagano signalisierte mit seinen Forderungen auch, dass er äußerliche, finanzpolitisch motivierte Gewichtsverschiebungen zu Ungunsten des Deutschen Symphonie-Orchesters Berlin nicht hinnehmen wolle. Wer in der Zeit eines Verteilungskampfs auf das wartet, was ihm zugewiesen wird, der hat verloren. Nagano war angetreten, um mit dem Deutschen Symphonie-Orchester Berlin musikalisch in ein neues Jahrhundert aufzubrechen, nicht, um den Rückzug eines Spitzenensembles in die zweite Reihe zu dulden oder gar mit zu tragen. Am Ende der langwierigen, heiklen Verhandlungen stand schließlich eine Einigung: Die Gesellschafter der ROC GmbH hoben die Einschränkung des Etats auf, und die künstlerische Eigenverantwortung der Ensembles wurde auch institutionell abgesichert. Damit waren die Voraussetzungen dafür geschaffen, dass Kent Nagano seinen Vertrag verlängern konnte.

Die Ouvertüre

Am 16. September 2000 leitete Kent Nagano sein erstes Konzert als Chefdirigent und Künstlerischer Leiter des Deutschen Symphonie-Orchesters Berlin. Auf dem Programm standen Werke von Alban Berg; der Repertoireschwerpunkt war durch die Kooperation mit den Berliner Festspielen vorgezeichnet. Die musikalische Ära von Kent Nagano in Berlin begann jedoch bereits ein Jahr vorher, denn der designierte Chefdirigent übernahm für die Saison 1999/2000 drei Konzerte in den Abonnementsserien des Deutschen Symphonie-Orchester

Berlin, und vor allem eine wichtige Japan-Tournee, zu der sich das Orchester verpflichtet hatte. Am Anfang des gemeinsamen Weges stand am 13. und 14. September 1999 Gustav Mahlers Dritte Symphonie. Auch diese Programmwahl war durch die Zusammenarbeit mit den Berliner Festspielen mitbestimmt – der September war seit deren Gründung im Jahre 1951 Festwochenzeit in Berlin. 1999 stand Gustav Mahlers Gesamtwerk im Zentrum der musikalischen Festivalprogramme. In dieser Akzentsetzung verbanden sich Rückblick und Ausblick. Die Berliner Festspiele planten die Programme für 1999, 2000 und 2001 als Trias, als Dreischritt durch die kulturelle Jahrhundertwende. Der erste Brennpunkt galt 1999 dem Komponisten, der exemplarisch für den Weg der Musik aus dem 19. ins 20. Jahrhundert stehen konnte: Gustav Mahler; er wird mit gleichem Recht als letzter großer Symphoniker in der romantischen Tradition und als Wegbereiter der Moderne bezeichnet. *Jahrhundertklang* stand als Motto über den Festwochen 2000, sie skizzierten damit das Netz der Wege und Nebenwege, welche die Musik im zu Ende gehenden Jahrhundert beschritt. Das Festival 2001 stand im Zeichen des Übergangs zu einem neuen Festspielkonzept.

Im musikalischen Werdegang Kent Naganos und seines künftigen Orchesters spielten die Werke Gustav Mahlers eine wesentliche Rolle. Mit Mahlers Neunter Symphonie erzielte Kent Nagano 1984 einen musikalischen Sensationserfolg, als er in Boston für den erkrankten Seiji Ozawa einsprang. Mahlers Werke bildeten einen wichtigen Programmschwerpunkt in seiner Arbeit mit dem Hallé-Orchester in Manchester, mit dem er unter anderem *Das klagende Lied* in der bisher nahezu unbekannten Originalversion einspielte. In der Geschichte des Deutschen Symphonie-Orchesters Berlin war die Mahler-Interpretation immer auch Chefsache. Vladimir Ashkenazy dirigierte in zwei Spielzeiten einen Mahler-Zyklus, dem zur Vollständigkeit lediglich die Bearbeitungen, die Fragmente, einige Lieder und die Siebte Symphonie fehlten. Riccardo

Chailly, sein Vorgänger, erwies an Mahlers symphonischen Riesen seinen frischen, energischen Zugriff auf die großen, weit gespannten Werke der musikalischen Tradition. Lorin Maazel machte den inneren Zusammenhang der einzelnen Kompositionen vor allem über strukturelle Präzision klar. Nur Ferenc Fricsay dirigierte kein Werk von Mahler. Als er es vorhatte, erlaubte ihm sein Gesundheitszustand die Verwirklichung des Vorsatzes nicht mehr; die Gedenkfeier für den allzu jung verstorbenen Künstler beschloss »sein« Orchester mit dem Schlussstück aus Mahlers *Lied von der Erde*, dem *Abschied*. Man könnte die Geschichte des Deutschen Symphonie-Orchesters Berlin und seiner Chefdirigenten – Fricsay ausgenommen – anhand der Mahler-Interpretationen schreiben und erhielte dadurch ein recht präzises Bild der jeweiligen musikalischen Profile, wobei jeder Dirigent ein neues Kapitel aufschlug. So tat es auch Kent Nagano am 13. September 1999. Aus dem Konzert entstand eine CD-Produktion, die erste in der neu geschlossenen Zusammenarbeit mit dem Musiklabel Teldec. Sie wurde zur Referenzaufnahme – für Nagano, für das Deutsche Symphonie-Orchester Berlin und für das renommierte Label. Dass sie die ursprünglichen Verkaufserwartungen um mehr als das Doppelte übertraf, spricht dafür, dass sie in der Mahler-Interpretation bisher nicht vernommene Akzente setzte: Die vielschichtige Struktur des Werkes erscheint in dieser Einspielung ungewöhnlich klar und durchsichtig bis ins kleinste Detail, das Orchester agiert vor allem als Instrument der Klangdifferenzierung, nicht der Klanggewalt. In dramatischer Unmittelbarkeit treffen die gegensätzlichen Sphären aufeinander: der Naturlaut, der sich wie von ferne meldet, das Signal, das Volkslied und der Volkston, das Lied ohne Worte und das Arioso mit Worten, die symphonisch organisierten Themenverwandlungen und -verflechtungen, der szenisch realistische Auftritt des Posthorns; die düsteren und die grellen, die drohenden und die versöhnlichen Abschnitte. Es entsteht das Hörbild eines Musikdramas mit wenig Worten und ohne Szene. Die Dritte zählt zu Mahlers metaphysischen Werken. Die Qualität ihrer Interpretation entscheidet sich daran, wie die Offenheit zu einem nicht ausdrücklich genannten Hintergrund hörbar wird. Diese Wirkung ist bei einer CD-Aufnahme wesentlich schwerer zu erzielen als in der Live-Situation des Konzerts, weil das Spannungsmoment der körperlichen Präsenz fehlt, die visuelle Komponente, die zur Intensität der Musik erheblich beitragen kann. Mahlers Symphonien sind medienanfällig, obwohl es zu ihrer Entstehungszeit nur rudimentäre Mittel zur Schallaufzeichnung gab. Für eine gültige CD-Einspielung muss gegenüber dem Konzert eine zusätzliche Übersetzungsarbeit geleistet werden. Sie hat die Perfektion der Einspielung und der Aufnahmetechnik zur Voraussetzung, erschöpft sich darin jedoch nicht. Fast von selbst versteht sich, dass Naganos Mahler ein moderner Mahler ist, durchleuchtet und erarbeitet aus der Erfahrung mit der Musik seiner Nachfolger und seiner Zeitgenossen, die – wie zum Beispiel der Franzose Claude Debussy – von ihm gar nicht so weit entfernt sind, wie ein oberflächliches Urteil das vermuten ließe.

Diese Zusammenhänge ließ Kent Nagano mit dem Abschlusskonzert der Spielzeit 1999/2000 erkennen. Es schlug die Brücke zum Eröffnungskonzert der Saison. Wieder stand eine Symphonie von Gustav Mahler auf dem Programm, dieses Mal die Vierte. Sie schließt mit der Vertonung des *Wunderhorn*-Gedichts vom *Himmlischen Leben*. Damit setzt sie die Gedanken der Dritten mit anderen musikalischen Mitteln fort; im frühen Stadium war sie sogar als deren Teil gedacht. Dieses heiterste und humorvollste unter Mahlers Orchesterwerken stellte Kent Nagano in den Zusammenhang mit der Symphonischen Dichtung *Im Sommerwind*, die der junge Anton Webern nach Versen von Bruno Wille komponiert hatte, und mit Claude Debussys Baudelaire-Liedern in der Instrumentierung durch John Adams. Um verschiedene Arten musikalischer Idyllen ging es hier, um die Bedeutung von Naturbildern für die Musik, für ihre Inspiration und für ihre konkrete Gestalt. Die Natur bedeutete dem Musiker Debussy sehr viel; er sah in ihr die eigentliche Lehrmeisterin der Künstler: »Nichts ist musikalischer als ein Sonnenuntergang ...« Für Gustav Mahler weitete die Natur das menschliche Wissen, Wollen und Erleben hin zum Göttlichen; er war Pantheist in der dialektisch gebrochenen Tradition von Goethe her, denn das Göttliche zeigte sich für das menschliche Erkenntnisvermögen nur in der ständigen Verflechtung mit seiner Gefährdung und Negation: kein Himmel ohne Abgrund. Mahler suchte nach einer universalen Religion, in der alle konfessionellen Unterschiede aufgehoben wären. Was die philosophischen Bemühungen, denen die kommunikativen Grenzen durch die Möglichkeiten der Sprache gesetzt sind, nicht mehr zu leisten vermögen, das könnte vielleicht die Musik schaffen, die nicht an die Reichweite der Begriffe gebunden ist. Wie die Tonkunst das, was hinter den sichtbaren Dingen steckt, mitteilen könne und solle, davon hatten die beiden Zeitgenossen Mahler und Debussy gewiss unterschiedliche Vorstellungen. Dass sie aber mit Metaphysik, mit dem, was »meta ta physika«, jenseits des körperlich Greifbaren steht, ganz wesentlich zu tun habe, darüber waren sich die beiden Künstler einig. Kent Nagano präsentierte äußerlich ein freundliches »Sommerprogramm«, doch es enthielt eine erhebliche philosophische Tiefenschärfe: Es bot Musik als Hör- und Denkvergnügen. Jedem Konzertbesucher blieb es selbstverständlich überlassen, wie weit er in die Hintergründe der Werke und ihrer feinsinnigen Konstellationen vordringen wollte. Gerade das Wechselspiel zwischen geistiger Verwandtschaft und ästhetischen Differenzen musste Neugier wecken, denn es verwies auf Dimensionen unterhalb der klanglichen Oberfläche – auf das, was man vor zwanzig Jahren mit einem damals modischen Wort »Spiritualität« nannte.

Kent Nagano erinnerte mit seinem Programm am 15. und 16. Juni 2000 an eine menschliche Erfahrung, für die nach dem Zusammenbruch der traditionellen Religiosität oft die verständlichen, mitteilbaren Worte fehlen. Musik, die Kunst für ein neues Jahrhundert bewährt sich auch daran, dass sie Verdrängtes, Übersehenes, Übergangenes und dennoch Wesentliches wieder ins Bewusstsein bringt und damit Mangelerscheinungen unserer Zivilisation vorbeugt. So beginnt sie gesellschaftlich zu wirken.

»Über ›Spiritualität‹ und das neu erwachte Bedürfnis nach ihr ist viel geschrieben worden. Man hat zu analysieren versucht, woher dieser Umschwung kommt, warum sich religiöse Bedürfnisse wieder stärker artikulieren, auch in sehr bedenklichen Formen. Aber ich glaube, wir befinden uns noch mitten in diesem Prozess, deshalb können wir ihn noch nicht objektiv beurteilen. Ich kann für mich persönlich sagen: Wir waren als Familie mit dem kirchlichen Leben eng verbunden. Mein Vater ist Buddhist, meine Mutter Christin. Meine frühesten musikalischen Erfahrungen hängen mit der Kirche zusammen, schon deshalb gewann sie für mich eine wichtige Bedeutung. Auch heute noch fühle ich mich mit der Kirche und den Inhalten ihrer Botschaft verbunden. Für mich persönlich ist die Frage eigentlich sehr klar. Aber ich versuche niemals, meine eigene Glaubensauffassung jemand anderem aufzuerlegen oder ihn zu meiner Überzeugung zu überreden. Musikalische Interpretationsfragen spielen sich auf einer ganz anderen Ebene ab.

Musik ist eine lebendige Kunstform. Sie hat ihre physische, ihre nüchtern physikalische Seite. Für ein Orchester, für ein Kammermusikensemble oder für ein Klavier gibt es einen ganz physikalischen Gesichtspunkt, nämlich die Spieltechnik. Zugleich aber hat diese lebendige Kunstform einen hochgeistigen, intellektuellen Aspekt in der Aufführung, in der Interpretation. Das ist klar, das bedarf keiner Erläuterung. Aber als Teil einer lebendigen Kunstform ent-

hält jede Aufführung auch eine spirituelle Komponente, bei
der es nicht wirklich wichtig ist, ob wir sie in religiöse oder
einfach in menschliche Begriffe fassen. Aber das, was die einen die Seele der Musik nennen, die anderen ihren Geist
oder ihre Spiritualität und wieder andere ganz einfach ihre
menschliche Qualität, das ist ein Aspekt, der zu jeder lebendigen Kunstform gehört. Wenn sich die verschiedenen
Komponenten – die physikalische, die intellektuelle und die
geistig-seelische – nicht im Gleichgewicht befinden, wenn
irgendetwas daran fehlt oder sich zu sehr in den Vordergrund drängt, merkt das Publikum das und reagiert entsprechend. Man darf die Konzerthörer nicht unterschätzen.
Besonders das Deutsche Symphonie-Orchester Berlin hat
ein sehr gebildetes, sehr aufmerksames und urteilsfähiges
Publikum.«

Die Schwerpunkte des Repertoires

Überblickt man das Repertoire, das Kent Nagano in den vier
Jahren seiner Arbeit mit dem Deutschen Symphonie-Orchester Berlin einschließlich der Spielzeit 2002/03 dirigiert hat
beziehungsweise dirigieren wird, dann fallen folgende Na-
men und Werke ins Auge: Nagano studierte den Großteil des
Œuvres von Gustav Mahler ein, die Dritte, Vierte, Sechste,
Siebte und Neunte Symphonie sowie das *Lied von der Erde*, die
Rückertlieder und die *Kindertotenlieder*; von Arnold Schönberg
brachte er *Moses und Aron*, *Die Jakobsleiter*, das Monodram *Erwartung*, *Pierrot lunaire* und die Erste Kammersymphonie zur
Aufführung; von Alban Berg die Orchesterstücke op. 6, das
Violinkonzert, die *Lulu-Suite* und ein Fragment aus dessen
Studienjahren bei Schönberg; von Anton Webern die Passaca-
glia op. 1 und die Orchesterstücke op. 6 und op. 10; von Alexander Zemlinsky die Oper *König Kandaules* (bei den Salzburger Festspielen 2002); von Anton Bruckner die Dritte, Fünfte,

Siebte, Achte und Neunte Symphonie (die Dritte in der selten gespielten Urfassung); von Franz Schubert die *Große C-Dur-Symphonie* und die Musik zu Helmina von Chezys Schauspiel *Rosamunde*; von Johannes Brahms das Violinkonzert und das Erste Klavierkonzert, von Hector Berlioz die *Symphonie fantastique* und *Roméo et Juliette*; von Richard Wagner Auszüge aus *Der Ring des Nibelungen* und aus *Tristan und Isolde*, die der holländische Musiker Henk de Vlieger zusammenstellte; von Olivier Messiaen – in der Saison 2002/03 – *Transfiguration*, dieses große, anspruchsvolle Werk für Chor und Orchester, und von Charles Ives *The Unanswered Question, Three Places in New England* sowie die Vierte Symphonie. In der Saison 2002/03 liegt ein Schwerpunkt auf den Orchesterwerken Ludwig van Beethovens, die bis dahin nicht in den Programmen des Chefdirigenten erschienen. An Zeitgenossen dirigierte Kent Nagano Karlheinz Stockhausen, von John Adams *Short Ride on a Fast Machine* und das Weihnachtsoratorium *El Niño;* von Unsuk Chin *Miroirs des temps* und das Violinkonzert; von Wolfgang Rihm die Uraufführungen von *Omnia tempus habent* und die vier Orchesterstücke zu Brahms' *Requiem*, außerdem *Deutsches Stück mit Hamlet;* von Hans Werner Henze *La selva incantata* und *Quattro poemi;* von György Ligeti *Aventures* und *Lux aeterna;* von dem ungarischen Komponisten György Kurtág die meisten seiner Werke für Orchester. Die Aufzählung ist unvollständig, aber sie zeigt eine deutliche Konzentration auf Komponisten der Gegenwart und auf Werke der Wiener Tradition seit der Romantik, insbesondere Bruckner, Mahler und Schönberg (dessen Werke besonders ins Gewicht fallen, weil sie nicht nur in Berlin, sondern auch in Wien, Salzburg und Los Angeles zu exponierten Anlässen gespielt wurden).

Manch einer zeigte sich verwundert über diese musikalischen Schwerpunkte. Nicht über den relativ hohen Anteil zeitgenössischer Werke, das hatte man erwartet, darauf hatte man gehofft, aber Nagano hatte sich vor allem einen Namen als Interpret französischer Musik gemacht und sich mit ihr die besondere Aufmerksamkeit des Berliner Publikums erworben. Aus Berlioz' *Damnation des Faust* entstand der Entschluss zur engeren Zusammenarbeit mit dem Deutschen Symphonie-Orchester Berlin. Beim Berliner Philharmonischen Orchester hatte er sich mit Messiaens letztem Orchesterwerk, *Éclairs sur l'Au-Delà* eingeführt; mit der *Turangalîla-Symphonie* dirigierte er sich und die Nummer eins unter den Berliner Orchestern in die Anwärterliste um den Grammy Award. Warum setzte er diese Ausrichtung nicht fort? Warum keine Berlioz-Serie, kein »Ring« des Hector Berlioz, der sich aus dessen fantastischen symphonischen und musikdramatischen Werken leicht zusammenstellen ließe? Warum drei Jahre lang kein Messiaen mit einem Orchester, das in der Musik des 20. Jahrhunderts zu Hause ist wie wenig andere?

Die französische Musik, die neuere zumal, ist in Berlin gewiss nicht überrepräsentiert. Andererseits hatte sie im Deutschen Symphonie-Orchester Berlin stets einen guten und engagierten Anwalt, und zwar nicht nur in den Orchesterkonzerten, die von den Verantwortlichen, von Dirigent und Intendant oder Orchesterdirektor und in jüngster Zeit von der neu geschaffenen ROC-Dramaturgie konzipiert werden, sondern auch in den Kammerkonzerten, deren Programme die Musiker meistens selbst initiieren. Debussys Sonaten und sein Streichquartett, Maurice Ravels *Shéhérazade*, sein Klaviertrio und seine *Introduktion und Allegro* sowie Ernest Chaussons Konzert für Klavier, Violine und Streichquartett konnte man hier hören, vor allem aber auch die Werke Charles Koechlins, der noch immer zu den verkannten Größen der neueren französischen Musikgeschichte zählt. Wohlgemerkt: Diese Werke wählten die Musiker aus, um sie der Direktion vorzuschlagen. Es bestand also im Orchester selbst ein ursprüngliches Interesse an französischer Musik. Warum also setzte Kent Nagano keinen Akzent in diese Richtung? Der Dirigent beantwortete diese Frage nicht direkt:

»Ich möchte gern, dass sich das Publikum die musikalische Institution – das Opernhaus, das Orchester – zu Eigen macht, dass es das Gefühl bekommt, sie gehört ihm, jedem persönlich. Das ist eines der Ziele, die ich erreichen will. Deshalb versuchten wir in Lyon ein Repertoire zu entwickeln, das einen spezifischen Charakter für diese Stadt hatte, und bei dem das Publikum wirklich empfinden konnte: Das ist mein Opernhaus, das ist unser Orchester, damit fühlen wir uns verbunden. Das war sehr wichtig. Wir waren uns im Klaren darüber, dass wir eine Oper in einer Region Frankreichs führten, aber wir hatten zugleich die Vision von einem internationalen Profil, und das hieß: Wir versuchten ein möglichst breites Repertoire aufzulegen, auch mit Werken aus dem deutschen, italienischen, amerikanischen, russischen Musiktheater. Dennoch blieb die französische Identität erhalten, und deshalb legte ich damals auch bei meinen Konzerten als Gastdirigent einen gewissen Schwerpunkt auf französisches Repertoire. Das resultierte aus meiner Arbeit in Lyon.

In Manchester, wo ich in derselben Zeit Künstlerischer Leiter des Hallé-Orchesters war, legte ich meinen Programmen ein weitgehend anderes Repertoire zu Grunde, denn die Traditionen dort waren vollkommen andere. In Berlin ist es wieder anders, auch in Los Angeles wird es anders sein. Jede Stadt, jedes Orchester trägt einen besonderen Charakter, der durch die Tradition bestimmt ist. Ich denke, die Konzertplanung sollte die kulturellen Verhältnisse vor Ort sehr aufmerksam reflektieren. Ich will ein Programm verwirklichen, das der Stadt Berlin, dem internationalen Anziehungspunkt Berlin entspricht. Berlin ist eine vitale Stadt, jung in ihrer äußeren Erscheinung, jung in ihrem Geist, in ihrem Lebensgefühl, Berlin ist offen, aber es hat seine spezifischen Traditionen, auch das Deutsche Symphonie-Orchester Berlin hat mit seinen 56 Jahren eine ganz spezifische Tradition. Die französische Musik hatte darin – schon in der RIAS- und der RSO-Zeit – einen wichtigen Platz. Den wird sie auch behalten. Ich habe Berlioz dirigiert, ich habe Debussy dirigiert, wir werden im Oktober 2002 Messiaens *Transfiguration* gemeinsam mit dem Rundfunkchor Berlin aufführen. Aber zunächst wollte und musste ich dem sehr kenntnisreichen und aufgeschlossenen Publikum in Berlin zeigen, worin ich meinen Beitrag zur Tradition des Deutschen Symphonie-Orchesters Berlin sehe – Tradition ist ja etwas, was sich immer im Fluss befindet, was nur als Veränderung existiert und dennoch eine zusammenhängende Linie erkennen lässt. Und dieser Beitrag kann für mich – was Repertoire und Programmplanung betrifft – nicht einfach in der Fortsetzung dessen bestehen, was ich in Lyon und Manchester gemacht habe.

In den letzten Jahren stand zum Beispiel Arnold Schönberg im Blickpunkt des öffentlichen Interesses, nicht nur wegen seines 50. Todestags im Juli 2001, sondern zum Beispiel auch durch die Diskussion um den künftigen Sitz des Schönberg-Instituts, das Leonard Stein in Los Angeles gegründet hatte und das sich nun aus der Obhut der University of Southern California begeben musste. Berlin hat sich damals beworben, Wien erhielt schließlich von den Schönberg-Erben aus verschiedenen Gründen den Zuschlag. Aber Schönberg war für das moderne Berlin der 1920er Jahre eine zentrale Persönlichkeit, und als solche soll er hier auch im Bewusstsein bleiben. Der ›Schönberg-Preis‹, den wir vergeben, erinnert auch daran.

Anton Bruckner hat für deutsche Orchester immer eine große Rolle gespielt, auch wenn sich seine Werke im Repertoire nur langsam durchsetzten. Von ihm führt eine geschichtliche Linie direkt zu Gustav Mahler, von diesem zu Arnold Schönberg. Bruckner war in vielen Aspekten ein überaus moderner Komponist in seiner Zeit, auch über seine Zeit hinaus. Vieles wurde erst lange nach seinem Tod richtig erkannt. Die Architektur seiner Symphonien ist unvergleichlich, die Harmonik und der Umgang mit Klangfarben oft sehr kühn, sein Sinn für zeitliche Proportionen unübertroffen. Wir wollen unserem Publikum ›Bruckner, den Fortschrittlichen‹ zeigen.«

Hätte jemand zu Beginn von Kent Naganos Berliner Ära behauptet, der Künstler würde in nicht allzu ferner Zeit seine überschwänglichsten Kritiken in der Hauptstadt für seine Interpretationen von Bruckner – dessen Dritter Symphonie in der Urfassung – und von Gustav Mahler – dessen Sechster Symphonie – erhalten, dann hätte er Verwunderung ausgelöst. Im Frühjahr 2002, im März und April, trat aber genau dies ein. Eine Wende in Kent Naganos ästhetischer Orientierung? Er selbst erläuterte, dass und warum das nicht der Fall ist:

»Die Faszination, die Bruckner auf mich ausübt, reicht bis in meine Jugend zurück. Ich erinnere mich noch gut daran, wie ich als Jugendlicher zum ersten Mal einer Symphonie von Anton Bruckner begegnete. Es war eines der aufwühlendsten Ereignisse meines Lebens. Ich ging nach der Schule mit einem Freund zu ihm nach Hause. Wir spielten oft zusammen vierhändig Klavier. Er sagte: ›Ich habe etwas, was ich gern mit dir durchspielen würde.‹ Es war die Siebte Symphonie von Anton Bruckner. Er hatte die Siebte, die Achte und die Neunte in einer Ausgabe für Klavier zu vier Händen. Nachdem wir die Siebte durchgespielt hatten, waren wir innerlich richtig unruhig und aufgewühlt. Wir waren beide noch sehr jung, wir waren noch Schüler, Teenager. Aber für uns bedeutete Bruckners Symphonie eine ungeheure Entdeckung, und das war ein so bemerkenswerter Augenblick in meinem Leben, dass ich immer wieder versuchte, dieses Erlebnis mit anderen zu teilen, es ihnen mitteilen zu können – durch Musik natürlich. Für mich war diese Entdeckung so bedeutsam, dass ich fühlte und wusste:

Sie würde mein Leben verändern, ohne dass ich damals hätte sagen können, wie das geschehen könnte. Das sind ganz seltene Ereignisse in einem Leben, aber das kann Musik bewirken.«

Es braucht Zeit, bis sich solche einschneidenden Erfahrungen in allen ihren Dimensionen klären und der Arbeit des Bewusstseins ganz zur Verfügung stehen. Es braucht Zeit, bis der Wunsch, der aus ihnen entsteht, Entscheidung und Tat wird. Speziell in der Bruckner-Interpretation gab es in der zweiten Hälfte des 20. Jahrhunderts geachtete, wenn auch eigenwillige Autoritäten, an denen bis heute jeder gemessen wird. Sie sind durch Extreme gekennzeichnet: Sergiu Celibidache entdeckte in seinen späten Jahren die neue Langsamkeit auch für die romantische Symphonik; er las die Werke Bruckners gleichsam wie große Epen mit Nachdruck auf jedem Detail vor. Manch einer hatte dabei Schwierigkeiten, dem großen Bogen des symphonischen Zusammenhangs zu folgen. Eugen Jochum verkörperte die alte Schule des Bruckner-Verständnisses; er wusste die Idiomatik in den symphonischen Riesen, den Hintergrund der musikalischen Ideen, transparent zu machen. Maßstäbe setzten aber vor allem die Bruckner-Deutungen von Günter Wand, der jede Symphonie, ehe er sie probte und aufführte, mit einer Sorgfalt studierte, als beschäftige er sich mit ihr zum ersten Mal. Er kannte jede Einzelheit, jeden Winkel der Partituren. Durch die Strenge seiner Interpretation befreite er Bruckner von subjektivistischen und gefühligen Überformungen, die der Intention seiner Werke im Weg stehen, seit es sie gibt. Aus den verschiedenen Fassungen, in denen Bruckners Symphonien teilweise überliefert sind, wählte er die aus, die seiner Meinung nach als die verbindliche, definitive zu betrachten ist. Er fand die Kriterien für seine Entscheidung in philologischen Nachforschungen, vor allem aber in der inneren Logik der Musik selbst.

»Günter Wand ist einer der großen Bruckner-Interpreten unserer Zeit. Das wird überall anerkannt«, führte Kent Nagano am 21. Juli 2001 in einem Interview am Rande der Bregenzer Festspiele aus, wo er mit den Wiener Symphonikern die Aufführung von Bruckners Siebter Symphonie vorbereitete. »Ich hatte das wunderbare Glück, mit ihm in den vergangenen sieben, acht Jahren an den Bruckner-Symphonien arbeiten zu können. Wir diskutierten nicht von Dirigent zu Dirigent, sondern von Mensch zu Mensch miteinander. Maestro Wand ist ein außergewöhnlicher Bruckner-Interpret, er ist aber auch ein außergewöhnlicher Mensch. Wir gingen zusammen die Bruckner-Symphonien durch, die ich in meinem Repertoire hatte. Die Arbeit mit Günter Wand gehört zu den Arten der Auseinandersetzung mit Musik, mit geistigen Werten, an deren Ende meist mehr Fragen stehen als am Anfang. Aber nur durch Fragen entsteht das Verlangen nach gründlicherer Kenntnis, man beginnt zu suchen, zu forschen, und so bildet sich allmählich eine Orientierung heraus.

Das Großartige an den Gesprächen mit Günter Wand war auch, dass es mir leicht fiel, dem großen Maestro gegenüber die eigene Furcht, die eigene Unsicherheit zu zeigen – und wir als Menschen tragen immer Unsicherheit in uns, sonst kommen wir nicht weiter und entwickeln uns nicht. Es ist wichtig, durch menschliche Kontakte, in denen man sich in seiner Unsicherheit exponieren kann, den eigenen Weg zu finden.«

Als Kent Nagano Verbindung zu Günter Wand aufnahm, war er 42 Jahre alt, erfolgreich und auf dem Weg einer großen Karriere weit vorangekommen. 1992 hatte ihn eine Vereinigung französischer Zeitungen und Periodika zur »Persönlichkeit des Jahres« gewählt, in England wurde er im selben Jahr für den »International Classical Music Award« als »Dirigent des Jahres« nominiert (der Preis wurde ihm im Jahr 2000 dann auch verliehen). 1993 erhielt er die zweithöchste Auszeichnung, die in der Republik Frankreich an eine Zivilperson vergeben werden kann: Er wurde zum Offizier im »Ordre des Arts et des Lettres« ernannt. 1994 verlieh ihm die San Francisco State University, an der er 1974 bis 1976 studiert hatte, den »Alumni Achievement of the Year Award«. Kent Nagano genoss ein Höchstmaß internationaler Anerkennung. Dennoch war für ihn die Zeit des Lernens nicht abgeschlossen – und er wird sie für sich auch niemals als vorbei betrachten. Das zeichnet ihn vor vielen anderen Berufskollegen aus, und hier liegt auch die Quelle für den Widerstand, den er jeder Art von Routine in der musikalischen Arbeit entgegenbringt. Würde er wie Siegfried Ochs oder Gustav Mahler scharfe Sprachpointen lieben, dann müsste er wohl formulieren: »Routine ist Schlamperei, und Schlamperei ist ein Verbrechen an der Musik.«

Am 14. Februar 2002 starb Günter Wand, wenige Wochen nach Vollendung seines 90. Lebensjahres. Er, der einst ein Vorkämpfer der zeitgenössischen Musik war und zu den ersten Interpreten von Messiaens *Turangalîla-Symphonie* in Deutschland gehörte, hatte sich in den letzten Jahren seines Wirkens zur Bruckner-Autorität schlechthin entwickelt. Auf die Werke des Meisters, der bereits zu Lebzeiten aus verschiedenen Gründen unterschätzt wurde, konzentrierte sich sein Repertoire mit wachsender Ausschließlichkeit. Noch kurz vor Günter Wands Tod hatte Kent Nagano die Gelegenheit, mit dem Maestro über Anton Bruckners Dritte Symphonie zu sprechen.

Von der Dritten wie auch von der Vierten und Achten Symphonie sind mehrere Fassungen überliefert. Sie unterscheiden sich trotz gemeinsamer thematischer Grundsubstanz erheblich voneinander. Zwischen der ersten und der letzten Version liegen 16 Jahre, sie gehören unterschiedlichen Schaffensperioden an. Man könnte sie, grob gefasst, als zwei Werke über denselben Inhalt und dieselben Themen bezeichnen. In der Regel wird die letzte Fassung, die 1889/90 in Partitur gebracht wurde, für Aufführungen gewählt. Auch Günter Wand hielt es bei seiner Gesamteinspielung von Bruckners Symphonien so. In Konzerten dirigierte er die Dritte Symphonie selten. Die Urfassung von 1873, die Bruckner dem von ihm hoch verehrten Meister Richard Wagner widmete, wird dagegen kaum, um nicht zu sagen fast gar nicht gespielt.

»Für das Konzert mit dem Deutschen Symphonie-Orchester Berlin entschied ich mich für die Urfassung der Dritten Symphonie«, so Kent Nagano in einem Gespräch Mitte März 2002. »In dieser Version hat man ein sehr radikales, in der Formgebung und den musikalischen Entwicklungszügen überaus eigenwilliges Stück vor sich. Ich sprach mit Günter Wand über Bruckners Dritte erst vor ein paar Monaten. Sein Tod gibt diesem Gespräch im Nachhinein noch größeres Gewicht. Wir sprachen darüber, was er über die Symphonien eins bis drei und ihre verschiedenen Fassungen denke, und vor allem, welche Version er wählen würde, wenn er die Dritte noch einmal dirigieren sollte. Günter Wand beschränkte ja sein Repertoire in den letzten zehn, zwölf Jahren auf die Symphonien vier bis neun. Aber damals begann er darüber nachzudenken, ob er nicht wieder auf die ersten drei Symphonien zurückkommen sollte, und er zog eine Aufführung der Dritten ernsthaft in Betracht. Ich fragte ihn: ›Welche Version werden Sie dirigieren?‹ Er antwortete, er sei sich nicht sicher, aber wahrscheinlich werde er sich für die letzte Fassung entscheiden, denn soweit er es beurteilen könne, komme sie Bruckners Idealvorstellung am nächsten; aber er sei sich nicht sicher.

Diese Antwort ist sehr interessant. Ich ging danach alle drei Fassungen gründlich durch. Oft können Überarbeitungen die ursprüngliche Vision eines Werkes erheblich entschärfen, ihr einiges ihrer Kraft nehmen. Um ein anderes Beispiel zum Vergleich heranzuziehen: Mich hat die letzte Fassung von Mahlers *Das klagende Lied* nie restlos überzeugt, besonders dann nicht, als ich mich eingehender mit der ursprünglichen Version beschäftigte. *Das klagende Lied* wurde von einem Teenager geschrieben, einem sehr, sehr jungen Gustav Mahler, ehrgeizig in seinen Plänen und absolut genialisch in seiner Vorstellungskraft, die nicht durch Rücksichten auf die praktische Realisierbarkeit im Orchester gebremst wurde. Man freut sich über diese junge, ungestüme Musikalität in dieser ersten Version. Aber danach hat Mahler verbessert, verbessert, immer wieder verbessert, und am Ende stand die zweisätzige Version. Ich bin mir, wie gesagt, nicht sicher, ob dies die beste Fassung ist, die beste Art, um die Idee, die Mahler ursprünglich in sich trug, mitzuteilen. Und bei Bruckners Dritter Symphonie gewann ich den Eindruck, dass es sich ähnlich verhält. Die spätere Version hat vieles von den ursprünglichen Kühnheiten geglättet. Sie mag vom kompositionstechnischen Standpunkt aus ›meisterlicher‹ sein, die dramatischere, aufregendere – und auch wesentlich längere – Fassung aber ist die erste. In ihr führt Bruckner viel radikaler verschiedene Klangwelten, verschiedene Strukturen gegeneinander. In ihr spürt man noch die ursprüngliche Glut der musikalischen Ideen. Da zerreißen jähe Pausen vor allem im letzten Satz das Klanggeschehen; das Schweigen, das zeitlich genaue Schweigen wird zur musikalischen Substanz. Das ist ein ungeheurer Vorgang. Der Rhythmus, mit dem er seine musikalischen Gedanken exponiert, kommt den sprachlichen Ausdrucksformen sehr nahe. In der Operntradition ist das nichts Ungewöhnliches, aber im Kontext einer Symphonie ist das durchaus bemerkenswert. Es zeigt Bruckners Nähe zum Musikdrama auch in seinem symphonischen Denken. Wenn man in die Geschichte zurückblickt, stellt man fest, dass die erste Gestalt eine Idee meistens am reinsten verkörperte.

Die Frage nach der ›richtigen‹ Fassung können wir wohl

nie endgültig und absolut sicher beantworten. Ich habe mich auf jeden Fall dazu entschlossen, die erste Fassung von Bruckners Dritter zu erproben. Meine eigenen Erfahrungen, die Reaktionen der Musiker und des Publikums zeigen mir, dass dies auf jeden Fall eine Version von eigener Qualität und eigener Bedeutsamkeit ist. Ich will nicht behaupten, dass sie der letzten Fassung absolut überlegen sei. Die Wertung hängt wohl auch von dem Blickwinkel ab, aus dem man urteilt.«

Die Aufführung von Bruckners Dritter Symphonie in Berlin kam einer Neuentdeckung gleich – für die Musiker, für das Publikum, selbst für die Kritik. Die war sich im Lob einig wie selten: Nagano »holt die plausiblen Urproportionen wieder ans Licht« in einer Interpretation »von den Zäsuren her«. Sie markiere »vor allem in den episch breiten Ecksätzen die Brüche zwischen den Themenblöcken, die schroffe Collagenhaftigkeit der Faktur«, konstatierte Albrecht Thiemann in der *Frankfurter Allgemeinen Zeitung*. Kent Nagano »erspielte dem 75-minütigen Original der Symphonie einen Triumph: ihrer Weltentrücktheit, ihrer Schmetterbravour, ihren Huldigungsgesten, ihren Exaltationen, selbst ihren Generalpausen, und an diesen ist durchaus kein Mangel. Nagano kostete sie … mit hochdramatischer Wirkung nachdrücklich aus«, urteilte Klaus Geitel in der *Berliner Morgenpost*. Und Jörg Königsdorf bemerkte im *Tagesspiegel*: Nagano »gelingt der Nachweis, dass Bruckner mit seiner XXL-Version Recht hatte. Die ausufernde Exposition der Themengruppen im Kopfsatz tritt als geschlossene Form deutlich hervor, weil Nagano nicht den Fehler begeht, in der Schönheit der Themenepisoden zu baden. Das scheinbar so problematische Finale wird zum trotzigen Versuch, die gegensätzlichen Sphären der Symphonie, das Elegische, das Tänzerisch-Sinnliche, das fanfarenhaft Heroische, zusammenzufügen – und Bruckner ist plötzlich nicht mehr der weltfremde Alte, sondern ein junger Wilder, der mit beinahe naiver Rohheit aus einem Übermaß an Kraft heraus agiert.«

Kent Nagano hat die Urfassung der Dritten Symphonie danach noch mehrfach dirigiert, unter anderem am 9. Mai 2002 mit dem Berkeley Symphony Orchestra und am 6. Juli 2002 mit dem NDR-Symphonie-Orchester in Lübeck zur Eröffnung des Schleswig-Holstein-Musikfestivals. Das Konzert wurde dem Gedenken an Günter Wand gewidmet, der das Festival traditionell mit dem NDR-Symphonie-Orchester entweder eröffnet oder abgeschlossen hatte und dabei in den letzten Jahren vor allem Symphonien von Anton Bruckner auf das Programm setzte. In diesem Jahr nahm Kent Nagano seine Stelle ein.

Leitmotive

Spricht man mit Kent Nagano über seine Arbeit, seine Projekte und seine Zukunftspläne, dann kommt er immer wieder auf bestimmte Begriffe zurück, um die sich sein musikalisches, genauer gesagt sein Denken über Kultur heute wie um Kristallisationskerne zentriert. Einer dieser Leitbegriffe lautet »unique« – einmalig, einzigartig. Die Devise, Unverwechselbares zu schaffen, bestimmte Naganos Arbeit in Lyon. Er gab dem Publikum etwas, was es nur dort erleben konnte, und er erreichte damit, dass sich die interessierten Bürger der Rhônestadt generationsübergreifend mit ihrer Oper identifizierten. Vergleichbare Überlegungen stellten Plácido Domingo und Kent Nagano an, als sie die Ziele der Los Angeles Opera miteinander besprachen. »Plácido Domingo brachte seine Vorstellungen auf einen klaren, aber scheinbar völlig utopischen Begriff: ›Bauen Sie mir ein Opernhaus auf, wie man es nur an der Westküste der Vereinigten Staaten finden kann.‹ Das war eine große Herausforderung. Niemand hatte sie bisher so deutlich und ungeschminkt formuliert.« Niemand hatte es bisher wohl auch gewagt, die Vision einer bahnbrechenden Oper in der Stadt, die kulturell vom Filmbusiness dominiert ist, so unverstellt und direkt einzufordern.

Wie in Lyon, so ist auch in Los Angeles die Unverwechselbarkeit eine Frage des Repertoires, der musikalischen Interpretation und Qualität, eine Frage der Inszenierungen und ihrer Bilderwelten. Das Umfeld aber ist ein völlig anderes, und somit auch die Entscheidungen, die zu treffen sind. Der Intendant und sein Erster Dirigent einigten sich auf drei Planungsschwerpunkte: 1. Es sollen Opern gespielt werden, die bisher in Los Angeles noch nie inszeniert worden sind, ein relevanter Teil der Wagnerschen Musikdramen zum Beispiel. Mit *Lohengrin* begann am 15. September 2001 die Serie der historischen Premieren; ein Höhepunkt wird 2003/04 mit *Der Ring des Nibelungen* anvisiert. 2. In jeder Spielzeit soll außerdem eine Welturaufführung auf die Bühne des Dorothy-Chandler-Pavillons im Zentrum von Downtown Los Angeles kommen. Die Serie für die ersten drei Spielzeiten wurde mit Luciano Berio verabredet. Die erste Premiere fand am 25. Mai 2002 statt. Es wurde Puccinis unvollendete Oper *Turandot* in der Fassung Berios gebracht, der sie nach den Skizzen aus dem Nachlass neu ergänzt und zu Ende komponiert hatte. In der Spielzeit 2002/03 folgt Berios Bearbeitung von Claudio Monteverdis *L'incoronazione di Poppea*, 2003/04 schließlich eine neu komponierte Oper, deren Handlung – ge- oder erfunden? – sich um einen Startenor dreht.

Für bestimmte Inszenierungen suchten Plácido Domingo und Kent Nagano die Zusammenarbeit mit Regisseuren, die durch den Film bekannt wurden. Für *Lohengrin* zeichnete Maximilian Schell verantwortlich. Die Regie für die letzte Premiere in Naganos Auftaktsaison übernahm William Friedkin, der seinen internationalen Durchbruch mit den zwei in ihrer Zeit recht schonungslos wirkenden Filmen (*French Connection* und *Der Exorzist*) errungen hatte. Was weniger bekannt ist: Am Anfang seiner Karriere stand ein Musikfilm, das dokumentarische Porträt des Chicago Symphony Orchestra unter seinem damaligen Chefdirigenten Fritz Reiner. Sein Operndebüt legte Friedkin 1998 vor. Für den Maggio Musicale in Florenz inszenierte er Alban Bergs *Wozzeck*, den damals Zubin Mehta dirigierte. Friedkin ist ein verschworener Freund der musikalischen Avantgarde. Für die Los Angeles Opera übernahm er die Doppelinszenierung zweier Einakter, die im selben Jahr, 1998, uraufgeführt wurden: *Herzog Blaubarts Burg*, Béla Bartóks einziger Oper, und *Gianni Schicchi*, Puccinis einziger musikalischer Komödie. Das eine Stück bedient sich eines grausamen Stoffs, der Geschichte von Blaubart, der sieben Frauen ermordete; das andere kolportiert eine kleine, pfiffige Intrige um das leidige Erben und ums liebe Geld. »Ich werde sie zusammenbringen wie den *Exorzisten* und eine Komödie der Marx Brothers«, versprach Friedkin. »Beide handeln von Habgier, beide enthalten Momente von Horror und Ironie.« Sein Konzept, das auf der genauen Kenntnis der Musik aufbaute und nicht nur den Inhalt inszenierte, ging auf.

Der große Coup für so etwas wie eine Opernrevolution an der amerikanischen Westküste aber ist 2003/04 zu erwarten. Zum ersten Mal wird in der »Stadt, die nach den Engeln benannt« ist (Bert Brecht), ein mythisches Großvorhaben in Sachen Musikdrama über die Bühne gehen: Richard Wagners *Der Ring des Nibelungen*, der in den »Communities« um Hollywood noch nie zu hören und zu sehen war, der ganze Ring mit all seinen vier Teilen: *Rheingold*, *Walküre*, *Siegfried* und *Götterdämmerung*. Die Bilderwelten dafür wird George Lucas' »Industrial Light & Magic« schaffen. Hinter diesem Namen verbirgt sich das weltweit wohl größte Unternehmen für Spezialeffekte im Film. Der Aufstieg von Lucas und seinen Freunden begann 1975 mit der Ausstattung und den besonderen, raffinierten Aufnahmetechniken für die *Star-Wars*-Trilogie. Inzwischen haben er und sein Team die Techniken von damals verfeinert, neue Technologien entwickelt und mit den älteren zusammengebracht. »Industrial Light & Magic« ist ein »Brainpool« für virtuelle Welten, für ihre Erfindung wie für ihre Darstellung. *Der Ring des Nibelungen* wird sich also weder in schaurigen Schluchten aus Pappmaschee noch in den stilisierten Tiefen des Hoover-Staudamms abspielen, wo die Rheintöchter zu Colorado-Girls werden könnten, sondern in einem Environment aus Projektionen, aus Großaufnahmen dessen, was in der Ferne und im Bühnenhintergrund geschieht. Was früher einmal Bühnenbild war und für jede Szene fest und unverrückbar stand, wird in Bewegung geraten.

Dieser Schritt ist überfällig, seit Peter Sellars und Peter Greenaway ein Stück Filmästhetik in den Bühnenraum brachten, die Münchener Biennale Beispiele virtueller Bühnenarchitektur zeigte und die Salzburger Festspiele eine klassische Oper mit modernen Technologien licht- und bildhaft neu erschließen wollen. Die Los Angeles Opera sucht die Zusammenarbeit mit den künstlerisch Großen aus dem Imperium des Films und begreift sich nicht länger als deren Kontrapunkt und Widerpart. Ein Neuaufbruch dieser Art, eine solche Vernetzung der Künste, die auf Auge und Ohr gleichermaßen gerichtet sind, lässt sich in der angestrebten Größenordnung wohl nur am Hauptsitz des Medien- und Filmbusiness verwirklichen. Der Einzug des Genius Loci ins Kunstgefüge des Musiktheaters macht die Los Angeles Opera im internationalen Konzert und Wettstreit der Opernhäuser einmalig und verändert ihre Rolle vor Ort. Dass mit dem Repertoire – dem traditionellen wie dem zeitgenössischen – das Publikum von Los Angeles in Neuland geführt wird, setzt im kulturellen Leben der Großstadt nie da gewesene Akzente. Es ist nicht ausgeschlossen, dass sich auch im Bewusstsein und in der Ästhetik der Filmgrößen dies und jenes wandelt. »Ist Hollywood ein Monolith?«, fragt Donna Perlmutter im *Performing Arts*-Magazin. »Sind seine Akteure wirklich nur am Ruhm in der Traumfabrik interessiert? Stimmt nicht! Man braucht nur die Phalanx der Regisseure anzuschauen, die ihren Fuß in die Los Angeles Opera setzen werden, um zu ahnen, wie stark ihr

Herz für das Musiktheater schlägt – Herbert Ross, Bruce Beresford, John Schlesinger und William Friedkin.« Man wird nach Los Angeles schauen. Wenn das Experiment, das Plácido Domingo und Kent Nagano dort wagen, gelingt, dann sind von der Pazifikküste der USA ernst zu nehmende Signale für eine Opernästhetik nach der Epoche des Regietheaters auf den Musikbühnen zu erwarten.

Die Opéra de Lyon gewann unter der musikalischen Ägide von Kent Nagano ein unverwechselbares Profil, die Los Angeles Opera ist auf dem besten Wege dazu, es ihr gleich zu tun. Was aber macht ein Konzertensemble wie das Deutsche Symphonie-Orchester Berlin so »unique«, dass es sich unverkennbar von allen Mitbewerbern auf seinem Terrain unterscheidet? Die Erfahrungen, die man bei der Profilierung eines Opernunternehmens sammelt, lassen sich nicht ohne weiteres auf das Konzertleben übertragen. Die beiden Geschäftszweige des Kulturbetriebs operieren von verschiedenen Voraussetzungen aus. Die Oper spricht Auge und Ohr an, sie kommt der verbreiteten Tendenz zur synästhetischen Wahrnehmung weiter entgegen als ein Konzert. Im Bereich des Sichtbaren lässt sie die größten gestalterischen Spielräume für diejenigen, die ein Werk realisieren. Die Partitur und der Text einer Oper liegen fest, Inszenierung, Bühnenbild, Licht und Kostüme aber können von jedem Regieteam weitgehend frei gestaltet werden. Die Partituren, Klavierauszüge und Textbücher enthalten zwar Hinweise zu Szene und Personenführung, aber sie werden in der Regel als Stichworte, als Hintergrund verstanden, auf den der Regisseur seine eigene Interpretation aufträgt. Hier, im sichtbaren Bereich, kann also jede Bühne ihr eigenes Markenzeichen entwickeln; sie kann sich klassisch streng bis modern experimentell geben oder eine spezifische Mischung anbieten. Doch alles das, was die optische Wahrnehmung anspricht, bleibt einem Konzertorchester so gut wie verschlossen. Man kann zwar bei dem einen oder anderen Stück aus neuerer Zeit mit Lichteffekten oder Projektionen arbeiten; man kann für konzertante Aufführungen von Opern, Schauspielmusiken oder kleinen Monodramen mit so genannten halbszenischen Lösungen operieren, bei denen man Sänger und eventuelle Sprecher sinnvoll auf der Bühne und im Raum verteilt, doch damit betritt man bereits den Zwischenbereich zum Musiktheater und nimmt dort Anleihen. Das ist gut und richtig, doch solche Arrangements lassen sich nur in Ausnahmefällen wirkungsvoll und erfolgreich einsetzen, das künstlerische Profil eines Orchesters kann man darauf nicht aufbauen.

Der zweite wesentliche Unterschied liegt darin, dass Opern in der Regel abendfüllende Werke sind, und manchmal, wie bei Wagners Musikdramen oder Messiaens *St. François d'Assise*, wird ein langer Abend daraus. Einakter wie *Herzog Blaubarts Burg* oder *Gianni Schicchi* bilden im musiktheatralischen Repertoire die Ausnahme. Hat man sich also für ein Werk entschieden, steht der musikalische Verlauf einer Veranstaltung fest. Beim Konzert aber liegen die Verhältnisse genau umgekehrt. Die Stücke, mit denen allein man einen Konzertabend bestreiten kann, sind in der absoluten Minderzahl. Oratorien gehören in diese Rubrik, Musikdramen, die auf eine Szenerie verzichten wollen, wie auch die großen Symphonien von Bruckner und Mahler, die mehr als eine Stunde Aufführungsdauer für sich beanspruchen. Aber selbst bei ihnen wird in der Praxis unterschiedlich verfahren. Die einen lassen zum Beispiel Gustav Mahlers Dritte Symphonie allein wirken, andere konfrontieren das Hundert-Minuten-Werk mit anderen, knappen Kompositionen, die eine zusätzliche Spannung aufbauen helfen. In aller Regel muss ein Konzertprogramm erst zusammengestellt, also aus einem riesigen Fundus verfügbaren Materials im ursprünglichen Sinne des Wortes »komponiert« werden. Darin liegen Chancen und nicht nur Nachteile. Sie können für die Profilierung eines Ensembles genutzt werden, aber sie werden nicht mehr als einen Baustein für die Einmaligkeit eines Ensembles bilden. Programmdramaturgie ist beständigen Veränderungen unterworfen, sie kann sich nicht auf ein Muster festlegen, denn das wäre allzu schnell verbraucht. Sie muss variieren.

Die Basis, auf der man musikalisch das Profil eines Orchesters aufbauen kann, ist sein »Klang«. Doch damit befindet man sich bereits auf dem Gebiet feinster Differenzierungen. Zunächst einmal bauen alle Symphonieorchester – modifiziert nach Anzahl der Planstellen – auf der gleichen Standardbesetzung auf, alle schöpfen aus dem gleichen großen Fundus an überliefertem Repertoire, und es gab immer wieder Zeiten, in denen der häufig abgerufene Teil dieses Bestands beängstigend zu schrumpfen drohte. Innovative Künstler steuerten dagegen, und gerade auch das Deutsche Symphonie-Orchester Berlin hatte in diesen Gegenbewegungen Übung. Jedes Orchester hat seinen besonderen Klang, wie die berühmten »Wiener Oboen«, die russische oder die ungarische Schule des Geigenspiels beispielhaft zeigen. Erfahrene Konzertgänger und Musikhörer können Orchester mit einiger Treffsicherheit identifizieren. Bei der Vielzahl hoch qualifizierter Großensembles, die weltweit konzertieren, bestehen die wirklich benennbaren Unterschiede jedoch oft nur noch in Nuancen, die sich gerade eben dem Kenner erschließen. Außerdem kann der Klangcharakter eines Orchesters umgebaut werden. Das kostet einige Anstrengungen, aber es ist möglich, wie die Entwicklung des Baltimore Orchesters nach dem Chefdirigentenwechsel von David Zinman auf Juri Temirkanow belegt. Orchester unterscheiden sich gravierend durch den Anteil und die Art der zeitgenössischen Musik, die sie in ihre Konzertvorhaben aufnehmen, doch das kann sich, wie zahlreiche Beispiele lehren, rasch in die eine oder andere Richtung verändern. Einem Orchester ein unverwechselbares Profil zu verleihen und es zu bewahren, ist ein Spiel mit vielen Faktoren, von denen keiner eindeutig dominiert.

»Es gibt allein in Berlin acht Berufsorchester«, gibt Kent

Nagano zu bedenken. »Jedes von ihnen – auch die drei Opernorchester – legt wenigstens eine komplette Abonnementsserie mit Konzerten vor, die reinen Symphonieorchester sogar drei oder noch mehr. Überschneidungen im Repertoire lassen sich in dieser Situation kaum vermeiden. Außerdem geben in Berlin auch weltweit bekannte Symphonieorchester aus Europa und Übersee ihre Gastspiele. Wo liegt in dieser Angebotsfülle und in dieser Landschaft der feinen Differenzen das Besondere, durch das sich das Deutsche Symphonie-Orchester auszeichnet und eindeutig von den anderen unterscheidet? Diese Frage müssen wir, alle, die sich für das Orchester engagieren, beantworten, und zwar praktisch beantworten durch das, was wir unserem Publikum bieten, und durch das, was nur wir ihm bieten.«

Ein Orchester gewinnt Individualität durch das, was es seinem Publikum mitzuteilen hat, und dies ist eine Frage der Programme, der Interpretation der Werke und der konzertbegleitenden Vermittlung. Was die Programme betrifft, so spielen dabei sowohl die Gestaltung des jeweiligen Konzertabends als auch die Planungszusammenhänge einer oder mehrerer Spielzeiten eine Rolle.

Programme 1: Zeitverschränkung

Dass Alte und Neue Musik gut zusammenpassen, ist längst eine allgemein anerkannte Tatsache. Die Erkenntnis zählt inzwischen zu den Selbstverständlichkeiten im Musikbetrieb und wurde in zahlreichen Konzertprogrammen und den verschiedensten Varianten durchgespielt. Spannend wird es, wenn sich die Klangbilder und Denkfiguren der fernen Vergangenheit und die künstlerischen Absichten der Gegenwartskomponisten in einem Werk verschränken. Solche Zeitbrücken und Zeitspiegel entstehen nur in Ausnahmesituationen. Arvo Pärt, der Komponist aus Estland, der seit den 1980er Jahren in Berlin lebt, schrieb *Fratres*, ein Schlüsselwerk seiner stilistischen Wende, zunächst für ein Ensemble von Renaissanceinstrumenten (inzwischen existiert es in unzähligen verschiedenen Versionen). Die Rückbesinnung half ihm zur Klärung des eigenen Weges. Die Reduktion der klanglichen Mittel zwang zur Konzentration auf das strukturell Wesentliche. Pärt verabschiedete sich vom ästhetischen Leitbild der Komplexität. Das war 1978. Zwanzig Jahre später erhielt die Komponistin Unsuk Chin, die in ihrer koreanischen Heimat bei Sukhi Kang, einem Anhänger der westeuropäischen Avantgarde, und in Hamburg bei György Ligeti studiert hatte, von der British Broadcasting Corporation (BBC) und dem London Philharmonic Orchestra einen sehr speziellen Kompositionsauftrag für ein sehr spezielles Konzert. Bei diesem Konzert sollte neben dem Philharmonic Orchestra auch das Hilliard-Ensemble mitwirken, eine Gruppe von Vokalisten, die sich auf die Interpretation Alter und neuer Musik verlegt haben und dabei auch außergewöhnliche Konstellationen eingehen wie in ihren Konzerten mit dem Saxophonisten Jan Garbarek. Die Hilliards würden im gleichen Programm, in dem Unsuk Chins Auftragswerk zum ersten Mal erklingen sollte, Kompositionen von Guillaume de Machaut, einem Meister des 14. Jahrhunderts, singen. Unsuk Chin, so die Bitte, möge ein Werk für das Vokalensemble und ein großes Symphonieorchester schreiben, also Mittelalter und klassische europäische Tradition vor dem Hintergrund einer weltmusikalisch offenen Moderne zusammenbringen. Es entstand *Miroirs des temps*, in dem Unsuk Chin auf verschiedenen Ebenen Verbindungen zur Musik des ausgehenden Mittelalters aufnahm: Sie baute zwei Chansons neu instrumentiert in ihre Komposition ein. Sie bediente sich kompositorischer Verfahren, die damals als besonders kunstvoll und symbolkräftig galten, zum Beispiel des so genannten »Canon cancrizans«, dessen Stimmen einander imitieren, von ihrer Mitte aus rückwärts ablaufen und so in ihrem Anfang enden. Künstler des späten Mittelalters sahen darin ein Zeichen für die Unendlichkeit, die Ewigkeit. Unsuk Chin wandte das Verfahren auch auf eigenes Material und auf den Text an, den sie, wie ein Palindrom, rückwärts laufen ließ. Der Sinn des Symbols schob sich über die Bedeutung der Worte. Unsuk Chin verwandte Dichtungen über Liebe und Tod, Leben und Ewigkeit aus dem 11. bis 20. Jahrhundert. Kent Nagano hatte, angeregt durch George Benjamin, den Kompositionsauftrag an die Komponistin, die seit 1988 in Berlin lebt, initiiert. Er leitete die Uraufführung von *Miroirs des temps* am 7. November 1999 in London, er dirigierte die deutsche Erstaufführung des Werkes am 29. März 2001 mit dem Leipziger Gewandhausorchester, und er führte am 30. Juni und 1. Juli 2001 die inzwischen revidierte und erweiterte Partitur in der Berliner Philharmonie zum ersten Mal auf. Für das Deutsche Symphonie-Orchester Berlin stellte er Chins »Zeitenspiegel« in eine ähnliche Konstellation von Werken wie bei der Uraufführung. Das Hilliard-Ensemble sang zu Beginn das *Sanctus* und das *Benedictus* aus der *Missa Caput* von Johannes Ockeghem (1410–1497). Den Abschluss des Konzerts bildete Gustav Mahlers *Lied von der Erde*, die Vokalsymphonie nach alten chinesischen Texten, die der Komponist nicht mit einer Nummer versah: Es wäre seine Neunte gewesen, und was diese Zahl betraf, war er nach Beethoven und Bruckner furchtsam abergläubisch.

»Ein Konzert wie dieses erschließt sich am besten, wenn man es wie einen großen Bogen hört, der wohl überlegt und sorgfältig gespannt und geformt wurde. Die zwei Mess-Sätze von Ockeghem, mit denen wir begannen, handeln von der Ewigkeit, von der Vision des Himmels und seinem Wirken für die Menschen. Dadurch ist eine klare Beziehung zum Schluss von Mahlers *Lied von der Erde* hergestellt; es endet mit den Worten ›… ewig, ewig …‹ und klappt als Schlussakkord das Motiv zum Klang zusammen, mit dem das Werk begann – ein Ewigkeitssymbol, wie wir es auch in den Kompositionen von Machaut, einem Vorläufer Ockeghems, und bei diesem selbst finden. Auf der anderen Seite wurde Unsuk Chin gebeten, den alten Stil in ihre Kompositionen einzubeziehen, in diesem Fall insbesondere Guillaume de Machaut und seine Zeitgenossen, und deren Musik und Methoden als Kern für ihre Partitur zu verwenden, um so einen aktuellen Spannungspol zur alten Musik zu schaffen. Sie setzte sich komponierend mit der Frage auseinander, die auch uns als Interpreten beschäftigt: Wie kann ein Werk, ein musikalisches Idiom aus der Vergangenheit so ins Licht der Aufmerksamkeit gerückt werden, dass es für uns heute Bedeutung gewinnt? Wenn man die Werke hört, wird die Verbindung von Ockeghem und Unsuk Chin sofort klar. Sie liegt, kompositionstechnisch gesprochen, in der Anwendung der Polyphonie. Auch die Verbindung zu Mahlers *Lied von der Erde* wird man hörend leicht herausfinden, sie liegt in der Verwendung der Liedform für einzelne Stücke der mehrsätzigen Kompositionen. Die Beziehungen zwischen den drei Werken liegen also auf verschiedenen Ebenen. Und die Werke selbst gaben uns durch ihren Aufbau und ihr Anliegen die Grundüberlegungen für unsere Zusammenstellung vor.«

Das Konzert mit der Berliner Erstaufführung von Unsuk Chins *Miroirs des temps* beschloss Kent Naganos erste Saison als Chefdirigent und Künstlerischer Leiter des Deutschen Symphonie-Orchesters Berlin. Das erste Programm der Spielzeit nach den Festwochenkonzerten hatte eine ähnliche Struktur. Johannes Ockeghems Messe *Au travail suis* – der Titel bezieht sich auf die Herkunft des Cantus firmus, um den die Komposition aufgebaut ist – stand Gustav Mahlers Neunter Symphonie und Anton Weberns Passacaglia op. 1 gegenüber. Ockeghems Messe war erst kurz zuvor in einer textkritischen Neuausgabe erschienen. Edward Houghton, Dekan der Fakultät der Künste an der University of California Santa Cruz, hatte sie mit H. Kellman ediert. Houghton gehörte zu Kent Naganos Lehrern, unter seiner Leitung hatte der spätere Dirigent als Chorsänger eigene Erfahrungen mit Alter Musik gesammelt. Anton Webern kannte die Musik aus Ockeghems Ära, er hatte darüber promoviert. Die Ergebnisse seiner Forschungen dienten ihm auch als Anregung für sein Komponieren. Die Passacaglia, der er die Opusnummer 1 gab, betrachtete er als sein Gesellenstück, als Schritt aus Arnold Schönbergs Unterricht heraus in die eigenverantwortliche Selbständigkeit.

»Die Rondo-Burleske, der vorletzte Satz von Mahlers Neunter Symphonie, gleicht in ihrer Anlage einer Passacaglia. Die Symphonie als ganze ist ein sehr vielschichtiges Werk, sie verwirklicht eine sehr komplexe Art der Polyphonie. Die Konfrontation mit Ockeghems Messe macht auf diese Seite in Mahlers Werk besonders aufmerksam.

Durch die beiden Programme mit Gustav Mahler und Ockeghem – man bringt die beiden Komponisten sonst kaum zusammen, sie sind sozusagen in verschiedenen Sparten des Musiklebens archiviert –, durch diese beiden Programme haben wir einen großen Bogen über die gesamte Saison gespannt. Er wurde in der Mitte der Spielzeit durch einen weiteren Pfeiler unterstützt: Wir stellten Anton Bruckners Fünfter Symphonie die *Goldberg-Variationen* von Johann Sebastian Bach gegenüber, die András Schiff spielte. Bruckner lässt in seiner Fünften besonders deutlich in die Kunst der Themenverarbeitung hineinhören; Bachs Variationen sind ein Meisterwerk, das zeigt, wie aus einer kleinen Idee eine riesige Fülle musikalischer Gedanken entspringen kann. Ich denke, dass die Planung eines Konzerts und einer Spielzeit ein zusammenhängendes Konzept erkennen lassen sollte. Wenn sich das Publikum dessen bewusst ist, intensiviert sich das musikalische Erlebnis. Wenn sich ein

Konzertbesucher über die Zusammenhänge nicht im Klaren ist, wird das seinen Genuss nicht beeinträchtigen, denn jedes Konzert, jedes Stück muss durch die Qualität der Aufführung auch für sich sprechen können. In der Musik dürfen Sie nie auf einer Ebene allein denken. Auch bei der Zusammenstellung von Konzertprogrammen sollte man das nicht tun. Und: Das letzte, entscheidende Kriterium für musikalische Verbindlichkeit liegt in der Interpretation, in der Qualität einer Aufführung.«

Analysiert man diese Art der Programmzusammenstellung vom Standpunkt der Ästhetik aus, so erkennt man darin Gedanken wieder, die die Geschichte der Neuen Musik seit der unmittelbaren Nachkriegszeit kontinuierlich begleitet haben. Sie gewannen besondere Bedeutung zunächst in den 1950er, dann erneut in den späten 1970er Jahren. Ihnen liegt die Erkenntnis zu Grunde, dass in unserem Kulturleben die Vergangenheit ständig gegenwärtig ist. Die Musikwerke aus Renaissance, Barock, Klassik, Romantik und Moderne treten uns nicht nur als Zeugen ihrer Epoche, als Botschafter ferner Zeiten gegenüber, sondern auch als Teil unserer heutigen kulturellen Umwelt. Sie werden dadurch ent-historisiert. Der Komponist Bernd Alois Zimmermann – lange verkannt und erst in den 1990er Jahren bedingt zu Ehren gekommen – entwickelte daraus die Theorie von der »Kugelgestalt der Zeit« und zog die produktive Konsequenz mit seinem »Stilpluralismus«. Die Einheit eines Werkes ist danach nicht mehr durch einen zeittypischen Stil gewährleistet; der Komponist kann sich vielmehr unterschiedlicher historischer »Redeweisen« bedienen. Dabei stellt sich natürlich auf höherer Ebene wiederum so etwas wie ein Personalstil ein. Aus vergleichbaren Überlegungen heraus begründete Alfred Schnittke in den 1970er Jahren die Polystilistik. Er ging bei seinen Kompositionen oft von Zitaten – von wörtlichen oder idiomatischen – älterer Musik aus und entwickelte aus ihnen mithilfe von Collage, Montage, Perspektivzerrungen und vergleichbaren Verfahren eine vollkommen eigene, sehr charakteristische Textur. In eine ähnliche Richtung verweist das Komponieren von »Musik über Musik«, wie es sich zum Beispiel in Werken von Peter Ruzicka findet.

Alfred Schnittke sprach einmal davon, dass er seine Werke als winzige Ausschnitte aus dem unendlichen Kosmos möglicher und denkbarer Musik verstehe. In diesem Universum der Töne und Tongebilde existieren die Unterschiede zwischen den Epochen nicht mehr, in ihm ist alle Zeit in der Gleich-Zeitigkeit versammelt und damit (zumindest in Gedanken) der Vergänglichkeit entzogen: Es ist der eigentliche »Kugelraum der Zeit«, in dem es »kein Vorne und kein Hinten, kein Rechts und kein Links, kein Oben und kein Unten gibt«. Mit diesen oder ähnlichen Worten umschrieb einst Arnold Schönberg seine Vorstellung vom musikalischen Raum, in dem sich ein Kunstwerk entfaltet. Aus ihr begründete und erläuterte er seine »Methode, mit zwölf nur aufeinander bezogenen Tönen« zu komponieren. Was der eine in Bezug auf die musikalische Zeit ausführte, sagte der andere mit fast identischen Worten über den musikalischen Raum, in dem sich ein Werk bewegt und verortet ist. Beide äußerten zu den fundamentalen Existenzbedingungen der Tonkunst ganz ähnliche Vorstellungen. Sie hängen mit der Auflösung einer zentrierend wirkenden Schwerkraft zusammen, die bis etwa 1900 für ein inneres System und für eine Mitteilbarkeit der Musik bürgte. Räumlich artikulierte sie sich in der Grundtonart und ihrem Satellitensystem der näheren oder entfernteren Tonalitäten; zeitlich als der virtuelle Augenblick im Fadenkreuz von Vergangenheit und Zukunft; wir nennen ihn Gegenwart. Schnittke griff mit seiner Idee vom Kosmos einer potenziellen Musik eine Sehnsucht auf, die sich in ganz anderer Weise in der Informationstechnologie und der Netzwerkkultur durchsetzte: die Utopie vom »Brainpool«, in dem sich alle menschliche Erkenntnis sammeln und aus dem sie sich dann wieder abrufen lasse. Der tendenziell unendliche Horizont der Möglichkeiten aber wird niemals als ganzer fassbar. Ins Bewusstsein gelange er nur durch bestimmte, ausgewählte Konstellationen, die gleichsam einen Teilraum umschreiben und eine Ahnung dessen eröffnen, was in der näheren und weiteren Umgebung sonst noch an Möglichkeiten ruht und auf Aktivierung wartet.

Solche Vorstellungen galten in den 1950er Jahren als neu. Heute nimmt man sie als selbstverständlich hin, ohne sich über die inneren Konsequenzen immer Rechenschaft zu geben. Sie bilden eine meist ungenannte Folie des geistigen Erlebens. Darauf reagieren die exponierten Werkkonstellationen in Kent Naganos Programmen. Die Arbeit an einem geschärften Profil des Deutschen Symphonie-Orchesters Berlin zielt auch darauf, sich auf dem Markt der kulturellen Angebote zu behaupten. Dies ist eine schlichte Notwendigkeit – und ganz nebenbei auch ein Teil der gesellschaftlichen Verantwortung eines Orchesters, dessen Existenzbasis durch öffentliche Gelder geschaffen wird. Künstlerisch aber gibt den Ausschlag, dass die Ästhetik, aus der die Kultur der Interpretation entwickelt wird, sich eng mit jener Ästhetik verbindet, die das Komponieren heute in all seiner Vielfalt auszeichnet. Solche Zusammenhänge werden zwar im Alltag des Konzertlebens kaum wahrgenommen, sie sorgen aber unter anderem für eine innere Konsistenz in der Arbeit eines Ensembles und für eine Identität in deren fortwährender Veränderung.

Programme 2: Werkverschränkung

In der Spielzeit 2001/02 gingen Kent Nagano und sein Team in ihrer Arbeit mit Werken, die sich auf den ersten Blick fern zu stehen scheinen, noch einen Schritt weiter. Sie stellten die Kompositionen nicht nur einander gegenüber, sondern sie verschränkten sie ineinander. Zwischen den zweiten und letzten Satz von Bruckners Neunter Symphonie wurde Schönbergs *Erwartung* geschoben; zwischen die vier Konzerte, die Vivaldis berühmten *Jahreszeiten*-Zyklus bilden, wurde *Three Places in New England* positioniert, das Charles Ives, der Pionier der amerikanischen Moderne, zwischen 1903 und 1914 komponiert hatte. Nach den Nummern zwei, drei, fünf und sechs von Johannes Brahms' *Deutschem Requiem* wurde jeweils eines der vier kurzen Orchesterstücke eingefügt, die Wolfgang Rihm eigens für diesen Anlass komponiert, aber als selbständigen Zyklus konzipiert hatte. Er gab ihnen den beziehungsvollen Titel *Das Lesen der Schrift*.

»Von vornherein wollten wir die Idee der Interpolation nur drei Mal anwenden, und das innerhalb eines Planungszeitraums von drei Jahren. Dazu ist eine kurze Bemerkung nötig. Normalerweise werden die Programme eines Orchesters saisonweise geplant, rechtzeitig im Voraus natürlich, aber begrenzt für eine Spielzeit, die in der Regel etwa zehn Monate umfasst. Auch ich kenne die Praxis so. Wir aber planen für einen Zeitraum von drei Jahren. In diesen drei Jahren wechseln wir die Schwerpunkte des Repertoires und teilweise auch die Gesichtspunkte der Programmzusammenstellung. Einzelne Werke, die wir ganz zu Beginn dieser Periode im Programm hatten, werden gegen Ende wiederkehren. Doch das sind die Ausnahmen. Die Werke, die wir jetzt im zweiten Jahr aufführten, tauchten im ersten Jahr nicht auf, und umgekehrt. Ludwig van Beethoven kam im ersten und zweiten Jahr nicht vor; im dritten beginnen wir mit einem Beethoven-Zyklus. Es gibt gewisse Konstanten, die sich über mehrere Konzertjahre erstrecken – Schönberg und Bruckner in den ersten beiden Jahren, Gustav Mahler in allen drei Spielzeiten. Durch die Planung über drei Jahre vermeiden wir, dass sich immer wieder die gleichen Repertoireschwerpunkte wiederholen.

Die Idee, zwei Werke nicht einfach nacheinander zu spielen, sondern ineinander zu verschränken, entstand vor über einem Jahr. Selbstverständlich wussten wir, dass eine gegenseitige Durchdringung nur mit ganz bestimmten Werken konzipiert werden konnte. Wir entschlossen uns, dieses Prinzip in drei verschiedenen Programmen vorzustellen, die zeitlich nicht allzu weit voneinander entfernt liegen sollten. Wir betonten damit einerseits den Charakter des Experiments, indem wir drei im Grundsätzlichen vergleichbare, im Konkreten aber ganz unterschiedliche Fälle schufen. Wir gaben die Möglichkeit, die Frage des Gelingens oder des Misslingens an verschiedenen Beispielen zu erörtern, und zwar konkret zu erörtern. In allen drei Programmen stand ein bekanntes Meisterwerk im Mittelpunkt: Bruckners Neunte Symphonie, Vivaldis *Vier Jahreszeiten*, und *Ein deutsches Requiem* von Johannes Brahms. Wir überlegten: Wie können wir erreichen, dass diese Werke nicht als der Normalfall im Repertoire aufgefasst, sondern neu als Meisterwerke entdeckt werden. Es gibt verschiedene Wege, an dieses Ziel zu gelangen. Der Weg, den wir wählten, und zwar nur für dieses eine Konzertjahr wählten, war die Verschränkung mit anderen großen Werken, bei Bruckner mit Schönbergs *Erwartung*, bei Vivaldi mit Ives' *Three Places in New England* und bei Brahms mit vier Stücken, die Wolfgang Rihm eigens komponierte.«

Gegen dieses Projekt wurden schon vorab die stärksten Einwände laut. Wie könne man nur die sorgfältige Komposition und Dramaturgie des Brahms'schen *Requiems* durch »Fremdkörper« zerreißen und seine integrale Gestalt dadurch zerstören? Das Konzert offenbarte, wie wenig eine abstrakte Diskussion dieser Frage fruchtete. Wolfgang Rihms Stücke waren überwiegend leise gehalten und kurz. Schon äußerlich nahmen sie sich gegenüber Brahms' Werk zurück. Sie knüpften an das von Brahms Gehörte an, ließen es nachklingen, bedachten es und skizzierten anderes vor. Sie lagen wie Meditationen zwischen den verschiedenen »Kapiteln« des *Deutschen Requiems*, nicht als Unterbrechungen, sondern als Innehalten, wie es dem konzentrierten *Lesen der Schrift* entspricht. Wolfgang Rihm fand selbst einen treffenden Vergleich: Er habe sich beim Komponieren der vier Stücke wie ein Künstler gefühlt, der aufgefordert wurde, Glasfenster für eine gotische Kapelle zu entwerfen. Ein solcher Künstler würde auf den Raum, seine Architektur und Bedeutung, und auf das Licht Bezug nehmen, er würde deren Wirkung zu stärken versuchen, aber aus der Sicht des Zeitgenossen. Hie und da würde er vielleicht historische Motive verwenden, aber nicht als Stilkopien, sondern als Momente der Kommunikation. »Die Zurückhaltung, in der hier Annäherung und Distanz Zwiesprache führen«, schrieb Martin Wilkening im Berliner *Tagesspiegel*, »ist vielleicht noch beeindruckender als die Kunstfertigkeit, in der die Scharnierfunktion dieser Stücke gestaltet ist. Das Deutsche Symphonie-Orchester Berlin und der Rundfunkchor spielten und sangen unter Kent Naganos Leitung in nie nachlassender rhythmischer Spannung, wunderbarer Intonation, Textverständlichkeit, klanglicher Geschlossenheit.« Eine Woche später dirigierte Kent Nagano *Ein deutsches Requiem* in Hamburg mit dem NDR-Sinfonieorchester und dem NDR-Chor. Nach der Berliner Erfahrung entschloss er sich, *Das Lesen der Schrift* an den entsprechenden Stellen einzufügen. Dennoch betonte er:

»In dem großen Bogen von drei Konzertjahren sahen wir dieses Verfahren der Interpolation nur für die mittlere Sektion, für das zweite Konzertjahr vor, in der ersten haben wir es nicht angewandt, und auch ab Herbst 2002, im dritten Jahr unserer Planung, werden wir es nicht mehr nutzen. Es ist eine Ausnahmeform der musikalischen Interpretation, die man nicht überstrapazieren darf, sonst wird sie nichtssagend.«

Kent Nagano formuliert im Plural. Das ist keine Formalität. Er fällt keine einsamen Entscheidungen. Die Programme des Deutschen Symphonie-Orchesters Berlin werden im Dramaturgie-Team beraten. Ihm gehören außer Kent Nagano Dieter Rexroth, Leitender Dramaturg der Rundfunk-Orchester und -Chöre GmbH, und Thomas Schmidt-Ott, Orchesterdirektor des Deutschen Symphonie-Orchesters Berlin an. So kommen Ideen und Erfahrungen verschiedener Art zusammen und fließen in das Konzept ein.

»Ich arbeite seit drei Jahren kontinuierlich in Berlin. Andere verfügen über sehr viel längere Erfahrungen. Deshalb suche ich ihren Rat und das Gespräch, um herauszufinden, welche musikalischen Entscheidungen für das Deutsche Symphonie-Orchester Berlin die besten sind.

Ein Programm sollte avanciert, sollte attraktiv, inspirierend, herausfordernd sein, sollte eine Art ›Erwachen‹« – das, was man in der simplifizierten Sprache »Aha-Erlebnis« nennt – »hervorrufen. Die Zusammenstellung der Werke ist dabei ein Aspekt, aber nicht der einzige. Beispiel: Wenn man ein Programm aus dem großen, anerkannten und beliebten traditionellen Repertoire auflegt und die Werke sehr, sehr gut darbietet, dann ist ein solches Konzert alles andere als Routine; es wird aufregend, aufwühlend wirken, auch wenn die Programmzusammenstellung konventionell erscheint. Auf der anderen Seite: Wenn man ein Programm aus unbekannten Stücken, aus zeitgenössischer Musik und ungewöhnlichen Werken aufführt, und das nicht auf dem bestmöglichen Niveau tut, dann wird ein solches Programm als blasse Routine und leblos erscheinen. Nur ein Teil des Konzerterlebnisses resultiert aus der Wahl der Stücke, die man getroffen hat.

Wir leben im 21. Jahrhundert, wir verfügen über einen unvorstellbaren Reichtum an Repertoire, aus dem wir auswählen können, und es ist bedauerlich, wenn man sich in dieser vielfältigen, vielschichtigen Kultur unnötig einschränkt. Sie ist hunderte von Jahren alt, hat viele verschiedene Stilrichtungen ausgeprägt und sich zu großartigen Höhepunkten aufgeschwungen. Die Welt wird – im übertragenen Sinn – für uns immer kleiner dank ständig neuer Verkehrs- und Informationstechnologien. Einander ferne und fremde Kulturen rücken sich näher, aus ihrer Begegnung entsteht wiederum Neues. Niemand kann das ganze Repertoire, das es gibt, ausschöpfen, das ist unmöglich. Aber ich habe die höchste Achtung vor dieser Tradition, und deshalb will ich dem Publikum eine möglichst tief gehende musikalische Erfahrung ermöglichen. Dazu dienen unsere Programme.«

Programme 3: Die Neue Musik

Kent Nagano hat in den ersten drei Jahren mit dem Deutschen Symphonie-Orchester Berlin zahlreiche Werke aufgeführt, die man landläufig als moderne Musik bezeichnet. Wie gesagt, das hatte man von ihm erwartet, das hatte man sich von ihm erhofft. Aber was ist das, »moderne Musik«? Der Begriff verdunkelt mehr, als er erhellt. Als modern gilt manchen noch immer die Musik von Arnold Schönberg und Anton Webern. Sie ist sechzig bis hundert Jahre alt; so alt waren in den ersten Nachkriegsjahren die Kompositionen von Johannes Brahms und Anton Bruckner. Modern nennt man die Avantgarde der 1960er und 1970er Jahre. Ihre Klangbilder wirken teilweise bis heute befremdlich und herausfordernd, aber sie sind als musikalische Ausdrucksmöglichkeiten in die Werke späterer Komponisten eingegangen und haben dort ihren schockierenden Charakter allmählich verloren. Auf der anderen Seite: War das, was die so genannte Neue Einfachheit seit Ende der 1970er Jahre hervorbrachte, wirklich neu oder nicht vielmehr ein Rückfall hinter längst erreichte künstlerische Standards? Manch einer sah das so. Andere hielten dagegen, die Gleichung »je komplexer, desto moderner« gehe nicht auf, und es gebe auch eine Meisterschaft, die sich in der Reduktion beweise, in der Meisterschaft, die Goethe pries. Was aber sollte schließlich die postmoderne Wiederentdeckung der Dreiklangsschönheit bedeuten? Manch einem erschien sie als Sehnsucht nach musikalischer Stubenwärme, nachdem man von der Avantgarde, wie deren Philosoph Theodor W. Adorno meinte, durch die Eiswüsten der Abstraktion geführt worden war, wie Glühwein nach einem Winterspaziergang. Das Für und Wider, das um die Qualitäten der Postmoderne ausgetragen wurde, nahm nicht selten den Charakter von Bekenntnissen an, und auf den Streit um Gesinnungen versteht man sich in Deutschland. Wie erlangt ein Dirigent in diesem Konflikt der Stile und Vorlieben Glaubwürdigkeit? Indem er sich zum Exponenten einer Richtung macht?

Kent Nagano hat darauf eine ebenso einfache wie klare Antwort. Wer ein Konzert hört, begegnet darin bestimmten Werken und nicht irgendwelchen Richtungen oder ästhetischen Schulen. Die konkrete Komposition ist das Gegenüber, nicht eine Epoche, ein Trend oder ein Stil. Wer um geschichtliche Zusammenhänge, um Stilrichtungen und ihre Wesenzüge weiß, geht selbstverständlich mit einer anderen Hör-Einstellung ins Konzert als jemand, der sich mit musikhistorischen Fragen noch nie beschäftigt hat. Aber am Abend selbst, wenn die Musik erklingt, geht die Wirkung vom konkreten Stück aus, von seiner Darstellung, seiner Interpretation, und auch von der Konstellation, in die es gestellt ist.

»In den verschiedenen Stilen, in den verschiedenen Richtungen des zeitgenössischen Komponierens drücken sich auch verschiedene Haltungen zu und Antworten auf die Fragen unserer Gegenwart aus. Es gibt viele Sichtweisen, und nicht nur eine einzig richtige. Ich denke, unser Publikum hat ein Recht darauf, in möglichst großer Breite über das Komponieren heute informiert zu werden. Wir Musiker sind nicht dazu da, durch unser Vor-Urteil festzulegen, was für die Menschen möglicherweise richtig und was für sie falsch ist. Das können und müssen sie selbst entscheiden. Das einzige Urteil, das wir vorab treffen müssen, ist das über die Qualität eines Werkes. Ein offensichtlich schlechtes Stück würden wir nie aufführen. Natürlich dirigiere ich kein Werk, das meinem Verständnis verschlossen bleibt, das wäre unmöglich und unverantwortlich. Aber ich würde niemals dagegen plädieren, dass andere es an die Öffentlichkeit bringen. Im Gegenteil.«

Kent Nagano hat die Musik des 20. Jahrhunderts und die ersten Ansätze einer Musik des 21. Jahrhunderts – die Übergänge sind, wie immer, fließend, und die Grenzen in Bezug auf die Kunst selbst künstlich – dem Publikum in ganz verschiedenen Konzertformen nahe gebracht. Am Anfang seiner Chefdirigentenzeit standen Komponistenporträts, Konzertabende, die jeweils ausschließlich einem der großen Kreativen gewidmet waren. Diese besondere Form hing mit dem Konzept der 50. Berliner Festwochen zusammen, in deren Rahmen die Konzerte stattfanden. *Jahrhundertklang* lautete das Motto im Jahr 2000 und meinte Rückblick, Ausklang und Ausblick. Achtzig Komponisten, die dem bunten Mosaik der Zeit zwischen 1901 und 2000 im Wesentlichen Gestalt und Farbe verliehen, wurden vorgestellt oder in Erinnerung gerufen. Jedem war ein Konzert gewidmet, das zumeist in kammermusikalischer Besetzung stattfand. Das Deutsche Symphonie-Orchester Berlin übernahm, seiner Tradition entsprechend, eine Reihe der größer angelegten Veranstaltungen. Kent Nagano dirigierte die Porträtkonzerte von Alban Berg, Karlheinz Stockhausen und Wolfgang Rihm. Die Schwerpunkte waren natürlich mit den Berliner Festspielen abgesprochen. Kent Nagano hatte sie jedoch sehr bewusst gewählt. Alban Berg gehört in den Zusammenhang der Wiener Tradition, in die Linie von Bruckner, Mahler, Schönberg und Webern, auf die er in seinen ersten Berliner Jahren einen Schwerpunkt setzte. In Alban Bergs Musik schwingt immer ein deutlich vernehmbarer Wiener Unterton mit, der dem Dialekt in der Sprache verwandt und deshalb nicht so leicht zu erlernen und zu treffen ist.

»Wenn man diese sublime Art von ›Lokalkolorit‹ richtig erfassen und darstellen will, muss man Wien kennen, muss längere Zeit dort gewesen sein, die Orchester gehört und mit den Musikern gearbeitet haben. Dann lernt man die kleinen Besonderheiten verstehen und kann sie dann auch wiedergeben. Die Musik eines Alban Berg ist eben nicht nur Struktur und Ausdruck, sie ist auch Tonfall. Ein Konzert, das ausschließlich einem Komponisten gewidmet ist, gibt uns die Möglichkeit, solche Eigenarten deutlicher hervortreten zu lassen.«

Der Komponist Karlheinz Stockhausen ist mit der Geschichte der Berliner Festwochen eng verbunden. Seine Werke mit all ihren künstlerischen Volten und Wenden fanden in der geteilten und wieder vereinten Stadt die kritische Resonanz, für die das Berliner Publikum bekannt ist. Die Frage der Spiritualität, der mythischen Denkfiguren und ihrer Bedeutung für die Musik beschäftigten Stockhausen, den einstigen Schüler Olivier Messiaens, intensiv, und wie mancher Vorgänger in diesem Geiste – Alexander Skrjabin zum Beispiel – kristallisierte er aus dem historischen Material seine persönlichen religiösen Ideen heraus. Unter den Freunden der Avantgarde, deren Exponent er einmal gewesen war, löste er damit heftige Kontroversen aus, das heißt: Er provozierte Denkanstöße. Dem Zusammenhang zwischen Musik und Spiritualität ging das Deutsche Symphonie-Orchester Berlin in der zweiten Hälfte der Saison 2000/01, besonders aber in der Spielzeit 2002/03 noch gründlicher nach, und das Thema liegt seit einiger Zeit in der Luft. Die Festspiele Luzern stellten im Jahr 2000 ihr Festival unter den Leitgedanken von »Musik und Mythos«, das

Konzerthaus Berlin widmet den beiden Denkformen, die schon der Philosoph Friedrich Wilhelm Schelling in einer gewissen Nähe zueinander sah, einen Saisonschwerpunkt. Mit dem Stockhausen-Konzert begab sich Kent Nagano also mitten in eine spannungsvolle Berliner Tradition und auf einen Lieblingsspielplatz des Zeitgeistes. Die Werke Wolfgang Rihms begleiten das Deutsche Symphonie-Orchester Berlin seit vielen Jahren kontinuierlich. *Omnia tempus habent*, ein abendfüllendes Werk, dessen Titel auf eine Weisheit des Predigers Salomo zurückgeht, wurde vom Deutschen Symphonie-Orchester Berlin in Auftrag gegeben.

Kent Nagano dirigierte die Werke der klassisch gewordenen Moderne und der Zeitgenossen in verschiedenen Zusammenhängen, teils in den Abonnementskonzerten, die das Orchester selbst veranstaltet, teils in der Reihe *Musik der Gegenwart*, die in der Verantwortung des Senders Freies Berlin liegt. Die Abonnementskonzerte des Deutschen Symphonie-Orchesters Berlin und das Forum der ganz neuen Musik liefen jahrelang als fast getrennte Arbeitsbereiche nebeneinander her, mögliche Synergieeffekte wurden kaum genutzt. Dass Kent Nagano eine solche Desintegration der Orchesterarbeit nicht fortführen würde, war vor dem Hintergrund seiner bisherigen Laufbahn abzusehen. Will man Hörer für das begeistern, was man macht, und will man eine Identifikation zwischen Publikum und Orchester herstellen, dann kann man nicht zwischen Konzerten unterschiedlicher Bedeutsamkeit und Öffentlichkeitsrelevanz unterscheiden. Kent Nagano dirigierte daher bewusst auch in der SFB-Reihe, die in beinahe zweihundert Konzerten das Panorama zeitgenössischen Komponierens kontinuierlich erfahrbar machte, und er sorgte mit dafür, dass ebendiese Konzertserie auch der jungen Generation näher gebracht wurde. Seit 1999 arbeitet das Deutsche Symphonie-Orchester Berlin mit der Initiative »Schüler ins Konzert« zusammen, die vor Beginn jeder Spielzeit gemeinsam mit Musiklehrern eine Auswahl von Konzerten trifft, die in den Unterricht einbezogen werden. Schüler und Lehrer erhalten Material, das eine genauere Auseinandersetzung mit dem jeweiligen Programm ermöglicht. Die interessierten Gruppen können Proben besuchen und sich im Anschluss daran mit Musikern und Dirigenten unterhalten. Sie werden zu den Einführungsvorträgen eingeladen, die vor den Konzerten stattfinden, und können sich mit Mitgliedern des Orchesters zu workshop-artigen Treffen in kleinerer Runde verabreden. Die Gegenwartsmusik steht dabei im Mittelpunkt, denn Schüler haben sonst wenig Gelegenheit, sich mit ihr im Stadium der Erschließung auseinander zu setzen, Fragen zu stellen, Zusammenhänge zu erfahren und Trends und persönliche Profile junger Komponisten miteinander zu vergleichen. Noch hat die Arbeit mit Jugendlichen nicht die Intensität der »Education Programes« in Lyon und Manchester erreicht, eine wesentliche Voraussetzung aber ist durch Kent Naganos Initiative geschaffen worden: die engere interne Vernetzung der vielfältigen Aktivitäten, in die das Deutsche Symphonie-Orchester Berlin involviert ist.

Weihnachten und der Sturm

Die Uraufführung, die bisher das stärkste internationale Echo erhielt, spielte das Deutsche Symphonie-Orchester Berlin am 15. Dezember 2000 im Pariser Théâtre du Châtelet. Titel des abendfüllenden Werkes: *El Niño* (Das Kind); Komponist: John Adams; Inszenierung und filmische Projektion: Peter Sellars; musikalische Leitung: Kent Nagano. Adams, Sellars und Nagano hatten zusammen die Uraufführung der Oper *Der Tod von Klinghoffer* am Théâtre de la Monnaie in Brüssel und die zweite Produktion des Stückes an der Opéra de Lyon geleitet und waren ein gut eingespieltes, kreatives Team. *Der Tod von Klinghoffer* war ein aktuelles, ein politisches Stück wie Adams' Oper *Nixon in China*, die Peter Sellars Ende der 1980er Jahre angeregt hatte. *El Niño* dagegen geht in die Geschichte des Glaubens und der Mythen zurück. Das Stück ist ein Weihnachtsoratorium, und der Komponist stellt frei, ob es gemäß der Tradition des Genres unbebildert oder inszeniert aufgeführt wird. In Paris wurde der zweite Weg gewählt, in Berlin fast vier Monate später der erste, bilderlose. Die Meinungen, welcher von beiden der bessere sei, gingen erheblich auseinander.»El niño« heißt das Kind; großgeschrieben steht das Wort bei spanisch sprechenden Christen für das Kind, das vor ungefähr zweitausend Jahren in einem bethlehemitischen Stall, wie die Überlieferung besagt, von einer Jungfrau namens Maria geboren wurde, und das die Christen als Gottessohn und Menschheitsretter anbeten und verehren. Wie kommt man am Ende des 20. Jahrhunderts dazu, ein Weihnachtsoratorium zu schreiben, obwohl es doch schon etliche davon gibt und sich ohnehin immer nur eines von ihnen wirklich durchsetzt?

El Niño war eine Geschichte in mehreren Etappen. Erste Etappe, Vorgeschichte: John Adams war gebeten worden, ein Stück zur Jahrtausendwende zu komponieren. Er überlegte, wodurch sich ein Millenniums-Werk eigentlich auszeichnen könne, und er kam lange zu keinem Ergebnis, bis er der Frage an die Wurzel ging: Warum feiern wir überhaupt die Jahrtausendwende, wie kam das zustande, »how could this happen« (so der ursprüngliche Arbeitstitel des Werkes)? Die Antwort: unsere Zeitrechnung richtet sich nach dem (nicht gesicherten) Geburtstermin jenes Kindes, das als Jesus von Nazareth Geschichte machen sollte. – Zweites Stadium: Adams, der aus Neuengland stammt und Kalifornien zu seiner Wahlheimat gemacht hat, war in der geistigen Atmosphäre eines aufgeklärten Protestantismus aufgewachsen, der Wunder und Mythen als Metaphern, als Bilder menschlicher Verhältnisse und Wünsche deutete. Beim Wiederlesen der biblischen Geschichte fiel ihm auf, dass der Rationalismus, der die Religion dem Menschenverstand so übersichtlich zurecht legt, einen unerklärten Rest hinterlässt, und dass vielleicht genau darin die eigentliche Wirkung der religiösen Erzählungen liegt. Hatte nicht der Psychologe Carl Gustav Jung darauf hingewiesen, dass die Wahrheit der Religionen nicht an den Mustern der Verstandeslogik gemessen werden kann? Und Adams suchte nach Zeugnissen, die den Wundercharakter deutlicher hervortreten ließen, und er fand sie – in den gnostischen Evangelien, die aus dem gültigen Kanon der Heiligen Schriften verbannt wurden, und in der Volksdichtung.

Dritte Stufe: Das Jahrtausend-Projekt nahm Konturen an. John Adams bat seinen Freund Peter Sellars, ihm bei der Erstellung des Librettos behilflich zu sein. Sellars machte ihn unter anderem auf Dichtungen aus der spanisch sprechenden Bevölkerung Kaliforniens und Mexikos aufmerksam. Ein Weihnachtsoratorium im Jahre 2000 müsse auch die Realität der Gegenwart einfangen, und die kalifornische Wirklichkeit 2000 Jahre nach jener wunderumwobenen Geburt sei multikulturell und vielsprachig; und so vereint das Libretto sanktionierte und apokryphe Evangelientexte, Verse der Hildegard von Bingen und hispanischer Dichterinnen, denn die Poesie der Frauen öffnete sich dem Wunder der (Christ-)Geburt mit geringeren Vorbehalten und Vernebelungen als die Sprachkunstwerke von Männern.

Diese kalifornische Weihnacht, die Peter Sellars durch seine optische Sprache noch betonte, hatte am 15. Dezember 2000, kurz vor der tatsächlichen Jahrtausendwende, Premiere in Paris. Sellars Projektionen, die bewegten Bilder zur Inszenierung, erhielten, wie erwähnt, widersprüchliche Wertungen. Einig war sich die Kritik dagegen im Lob für die musikalische Seite, und dabei vor allem für Kent Nagano und das Deutsche Symphonie-Orchester Berlin. Adams' Musik kommt zwar aus dem Minimalismus mit seiner Langstreckenwiederholung einfacher Motive, aber sie spannt diesen repetitiven Untergrund unter weit gezogene Bögen, setzt rhythmisch-energetische Impulse ein, die dem Gleichmaß der Bewegung widersprechen, und führt die verschiedenen Ereignisschichten in harte, scharfe Klangbezirke, die das tonale Wohlgefühl aus den Angeln heben. Stellenweise mobilisiert Adams archaische Klangwirkungen, schickt Sonden in die alte Zeit auch der Musik. *El Niño* ist eine differenzierte Partitur, und eine diffizile dazu, bei der man jede Ungenauigkeit hört. Adams' Musik gut zu spielen, ist schwer. Doch für das Deutsche Symphonie-Orchester Berlin war sie nicht völlig neu, denn schon 1988 stand zum ersten Mal ein Werk des Wahlkaliforniers auf seinem Programm: *The Chairman Dances*, ein Foxtrott aus dem Themenkreis der Oper *Nixon in China*. Und als Kent Nagano am 15. November 1991 das Deutsche Symphonie-Orchester Berlin zum ersten Mal dirigierte, bildete *Harmonium*, Adams' ausgedehntes Opus nach Texten von Emily Dickinson, den zweiten Konzertteil. Seitdem hat der Komponist und Dirigent auch selbst schon das Orchester geleitet und dabei jedes Mal ein eigenes Werk mit einbezogen. Dennoch: So vertraut wie Kent Nagano waren die Musiker mit John Adams' Kompositionsweise bei weitem nicht.

Die Einstudierung der *El Niño*-Partitur fand Anfang Dezember 2000 in Berlin statt. Eine Woche vor der Premiere begann dann die Arbeit vor Ort in Paris: Probe mit dem Ensemble, Probe mit einzelnen Solisten, Bühnenproben. Der Komponist verbesserte hier und dort noch etwas an der Instrumentierung. »Kent Nagano ändert immer wieder die Aufstellung im Orchestergraben und packt beim Umbau selber an«, berichtete Andreas Lichtschlag, Cellist im Deutschen Symphonie-Orchester Berlin. »Nicht ein einziges Mal wirkt er gereizt, er arbeitet mit größter Konzentration und Effizienz und schafft es, dass trotz Leistungsdruck alle locker bleiben. Große Spannung im 2500-Plätze-Haus am Premierenabend. Zurückhaltender Applaus zur Pause. Am Ende großer Jubel, starkes Crescendo im Beifall, als Kent Nagano das Orchester aufstehen lässt.« Von einer der besten Premieren, die er je gehört habe, schwärmte der Kritiker des *Independent*, als er auf die Qualität der musikalischen Aufführung zu sprechen kam. Selbst Gerhard R. Koch von der *Frankfurter Allgemeinen Zeitung*, der, wie andere auch, dem Werk und der Inszenierung distanziert bis kritisch gegenüberstand, konstatierte: »*El Niño* ist [musikalisch] nicht leicht. Das Deutsche Symphonie-Orchester Berlin unter dem Adams-versierten Kent Nagano agierte fabelhaft, die Chöre waren exzellent ...«

Das Unternehmen *El Niño* war eine Kooperation: Théâtre du Châtelet, Deutsches Symphonie-Orchester Berlin, London Voices, Lincoln Center New York, Barbican Center London und San Francisco Symphony, die am 11. Januar 2001 die amerikanische Erstaufführung unter Naganos Leitung spielte, arbeiteten für dieses Vorhaben zur Zeitenwende zusammen. Im Zentrum des Netzwerks: Kent Nagano, der »Adams-versierte Dirigent«, Chef des Deutschen Symphonie-Orchesters Berlin, der mit Peter Sellars mehrere Opernproduktionen erarbeitete (unter anderem Olivier Messiaens *St. François d'Assise* in Salzburg) und der am Théâtre du Châtelet das gute Einverständnis mit Jean-Pierre Brossmann aus der gemeinsamen Zeit in Lyon mit jährlich einem Projekt fortsetzte. Internationale Kooperationen dieser Art werden immer wichtiger – aus Budgetgründen: Fünf Partner können mehr finanzieren als einer allein, und aus künstlerischen Gründen: Man hat die Möglichkeit, die ideale Interpretenkombination für ein Projekt zusammenzustellen. Dass eine solche Zusammenarbeit zustande kommt und gelingt, hängt letzten Endes immer von den beteiligten Künstlern ab, denn sie braucht eine tragfähige Vertrauensbasis.

El Niño kam am 15. und 16. April 2001, zu Ostern nach Berlin. Sechs Wochen später führten Kent Nagano und das Deutsche Symphonie-Orchester Berlin Arnold Schönbergs einzige und unvollendete Oper *Moses und Aron* in der deutschen Hauptstadt auf – auch ein Werk, das mit Religion zu tun hat und das den heutigen Menschen vor großem historischem Hintergrund in den Blick nimmt, in der Ästhetik aber den strengsten Gegensatz zu John Adams darstellt. Das friedliche Miteinander dieser konträren musikalischen Denkwelten rief im Feuilleton einer Berliner Zeitung Irritationen hervor (allerdings erst Monate nach den musikalischen Ereignissen). Als Casus Belli wählte man nicht *El Niño*, sondern ein kleineres Orchesterwerk von John Adams, *Amfortas' Wound*, das Kent Nagano mit dem Hallé-Orchester aufgeführt hatte. Der Autor des Zeitungsbeitrags hielt es für Kitsch und fragte folgend: Wie kann ein Musiker, der eng mit Olivier Messiaen zusammengearbeitet hat und der die komplexen Partituren eines Arnold Schönberg dirigierend durchstrukturiert und einsichtig macht, wie kann ein Musiker dieses Rangs ein Werk wie *Amfortas' Wound* dirigieren? Der Artikel war strategisch sehr genau platziert: Er erschien, als um die Bedingungen von Kent Naganos Weiterarbeit in Berlin verhandelt und öffentlich gestritten wurde. Ein Schuft, wer Böses dabei denkt. Man hätte die Frage gut ausbauen und durch die Geschichte verfolgen können: Wie kam ein Arnold Schönberg eigentlich dazu, einen Filmkomponisten wie David Raksin, der bei ihm Unterricht nehmen wollte, für seinen Evergreen *Laura* zu loben und ihm seine Bewunderung für dieses Liedchen auszudrücken – für einen Schlager? Was hat Schönberg eigentlich an George Gershwins Songs so beeindruckt, wie konnte der Avantgardist ausgerechnet Broadway-Unterhaltung goutieren? Oder weiter in die Vergangenheit zurückgeschaut: Wie kam ein Johann Christian Bach nach all der hohen Kunst, mit der sein Vater aller Welt ein Vorbild gab, dazu, so leichte und gefällige Konzertchen und Sinfoniettchen zu schreiben, wie er es tat? Von diesem leichten Spiel des musikalischen Rokoko ließen sich danach ein Haydn und ein Mozart inspirieren. Hinter der Kontroverse um musikalische Vereinbarkeiten und Unvereinbarkeiten steckt die Auffassung, ein Künstler müsse eine Richtung erkennen lassen und ihr folgen, sonst setze er sich dem Vorwurf der Beliebigkeit aus, und die Gesinnung spielt bei solchen Diskussionen in Deutschland auch immer eine Rolle.

Doch Kent Nagano kommt aus anderen Denktraditionen,

die Musik vor allem von ihrer kommunikativen Seite her betrachten. Damit ist nicht gesagt, dass das, was Anstrengung kostet, beiseite geschoben würde; Nagano ist kein Verfechter des »Easy Listening« oder der Kuschel-Klassik. Er nimmt die Frage nach der Vermittlung von Kunst ernst und delegiert die Verantwortung dafür nicht an andere Institutionen wie Staat, Politik, Schule oder die Medien; er übernimmt sie selbst. Das beweisen seine »Education Programe« in Lyon und Manchester sowie seine Berliner Initiativen in diese Richtung. Ihr Sinn liegt unter anderem darin, dass sie ein Sensorium für die Vielfalt musikalischer Ausdrucks- und Gestaltungsmöglichkeiten entwickeln helfen. Der Sehnsucht nach einem Standpunkt, von dem aus alles in der richtigen Perspektive erscheint, läuft diese Methode natürlich zuwider. Dem Publikum aber eröffnet Naganos Einstellung einen weiten Horizont und ermöglicht den Konzertbesuchern ein eigenes, nicht vorgeformtes Urteil.

Es ist gut, dass solche Kontroversen aufbrechen. Sie sollten viel intensiver und in der breiten Öffentlichkeit ausgetragen werden, denn sie betreffen die Modernisierung unseres kulturellen Lebens, und darüber kann nicht genug gestritten werden. Kent Nagano hat eine hohe Meinung von der Musikkritik, unabhängig davon, wie er selbst von ihr beurteilt wird. Was das betrifft, hat er gerade in der Hauptstadt so manchen Stimmungswechsel miterlebt. Aber das ist Berlin. Das Urteil der Kritik stimmt zwar oft nicht mit dem des Publikums überein, doch im Grundsatz verhalten sich beide, Konzertgänger und Rezensenten, großen Künstlern gegenüber gleich, gemäß dem bekannten Berliner Dreischritt: begrüßen (im Prinzip freundlich), testen und herausfordern (hart, kritisch, schonungslos) und adoptieren (herzlich). Phase zwei wird keinem geschenkt, das ist Berliner Tradition im Verhältnis von Musik und »Community«. Kent Nagano dürfte sie hinter sich haben.

»Music and Community«

»Music and Community«, sagt der kalifornische Autor John Newman, seien die »Zwillingsleidenschaften«, die Kent Nagano bewegten. Was er mit dem ersten Begriff meint, ist eindeutig, aber der zweite bereitet der Übersetzung Schwierigkeiten, denn für ihn fehlt in unserer Sprache eine direkte Entsprechung. »Community« kann einfach die Kommune meinen, die Gemeinde, die Stadt, ihre Bezirke und ihre Umgebung; Community kann für so etwas wie Gemeinsinn stehen, ein Wort, das wir als antiquiert empfinden, weil das, was es bezeichnet, aus heutigen Wertekonsens gestrichen ist. Community kann aber auch ganz einfach Gemeinschaft bedeuten, gemeinsames Erleben, gemeinsame Erfahrung und, wenn es ganz gut geht, auch ein gemeinsames Ziel oder eine gemeinsame Vision meinen. Die Übersetzungsnot ist kein Sprachproblem allein, sie hat ihre Wurzeln in der Sache, in den geschichtlichen Prägungen des Denkens. Was Engländer und Amerikaner in einem Begriff zusammenfassen, ist bei den Deutschen in verschiedene Verstehensbezirke parzelliert, die erst vernetzt werden müssen, ehe sie zur Kompakteinheit einer Handlungsmaxime zusammengeschaltet werden können.

In Lyon und Manchester hat Kent Nagano demonstriert, was er mit der Verantwortung eines Orchesters oder eines Opernhauses in der Community meint: Die Musiker und die Verantwortlichen gingen dorthin, wo sich die Leute trafen, in die Schulen zum Beispiel, und sie luden die Leute wiederum dorthin ein, wo sie, die Künstler, arbeiteten. Bei den Musikern erreichte Kent Nagano ein Bewusstsein für ihre gesellschaftliche Verantwortung; die Institutionen, die sie vertraten, machte er zum Anliegen der Bürger, der Bewohner der Stadt und ihrer Umgebung. Die Dialektik von Ausschwärmen und Einladen stößt beim Deutschen Symphonie-Orchester Berlin auf enge Grenzen, denn das Orchester verfügt über kein eigenes Haus. Dort, wo es konzertiert, in der Philharmonie und im Konzerthaus, ist es zu Gast, oder besser gesagt, es muss sich dort einmieten, denn die Vorzugsbehandlung, die man einem Gast zuteil werden lässt, erfährt es nicht. Selbst der frühere Proben- und Aufführungsort, der Große Sendesaal im Haus des Rundfunks, steht ihm nur sehr eingeschränkt zur Verfügung, denn er ist als Arbeitsdomizil an das Orchester zurückgegeben worden, das dort bis 1953 residierte: an das Rundfunk-Sinfonieorchester Berlin, dessen Geschichte bis in die Gründerzeiten des Mediums Radio zurück reicht. Der eigene Probenraum, den das Deutsche Symphonie-Orchester Berlin 1994 erhielt, wirft immer wieder schwere akustische Probleme auf, denn er ist zu niedrig ausgelegt. Er eignet sich allerdings hervorragend für Workshops mit kleineren Besetzungen. Das Deutsche Symphonie-Orchester Berlin muss demnach immer wieder neue Arbeits- und Kommunikationsformen finden, die den Beschränkungen des unsteten Daseins, der ortsgebundenen Heimatlosigkeit Rechnung tragen.

Der Devise »Heraus aus den Reservaten der Konzertsäle« lässt sich dabei leicht folgen. Das Planungsteam des Deutschen Symphonie-Orchesters Berlin hat sich markante Treffpunkte in der Hauptstadt ausgesucht, Orte, die im öffentlichen Bewusstsein eine hervorgehobene Rolle spielen. Dort bietet es Konzerte an. Nicht immer tritt dabei das ganze Orchester auf wie beim Silvesterkonzert im Tempodrom, dem einstigen Wahrzeichen der Berliner Alternativszene, früher ein Zelt, heute ein festes Haus mit architektonischen Reminiszenzen an das ursprüngliche Domizil. Meistens servieren die Künstler des Deutschen Symphonie-Orchesters Berlin in kleinen Gruppen Kammermusik. *Klassik im Grünen* heißt eine Reihe, die seit 2001 freitagabends im sommerlichen Botanischen Garten stattfindet, im Freien, wenn das Wetter es zulässt. Viele, die sich dort am unterhaltsamen Tonfall von Serenaden erfreuen oder sich auf die differenzierte Klangsprache von Streichquartetten und Klavierquintetten einlassen, haben zuvor noch keinen Konzertsaal von innen gesehen. Sie sitzen neben Musikliebhabern, die sich ihres Orchesters wegen in das schöne Ambiente gestalteter und gepflegter Natur begeben haben. Auch so bildet sich, wenn auch nur für einen lauen Abend, eine neue Art von Community.

Während der Saison 2001/02 konzertierten verschiedene Ensembles des Deutschen Symphonie-Orchesters Berlin in den Botschaften der USA, der Nordischen Länder, Großbritanniens, Japans und Spaniens. Die Musiker stimmten ihr Programm auf das Land ab, in dessen diplomatischer Vertretung sie spielten. Die Anzahl der Zuhörer blieb zwangsläufig begrenzt; dennoch traf sich auch bei diesen Anlässen das Publikum, das sich dem Orchester verbunden fühlt, mit Besuchern, die von den jeweiligen Botschaften eingeladen worden waren. Das Orchester konnte bei dieser Gelegenheit nicht nur seine internationale Kompetenz in Fragen des Repertoires und der musikalischen Qualität unter Beweis stellen, es festigte auch Kontakte, die von früheren künstlerischen Projekten, von Konzertreihen in Berlin und von Auslandsgastspielen her bestanden. In der Saison 2002/03 verlegt das Orchester den Schwerpunkt dieser Kammerkonzerte einerseits auf die regionale Ebene, andererseits auf die transatlantischen Beziehungen. Im Roten Rathaus – den Namen trägt der Sitz der Berliner Stadtregierung nach den Ziegeln, aus denen er errichtet ist, nicht nach der dominierenden Farbe der jeweiligen Administration – erinnern die Ensembles des Deutschen Symphonie-Orchesters Berlin an die musikalische Vielfalt, die in Berlin ankam und von Berlin ausging. Sie geben damit einen trefflichen Hintergrund für die Gespräche, die der Orchesterdirektor Thomas Schmidt-Ott zwischen den Musikstücken mit kulturinteressierten Politikern führt. Die deutsch-amerikanischen Beziehungen, denen das Orchester seine Existenz verdankt, werden mit einer Konzertserie in der American Academy gepflegt. Sie hat ihren Sitz in der Villa eines Bankiers, der von den Nationalsozialisten zur Emigration gezwungen wurde und dessen Erben ihr rechtmäßiges Eigentum für kultivierte Verständigung genutzt wissen wollten. In jedem Konzert wird das Werk einer Komponistin oder eines Komponisten aufgeführt, die als »Fellows« ein halbes Jahr in der Akademie verbringen. Auch das gehört zur vielschichtigen hauptstädtischen Community.

Im Sommer 2002 begann die enge Zusammenarbeit des Deutschen Symphonie-Orchesters Berlin mit den Brandenburgischen Sommerkonzerten. Unter dem Motto »Klassiker auf Landpartie« bringt diese Bürgerinitiative in Sachen Kultur Menschen aus Berlin und Brandenburg zusammen. Die Konzerte international hochrangiger Künstler werden aus Sponsorengeldern und Kartenverkauf finanziert, und ein Teil der Einnahmen kommt der Erhaltung historischer Baudenkmäler in Brandenburg zugute. In Zukunft werden das Deutsche Symphonie-Orchester Berlin und seine Ensembles den größeren Teil der Konzerte gestalten, wodurch sich das Orchester auch in der Region um Berlin verankert. Das Verhältnis von Hauptstadt und Umland hat sich noch nicht eingespielt, aber die Erkenntnis, dass dies auch ein kultureller Prozess ist und entsprechender Gestaltung bedarf, bricht sich langsam Bahn. So ist das Deutsche Symphonie-Orchester Berlin auch am Entstehen einer Community beteiligt, die Berlin und die ländlichen Regionen seiner Umgebung zusammenbringt.

Natürlich ist Kent Nagano als Künstlerischer Leiter nicht an allen Aktivitäten unmittelbar beteiligt, das ist weder möglich noch notwendig, obwohl er jede Gelegenheit nutzt, Ensembles aus seinem Orchester zu hören und mit ihnen über ihre Interpretationen zu sprechen.

»Ich denke, nichts ist besser, als wenn die Musiker des Orchesters selbst die Initiative ergreifen, wenn sie sich zu Ensembles zusammenschließen, Programme konzipieren und erarbeiten, und vor allem, wenn sie das als Musiker des Orchesters tun, weil sie sich mit der Arbeit des Deutschen Symphonie-Orchesters Berlin identifizieren und deren Wirkung durch ihre Auftritte in kleineren Besetzungen verstärken. Wir, die künstlerische Leitung, sind für den Rahmen und für die Grundlinien verantwortlich. Wir planen und vereinbaren zum Beispiel die Orte, an denen die Ensembles auftreten, damit ihre Aktivitäten in einem sinnfälligen Zusammenhang stehen. Wir sprechen mit den Musikern über ihre Programme, aber in der Regel kommen sie mit eigenen Ideen zu uns. Das ist meiner Meinung nach die natürliche Art, wie ein Orchester arbeiten sollte. Die Rolle eines Künstlerischen Leiters besteht für mich nicht darin, einem Orchester eine Identität aufzusetzen, sondern die Identität zu entwickeln, die seinen Traditionen und Möglichkeiten entspricht. Der Künstlerische Leiter schafft die Identität des Orchesters nicht, er bringt sie zur Geltung, und das sollte er möglichst gut machen.

Ich vergleiche ein Orchester gern mit einem mittelalterlichen Atelier, einer Bauhütte. Ihr gehörten viele Menschen an. Jeder war auf seine Art ein Künstler und ein hoch qualifizierter Spezialist. Sah man ihnen an einem normalen Arbeitstag zu, tat jede kleine Gruppe, tat oft jeder Einzelne etwas anderes. Ein Außenstehender konnte kaum einen Zusammenhang erkennen. Alle aber arbeiteten Hand in Hand, jeder nach seinen Fähigkeiten. Was sie herstellten, beruhte auf einer gemeinsamen Anstrengung, das Gesamtergebnis war ungleich größer als das, was der Einzelne hätte zu Stande bringen können. Diese Art von Denken, dass man gemeinsam eine Antwort auf eine gemeinsame Herausforderung erarbeitet, die ist mir wichtig, und ich habe den Eindruck, dass die Musiker des Deutschen Symphonie-Orchesters Berlin genau dies tun.«

Die Künstlerische Leitung gibt Anstöße und bündelt die vielfältigen Aktivitäten zu einem sinnvollen Ganzen, das sich gleichsam als Hintergrund hinter den Einzelauftritten mitteilt.

Als erster Chefdirigent des Deutschen Symphonie-Orchesters Berlin ergriff Kent Nagano die Initiative, nicht nur Begegnungen zwischen dem Orchester und einem jungen Publikum, sondern auch das Zusammentreffen zwischen jungen Komponistinnen und Komponisten mit den Berufsmusikern des Orchesters und dem Publikum zu institutionalisieren. Mit Beginn der Spielzeit 2001/02 vergab das Deutsche Symphonie-Orchester Berlin den Titel eines »Composer in Residence«. Andere Orchester, vor allem englische und amerikanische, pflegen diese Einrichtung schon seit langem. Sie bedeutet, dass ein Komponist für einen bestimmten Zeitraum – mindestens für eine Saison – eng mit dem Orchester zusammenarbeitet. Das Orchester spielt Werke von ihm (möglichst auch eine Uraufführung), und Gruppen aus dem Orchester erarbeiten kammermusikalische Stücke und stellen sie vor. Der Komponist nimmt an den Proben zu seinen Werken teil und erhält die Möglichkeit, erläuternd einzugreifen. Bei moderierten Konzerten in kleiner Besetzung kommen die Komponistin oder der Komponist auch vor Publikum zu Wort und können ihre Stücke, ihre künstlerischen Auffassungen und Vorstellungen erklären. Für alle Seiten wird damit ein intensiverer Dialog geschaffen: für die Komponisten, für die Interpreten und für die Hörer. Das Publikum kann sich mit der Musik der jungen Kreativen über einen längeren Zeitraum verteilt intensiver auseinander setzen.

Dass das Deutsche Symphonie-Orchester Berlin nicht schon früher eine solche Einrichtung schuf, hängt sicher mit seiner Geschichte als Rundfunkorchester zusammen. Neue Musik gehörte zum festen Auftrag, und zwar grundsätzlich ohne Bindung an eine Person. Das Musikleben, die Rundfunklandschaft und die Szene der Neuen Musik haben sich in den letzten zwanzig Jahren kontinuierlich und rasch verändert. Internationale Kooperationen spielen in der globalisierten Welt eine immer größere Rolle. Für junge Komponisten wird es daher beständig schwieriger, den Einstieg in den großen Kreislauf des Musikbetriebs zu finden. Sie brauchen Unterstützung und Förderung. Aus dieser Einsicht entschloss sich das Deutsche Symphonie-Orchester Berlin, die Institution eines Composer in Residence einzurichten. Unsuk Chin übernahm auf diesem neuen Weg des Orchesters die Pionierrolle. Ihr Nachfolger wird der erste Gewinner des »Schönberg-Preises« sein. Die Initiative für diese Auszeichnung hatten Kent Nagano, das Deutsche Symphonie-Orchester Berlin und das Arnold-Schönberg-Center Wien ergriffen. Der Preis wird vom Deutschen Symphonie-Orchester Berlin in regelmäßigem Turnus vergeben. Finanziell wird er von der GEMA-Stiftung und dem DeutschlandRadio unterstützt. Kent Nagano als Künstlerischer Leiter des Deutschen Symphonie-Orchesters Berlin, Dieter Rexroth als Leitender Dramaturg der Rundfunk-Orchester und -Chöre GmbH, Thomas Schmidt-Ott als Orchesterdirektor des Deutschen Symphonie-Orchesters Berlin, Christian Meyer als Geschäftsführer des Arnold-Schönberg-Center Wien und Matthias Sträßner als Vertreter des DeutschlandRadio bilden unter dem Patronat von Pierre Boulez die Jury. Wem sie die Auszeichnung zuspricht, wird für ein Jahr Composer in Residence beim Deutschen Symphonie-Orchester Berlin. Kent Nagano gab die erste Entscheidung der Jury dort bekannt, wo sich die Erben Schönbergs und das Orchester trafen: am 9. Dezember 2001 anlässlich des Gastspiels des Deutschen Symphonie-Orchesters Berlin mit *Moses und Aron* in Los Angeles.

Als erster Komponist wurde George Benjamin mit dem Schönberg-Preis ausgezeichnet. Gewürdigt wurden damit die Vielfalt seines kompositorischen Œuvres und sein mannigfaltiger Einsatz für die Neue Musik als Pianist, Dirigent, Lehrer und Festivalleiter. Für einen kreativen Künstler ist Benjamin noch relativ jung, Jahrgang 1960, doch der ehemalige Schüler von Olivier Messiaen und Yvonne Loriod gehört als Komponist, ausübender Künstler und Organisator zu den erfolgreichsten Musikern aus Großbritannien. Mit dem Deutschen

Symphonie-Orchester Berlin hatte er schon öfter gearbeitet, als Dirigent wie als Komponist, und er war Artist in Residence beim Hallé-Orchester in Manchester, als Kent Nagano dort die musikalische Gesamtverantwortung trug. Am 27. Januar 2002 dirigierte George Benjamin das Deutsche Symphonie-Orchester Berlin im Rahmen des Festivals *UltraSchall*, das DeutschlandRadio Berlin und der Sender Freies Berlin gemeinsam veranstalten. Im Programm hatte er Werke von György Ligeti, Oliver Knussen und eigene Kompositionen. In diesem Konzert wurde George Benjamin der Arnold-Schönberg-Preis überreicht.

»Es war ein würdiger Anlass. George Benjamins Kontakt mit dem Orchester war hervorragend. Ich war, wenn ich das so sagen darf, sehr stolz auf das Deutsche Symphonie-Orchester. Die Werke, die er dirigierte, stellen sehr hohe Ansprüche an die Musiker; und ein Konzert mit ausschließlich zeitgenössischen Werken durchgängig auf höchstem Niveau zu spielen, bedeutet eine großartige Leistung. Ich denke, es war für das Orchester wichtig, dass es sein Engagement und seine Kompetenz für Neue Musik so eindrücklich unter Beweis gestellt hat. George Benjamin wird während seiner Residenzzeit mit dem Orchester arbeiten, er wird seine Werke vorstellen und erläutern. Mit dem »Schönberg-Preis« wird er etwas Ungewöhnliches tun, denn er ist in der glücklichen Lage, dass er auf das Geld, mit dem der Preis verbunden ist, nicht angewiesen ist. Er entschloss sich deshalb, es zur Unterstützung junger, unbekannter Komponisten zur Verfügung zu stellen. Er schlägt dem Deutschen Symphonie-Orchester Berlin eine Reihe von Kandidaten vor, die seiner Meinung nach eine besondere Förderung verdienen, das Orchester hört sie an und wird dann seine Auswahl treffen. Er nimmt gemeinsam mit dem Orchester Verantwortung für den Komponistennachwuchs wahr – ich finde seine Haltung großartig!«

George Benjamin, der seinerzeit Kent Nagano auf die Komponistin Unsuk Chin hingewiesen hatte, meinte, seine Entscheidung, das Preisgeld für Jüngere zu stiften, entspreche dem,»was Arnold Schönberg gewollt hätte«.

Blick in die Zukunft

In einem Gespräch im sommerlichen Bregenz im Juli 2001 resümierte Kent Nagano seine erste Saison als Chefdirigent und Künstlerischer Leiter des Deutschen Symphonie-Orchesters Berlin:

»Ich bin mir ziemlich sicher, dass es dem Orchester in unserer ersten vollen Saison großen Auftrieb gegeben hat, so viele junge Menschen in unseren Konzerten zu sehen. Das ist außerordentlich wichtig; ein Publikum sollte die Stadt und die Menschen, die in ihr leben, widerspiegeln. Alle Schichten und Gruppen sollten im Publikum vertreten sein, nicht nur die Jungen, nicht nur die Alten, nicht nur Anhänger einer bestimmten Richtung – wirklich alle Aspekte sollten vorkommen. Das ereignet sich nicht von selbst, man kann heutzutage zwischen sehr vielen Freizeitangeboten auswählen, und wir müssen daher die Anlässe schaffen, die es attraktiv machen, ins Konzert und nicht irgendwo anders hinzugehen. Im Februar 2002 haben wir ein besonderes Programm vor, bei dem wir mit dem Massachusetts Institute of Technology zusammenarbeiten. Das Projekt ist zunächst einmal als Einladung gedacht, mit den Musikern des Deutschen Symphonie-Orchesters Berlin zusammenzukommen. Wir nehmen nicht für uns in Anspruch, eine neue Form der Bildung und Erziehung zu erfinden. Das können und wollen wir nicht leisten. Aber wir suchen gute Kooperationsmöglichkeiten.

Etwas gemeinsam zu entdecken, ist eine Erfahrung, die

sich einprägt. Das ist etwas ganz anderes, als wenn Sie jemandem etwas erklären, und er lernt es dann. Wenn man etwas gemeinsam entdeckt, erfährt man auch etwas voneinander, man lernt sich kennen, und das ist die Idee, von der sich das Massachusetts Institute of Technology leiten lässt. Dort wird eine Anzahl neuer elektronischer Instrumente entwickelt, die Töne und Klänge erzeugen und verarbeiten können. Die Technik, diese Töne, Rhythmen und Akkorde hervorzubringen, entspricht nicht dem traditionellen Instrumentalspiel. Die Geräte reagieren auf Bewegungen, auf Berührung, auf Druck und auf Verschieben wie eine Computermaus. Die Übung besteht nun darin, sich ohne Worte auszudrücken, besonders durch Töne und Klänge, durch Musik, und zwar mit Instrumenten, die auch die Orchestermusiker, die Eltern und die Angehörigen, die wir zur Abschlussveranstaltung des Projekts einladen, nicht kennen. Sie alle entdecken die Möglichkeiten dieser Instrumente gemeinsam: die Kinder, die Eltern, die Lehrer, die Berufsmusiker. So wird eine Interaktion zwischen Publikum und Orchester entstehen. Die Kinder, die diese neuen Instrumente bedienen, werden im Orchester sitzen, mitten unter den ›Profis‹. Sie erleben, wie dort Musik gemacht wird. Ich betone noch einmal: Das ist ein Tag der Begegnung, ein Tag der offenen Tür und der Chance zu gemeinsamen Erfahrungen. Wir gründen kein neues Institut. Wir laden zu einem musikalischen Treffen ein. Aber ich denke, es ist wichtig, einen solchen Anfang zu wagen.«

Er wurde gewagt, und er fand starke Resonanz. Am 24. Februar 2002 öffnete der Sender Freies Berlin seine Türen für alle, die das Deutsche Symphonie-Orchester Berlin in der Kommunikation mit der Generation der Zukunft erleben und selbst dabei mitmachen wollten. Wochen zuvor hatten Schüler mit den neuen elektronischen Möglichkeiten experimentiert. Eine Gruppe erhielt vom Massachusetts Institute of Technology ein Programm mit Namen »Hyperscore«. Damit konnte man Töne im Computerbild festlegen, Tonfolgen erfinden und grafisch fixieren sowie aus Motiven Texturen entwerfen. Man konnte durch Bewegungen und Klicks mit der Computermaus sinnfällige grafische Partituren kreieren und die Resultate abhören – über Kopfhörer oder über Lautsprecher, je nachdem, wie »öffentlich« man sich und seine Versuche exponieren wollte. Die Teilnehmer komponierten spielerisch und konnten zugleich die Arbeit einschätzen, die notwendig ist, um eine eigene Idee genau so darzustellen, wie man sie sich klanglich vorgestellt hat, und sie lernten die Bedeutung der Notation, des gemeinsamen musikalischen Gedächtnisses kennen. Drei kleine Stücke aus dieser Komponistenwerkstatt wurden im Abschlusskonzert vorgestellt.

Eine andere Gruppe experimentierte mit »Beatbugs«, kleinen Geräten, die wie futuristische Käfer mit sensiblen Fühlern aussehen und mit deren Hilfe sich Rhythmusmodelle entwickeln und gemeinsam nutzen lassen. Sechs der Kinder spielten im Konzert mit zwei Schlagzeugern des Orchesters zusammen. Eine dritte Gruppe erzeugte mit »Musicshapers« unterschiedliche Laute, Naturlaute wie Regen und Wind, Rufe von Tieren und Ähnliches. Vier der Kinder wirkten im Konzert in der *Nature Suite* mit.

Die Schüler waren mit Begeisterung bei der Sache. 55 Jahre nach Benjamin Brittens *Young Persons' Guide to the Orchestra* wurde das Anliegen des britischen Komponisten mit neuen Mitteln und Methoden umgesetzt. Das Resultat war der Erfolg einer Zusammenarbeit in einem Netzwerks. Das Massachusetts Institute of Technology (MIT) gehörte dazu, das Deutsche Symphonie-Orchester Berlin, die Dozentinnen und Studentinnen der Universität der Künste, die das Schülerprojekt betreuten, die Schule, die Lehrer, die Eltern und vor allem die Kinder, die sich an dem Projekt beteiligten. Für Kent Nagano verband sich die *Toy Symphony* ganz nebenbei noch mit einer Wiederbegegnung: Tod Machover, Komponist und kreativer Kopf des Massachusetts Institute of Technology, hatte wie Nagano in den 1970er Jahren an der University of California Santa Cruz, am Porter College studiert, das bis heute einen exzellenten Ruf genießt und erst kürzlich erheblich ausgebaut wurde. Skeptiker mögen einwenden, ein Konzept wie dieses lasse sich im Grundsatz überall verwirklichen, und es wird, nach der Premiere in Berlin, auch in anderen Städten Europas, der USA und des Fernen Ostens fortgesetzt werden. Was also, so könnte man fragen, ist daran das Berlin-Spezifische? Die Einmaligkeit liegt nicht im Prinzip und der Anwendbarkeit des Projekts, so wenig wie die Einmaligkeit eines Konzerts darin liegt, dass, sagen wir, Robert Schumanns Klavierkonzert oder Claude Debussys *La mer* auf dem Programm steht. Die Unverwechselbarkeit liegt in der Begegnung der Menschen und Künstler, die sich über die *Toy Symphony* treffen und kennen lernen, und sie liegt in der Art des gemeinsamen Entdeckens und Erlebens. Eine Gruppe aus der jungen Generation kam mit dem Deutschen Symphonie-Orchester Berlin durch gemeinsame Erfahrung in Kontakt. Dass Schüler in London, Seoul oder Tokio Vergleichbares erleben können, schmälert die Berliner Begegnung nicht. Und sie wird mit anderen Projekten fortgesetzt. Das zweite findet am 9. März 2003 wieder im Haus des Rundfunks, dem traditionellen Berliner Laboratorium der Neuen Musik, statt. Es trägt einen ganz anderen Charakter. Die Idee dazu beschäftigt Kent Nagano schon seit jungen Jahren. Ihn faszinierte Janáčeks Oper *Das schlaue Füchslein*, ein Märchenstück von Liebe, Tod und Wiedergeburt, ein Stück für Kinder und alle anderen Fantasiebegabten. Man müsste dieses zauberhafte Werk als Animationsfilm verwirklichen, wünschte sich Kent Nagano. Es eignet sich dazu, denn das Genre des Märchen- und Zeichentrickfilms hat in der tschechischen Kultur eine lange Tradition, und es erreicht über das Fernsehen viel mehr Kinder als eine Opernproduktion.

»Es geht mir bei diesem Projekt vor allem darum, Kindern den Zusammenhang zwischen Musik und Theater erfahrbar zu machen. Es gibt einen offensichtlichen Zusammenhang in der Oper. Es gibt aber auch ein weniger offenkundiges Zusammenspiel beider Darstellungskünste. Wenn man eine Symphonie von Brahms hört, wird man wohl kaum behaupten, in ihr finde sich nichts Dramatisches, in ihr wirke kein Drama. Und wenn man Berlioz' *Symphonie fantastique* hört, wird man wohl kaum der Meinung sein, sie habe nichts mit Theater zu tun. In ihr steckt sehr viel Theater. Die rein symphonischen Formen enthalten die theatralischen und dramatischen Momente sublimiert in sich, sie vermitteln sie als Hörerfahrung und als emotionale Wirkung. Wenn man Kinder mit diesen Zusammenhängen vertraut machen will, insbesondere Kinder, die keine Gelegenheit zum Opern- oder Konzertbesuch haben, entweder weil die Eltern kein Interesse daran haben, weil sie den Weg ins Konzert scheuen oder weil sie einfach, wie ich, auf dem Dorf aufwachsen und weit, weit fahren müssen, um in die Oper zu gelangen. Wenn man also solchen Kindern Musik und Theater nahe bringen will, bleibt als einziges Medium das Fernsehen. Damit erreicht man alle. Das ist der Stand unserer heutigen Kommunikation, ob man ihn nun gut findet oder nicht.

Seit 1977 träume ich schon davon, die Oper *Das schlaue Füchslein* als Zeichentrickfilm ins Fernsehen zu bringen, sodass die ganze Familie ihre Freude daran haben kann. Ich trug das Projekt lange mit mir herum. Wenn ich zwischendurch etwas Zeit hatte, versuchte ich Partner für die Realisierung zu gewinnen. Natürlich war ich in den Disneystudios und trug den Leuten dort meine Idee vor. Ich sprach mit stärker experimentell orientierten Animationsfilmern, ich war im Trickfilmstudio der University of California. Ich versuchte es immer wieder an verschiedenen Stellen. Meine Idee stieß auf Begeisterung beim Deutschen Symphonie-Orchester Berlin, bei einigen Verantwortlichen der BBC – ich traf sie, als ich in Berlin begann. Ich sprach mit den Gesellschaftern der ROC GmbH, die mit dem Medienbereich zu tun haben, mit DeutschlandRadio und mit dem Sender Freies Berlin. In ihnen fand ich starke Fürsprecher für dieses Projekt, und so konnten wir auf unbürokratische Art eine internationale Zusammenarbeit verwirklichen: Das Deutsche Symphonie-Orchester Berlin spielt den Soundtrack ein, Geoff Dunbar, dem bei den Berliner Filmfestspielen schon zwei Mal der Goldene Bär verliehen wurde, zeichnet die Animationen, die BBC übernimmt die Produktion des Fernsehfilms, und das »Young Artists' Training Programme of the European Opera Center« stellt die Sänger. In gewisser Weise ist das ein historisches Ereignis, denn eine Zusammenarbeit in dieser Form hat es bislang noch nie gegeben. An Weihnachten 2002 wird *Das schlaue Füchslein* im BBC Worldwide Programme ausgestrahlt, und jeder, der will, kann es sehen.

Auf dieser Fernsehproduktion bauen wir unser nächstes Projekt für Kinder auf; es wird im März 2003 seinen Abschluss finden. Wir veranstalten einen Workshop über Musik und Theater und beleuchten deren Zusammenhang konkret und abstrakt. Ein Teil des Projekts wird ein Improvisationsworkshop sein, ein anderer ein Workshop für Komposition. Er wird sich um die Frage drehen: Wie kann man Drama, wie kann man Gefühle in Musik ausdrücken, allein in Musik oder in Verbindung mit Stimme, Text und Kostüm. Damit haben wir bei unserem *Toy Symphony*-Projekt begonnen, und diesen Ansatz wollen wir weiterführen. Dabei können wir die Computerprogramme, die für die *Toy Symphony* zur Verfügung gestellt wurden, auch wieder verwenden und die Arbeit mit ihnen weiterentwickeln. Das Entscheidende aber bleibt für mich die Livemusik. Der Computer ist ein Hilfsmittel, wie zum Beispiel das Telefon. Der Apparat ist zweitrangig, wichtig ist, was ich durch das Telefon mitteile oder erfahre. Und so verhält es sich auch bei unserem Projekt. Der Inhalt ist die Musik. Der Computer kann helfen, schneller zu dem zu finden, was ich wirklich ausdrücken will, und er kann helfen, es zu kommunizieren.

Zum Abschluss des Projekts werden wir wieder einen großen Familientag im Haus des Rundfunks veranstalten. Die Sänger werden dann da sein und Kostüme bei sich haben, sie werden mit den Kindern aus dem Improvisationsworkshop weiterarbeiten, sie führen vor, wie sie Gefühle nur durch Musik ausdrücken und wie sie das in Verbindung mit Text, Kostüm und Bühnenaktion tun. Die Musiker des Deutschen Symphonie-Orchesters Berlin engagieren sich und werden mit den Kindern zusammen die Ergebnisse des Kompositionsworkshops vortragen. Das Programm, zu dem wir dann alle, die an diesem Tag der offenen Tür teilnehmen, in den Großen Sendesaal bitten, wird kürzer sein als beim letzten Mal. Wir werden eine Geschichte in Worten erzählen, wir werden eine Geschichte allein durch Musik erzählen, wir werden eine Geschichte in der Verbindung von Wort und Musik erzählen. Zum Abschluss zeigen wir ein Video: eine private Verfilmung von *Das schlaue Füchslein*.

Die Idee, wie wir diesen Workshop, diesen Familientag gestalten können, kam übrigens aus der Mitte des Orchesters. Nicht ich habe sie vorgegeben, und darüber freue ich mich ganz besonders. Denn das heißt: Die Musiker und die Mitarbeiter des Deutschen Symphonie-Orchesters Berlin haben sich dieses Projekt zu Eigen gemacht, sie tragen es, sie betrachten es als ihre Sache und nicht als etwas, zu dem der Dienst sie zwingt. Die Musiker und die Generation der Zukunft verbringen einen Nachmittag zusammen, sie arbeiten zusammen, exponieren sich zusammen vor den anderen, sie tauschen Gedanken aus. Dadurch wird sich im Laufe der Jahre ein Zusammengehörigkeitsgefühl entwickeln. So, wie die Musiker heute die Anliegen der Kinder zu den ihren machen, so werden die, die heute noch Kinder, aber morgen Erwachsene sind, die Anliegen des Orchesters zu den ihren machen.«

Vielleicht bewegt sich unter dem bunten Publikum im Haus des Rundfunks auch Karin Kei, die vierjährige Tochter von Kent Nagano und seiner Frau Mari Kodama, und erlebt, wie ihr Vater nicht nur ihr, sondern auch vielen anderen Kindern Brücken in eine kultivierte Zukunft baut. An ihnen und mit ihnen bewährt sich die Musik für ein neues Jahrhundert.

SCHLUSSKAPITEL

Der Weg geht weiter. Kent Nagano steht in der Mitte eines kreativen Lebens, dem sich fast unbegrenzte Möglichkeiten bieten. Er hat in den drei Jahren, in denen er mit dem Deutschen Symphonie-Orchester Berlin arbeitet, vieles angestoßen, hat Energien und Engagement bei den Musikern des Orchesters freisetzen helfen. Das Deutsche Symphonie-Orchester Berlin vermittelt heute den Eindruck von Vitalität und Ideenreichtum. Das Orchester ist – als Ganzes und mit kleinen Ensembles aus seinen Reihen – in Berlin und Umgebung in einer Weise präsent, die Jahre zuvor kaum denkbar schien. Obwohl Tourneen, die in den 1970er Jahren zu den (lukrativen) Selbstverständlichkeiten jedes deutschen Kulturorchesters gehörten, inzwischen drastisch zurückgegangen sind, kann sich das Deutsche Symphonie-Orchester Berlin über Angebote solcher Art nicht beklagen: Japan, USA, Großbritannien, Italien, Frankreich, Wien, Salzburg, Orchestra in Residence in der neuen Dortmunder Konzerthalle, Konzerte in München, Frankfurt, Bonn, Düsseldorf, bei den Festivals in Mecklenburg-Vorpommern und in Brandenburg. Die Bilanz kann sich sehen lassen. Sie hat vor allem musikalische Gründe. Kent Nagano hat das Orchester zu einer künstlerischen Qualität geführt, die manchen Kenner der Szene aufhorchen und bisweilen sogar zu gewagten Vergleichen greifen ließ. Die Streicher gewannen an Homogenität und Brillanz, die Balance zwischen den verschiedenen Instrumentengruppen wurde sorgfältig und differenziert austariert, das Wechselspiel zwischen Einzelleistung und Gesamtklang flexibler und transparenter gestaltet. Die innere Identität des Orchesters wurde gestärkt: musikalisch wie psychologisch.

»Auf mich strahlt das Orchester genau das aus, was mich an Berlin so fasziniert, die Beweglichkeit, die Unternehmungslust, den Zukunftswillen, den Schwung eines jungen Ensembles und zugleich den Hintergrund einer großartigen, selbstbewussten Tradition, die vor Schwierigkeiten nicht kapituliert. Dass diese Eigenschaften so schnell aufblühten, dass das Orchester und ich so rasch zu einem gemeinsamen künstlerischen Willen, zu gemeinsamen Visionen fanden, das hat mich überrascht, damit habe ich nicht gerechnet.«

Das Orchester hat sich kontinuierlich verjüngt. Ältere Kollegen gingen in Pension, junge rückten an ihre Stelle.

»Als ich anfing, spielten noch Musiker im Orchester, die in der Ära von Ferenc Fricsay begannen. Sie haben fast die ganze Orchestergeschichte in ihrem Gedächtnis. Ich bin froh, dass der Generationenwechsel behutsam vonstatten geht und nicht wie mit einem Schlag über das Orchester hereinbricht. Es würde sonst sein kollektives Gedächtnis verlieren und quasi von neuem beginnen müssen. Ich finde es fantastisch, wie die älteren Kollegen diesen Wechsel tragen. Einer der Solobläser sagte mir, nachdem ein junger Kollege eingestellt wurde: ›Ich rücke jetzt an die zweite Position.‹«

Alle Blasinstrumente, außer Hörnern und Tuba, sind im Deutschen Symphonie-Orchester Berlin fünffach besetzt, je zwei Spieler dieses Quintetts haben die Funktion eines Solobläsers. Für gewöhnlich wechseln sie sich am ersten Pult ab: Das eine Konzert spielt der eine, das andere der andere, nur bei ganz großen Projekten sitzen sie beide auf dem Podium. Der ältere der beiden Solobläser rückte also freiwillig auf die zweite Position.

»Er spielt mit seinem neuen Kollegen zusammen und arbeitet ihn so ein, gibt ihm Tipps, Ratschläge, weist ihn auf besondere Stellen zum Beispiel im orchestralen Zusammenspiel hin. Ein anderer Solobläser setzt sich mit den jungen Stimmführern der anderen Instrumentengruppen zusammen, geht mit ihnen bestimmte Passagen durch, arbeitet am Zusammenklang der Instrumente und führt so die Neuen in ihre Verantwortung ein. Das ist menschlich großartig, es erleichtert den Neuen den Einstieg und die Integration in das Orchester; und damit wird auch die spezifische Tradition dieses Klangkörpers erhalten und weitergegeben. Das sind Ausnahmemusiker, die sich so engagieren, und sie haben auf den Geist, der in einem Orchester herrscht, einen nicht zu unterschätzenden Einfluss. Mit solchen Musikern zu arbeiten, macht einfach Freude.«

Bis 2006 hat sich Kent Nagano vertraglich als Chefdirigent und Künstlerischer Leiter an das Deutsche Symphonie-Orchester Berlin gebunden, mit einer Verlängerungsoption bis 2008. Wenn er diese ganze Zeit ausschöpft, hat er sich in der deutschen Hauptstadt ungefähr so lange engagiert wie in Lyon und Manchester. Zehn Jahre sind ein guter Zeitraum für eine künstlerische Partnerschaft: lang genug, um Entwicklungen wachsen zu lassen und ihre Erfolge genießen zu können, und kurz genug, um die negativen Komponenten der Gewöhnung im Bereich der vernachlässigbaren Größen zu halten. Das Verhältnis der Arbeit vor Ort zu den Gastspielen an renommierten Schauplätzen des internationalen Musiklebens wird sich nach 2003 etwas verschieben.

»Ich habe dem Deutschen Symphonie-Orchester Berlin in den zurückliegenden Jahren sehr viel Zeit gewidmet. In einer Anfangsphase muss man das tun, in Lyon und Manchester habe ich es nicht anders gehalten. Wenn man eine künstlerische Partnerschaft beginnt, darf man mit der Zeit nicht geizen, sonst kann man nicht wirklich gründlich arbeiten. Proben und Konzerte sind zwar das wichtigste, aber bei weitem nicht alles. Man muss planen, man muss Zeit haben, sich mit den Musikern und Mitarbeitern zu beraten, ihre Fragen zu hören, ihnen Fragen zu stellen, man muss für sie erreichbar sein und sich mit ihnen treffen können. Wenn sich die Zusammenarbeit eingespielt hat und die Aufbauarbeit getan ist, kann ich wieder mehr unterwegs sein und auch mit anderen Orchestern arbeiten.

Als ich zum Deutschen Symphonie-Orchester Berlin kam, hatte ich eine bestimmte musikalische Qualität vor Augen, die ich erreichen wollte und von der ich mir sicher war, dass das Orchester sie leisten konnte. Qualität braucht Zeit – auch bei Ensembles, die so begeisterungs- und aufnahmefähig und so schnell in der Umsetzung sind wie das Deutsche Symphonie-Orchester Berlin. Dass die wirkliche Arbeit meine Erwartungen übertroffen hat, gehört zu den positiven Erfahrungen, die ich in Berlin sammeln konnte.«

Kent Nagano wird weiterhin mit den Orchestern konzertieren, mit denen er in Deutschland bisher gearbeitet hat: mit dem Münchner Philharmonikern (mit ihnen führt er im April 2003 Messiaens *Éclairs sur l'Au-Delà* auf), mit dem Gewandhausorchester Leipzig und dem NDR-Sinfonieorchester. In Los Angeles stehen große Projekte bevor, insbesondere die zukunftsweisende *Ring*-Inszenierung. Die Spannung zwischen Oper und Konzert wird erhalten bleiben, denn:

»Ich liebe das Repertoire beider Sparten, sie müssen nicht zwangsläufig in Konflikt zueinander geraten. Ich denke nicht in Kategorien, die sich ausschließen: hier das Opernrepertoire, dort das Konzertrepertoire, und beides sind sozusagen getrennte Archive. Für mich gibt es nur ein Repertoire, es enthält symphonische Literatur, konzertante Werke, Oratorien, Opern. Ich plane auch weiterhin konzertante Opernaufführungen mit dem Deutschen Symphonie-Orchester Berlin. Wir werden Schostakowitschs *Lady Macbeth von Mzensk* und Bernsteins *West Side Story* einander gegenüberstellen, Stücke von der Liebe in Zeiten menschlicher Erniedrigung. Ich würde mich sehr eingeschränkt fühlen, wenn ich eines Tages der Oper Lebewohl sagen und nur noch Konzerte dirigieren würde. Dennoch wird die Zahl meiner Opernproduktionen im Vergleich zu anderen Dirigenten niedrig bleiben.

Ich habe bisher nur Opern dirigiert, die ich auch selbst einstudiert habe. Ich weiß, es gibt sehr verschiedene Arten, eine Oper zu produzieren, sie zu erarbeiten und auf die Bühne zu bringen. Für welche Methode man sich entscheidet, ist vor allem eine Frage der ästhetischen Überzeugung. Jeder muss das Verfahren wählen, das ihm gemäß und mit dem er glücklich ist. Mich fasziniert die Oper vor allem als künstlerische, als musikalische Form. Am Anfang steht für mich die Partitur, nicht die Bühne, nicht die Ausstattung, nicht die Beleuchtung. Eine Opernproduktion muss meinen Vorstellungen nach von der Musik aus entwickelt werden, die Partitur ist die oberste Autorität. Das entspricht, wie ich denke, auch der geschichtlichen Entwicklung dieser Gattung. Für mich bedeutet das ganz praktisch, dass ich in ein Opernprojekt von Anfang an einbezogen sein will, dass ich auf allen Stufen seiner Verwirklichung den Überblick haben will, um selbst beurteilen zu können, ob wir die Qualität erzielen, die wir uns vorgenommen haben, und ob die einzelnen Bausteine, die schließlich den Gesamteindruck ausmachen, tatsächlich miteinander harmonieren. In der Oper begegnen sich nach meinem Verständnis verschiedene Künste unter dem Primat der Musik, und wenn ich für sie zuständig bin, trage ich automatisch Verantwortung für das Ganze. Deshalb sind die Möglichkeiten, wann und wo ich Oper machen kann, begrenzt. In Los Angeles habe ich diese Bedingungen, bei den Salzburger Festspielen habe ich sie, an anderen Orten muss ich sie herstellen, wenn ich dort arbeiten will.«

Im November 2002 gibt Kent Nagano sein Operndebüt in Berlin: Premiere hat dann Schostakowitschs Oper *Die Nase* nach der satirischen Novelle von Nikolai Gogol – ein brillantes Stück musikalischer Charakterisierungskunst, dramatisch, komisch, entlarvend, virtuos. Kent Nagano zeigt sich dem Berliner Publikum auch auf der Domäne, von der er der Hauptstadt bisher nur einen Vorgeschmack gab. Wird er dann Berlin auch zum festen Wohnsitz machen? Stand Juni 2002:

»Berlin ist mein Arbeitsmittelpunkt, Berlin ist eine aufregende, eine inspirierende Stadt. In Deutschland fühlen wir uns wohl, ich ebenso wie meine Frau. Aber wir haben ein Haus in San Francisco, wir haben eine Wohnung in Paris. Unsere Tochter Karin Kei ist eben vier Jahre alt, sie wird bald zur Schule gehen. Die Entscheidung darüber, wo wir als Familie unseren Hauptwohnsitz haben, hängt natürlich auch davon ab, wo unserer Meinung nach die besten Bedingungen für das Heranwachsen unserer Tochter gegeben sind.«

Das Engagement für die Generation Zukunft beginnt im ganz persönlichen Bereich.

DISKOGRAPHIE

Stand: Juli 2002 (ohne Gewähr auf Vollständigkeit)

(Ordnungsprinzip: KOMPONIST / *Werk* / Label / Katalognummer / Veröffentlichungsdatum / Solist(en) / Orchester)

ADAMS, JOHN

Konzert für Violine und Orchester
Nonesuch
7559-79360-2
26.04.96
Gidon Kremer (Violine)
London Symphony Orchestra

El Dorado
Nonesuch
7559-79359-2
15.11.96
Hallé Orchestra

Lollapalooza
Nonesuch
7559-79453-2
10.12.99
Hallé Orchestra

Slonimsky's Earbox
Nonesuch
7559-79453-2
10.12.99
Hallé Orchestra

El Niño
Nonesuch
7559-79634-2
08. 10. 01
Lorraine Hunt Lieberson, Dawn Upshaw, Willard White
Deutsches Symphonie-Orchester Berlin, Theatre of Voices

The Death of Klinghoffer
Nonesuch
7559-79281-2
30. 10. 92
James Maddalena, Janice Felty, Thomas Hampson, Thomas Young,
Eugene Perry, Stephanie Friedman, Sanford Sylvan, Sheila Nadler
Orchestre de l'Opéra National de Lyon, London Opera Chorus

BARTÓK, BÉLA

Der holzgeschnitzte Prinz, op. 13
Virgin Classics
545009-2
22. 11. 99
London Symphony Orchestra

Der wunderbare Mandarin, op. 19
Erato
3984-23142-2
12. 10. 98
London Symphony Orchestra

BERLIOZ, HECTOR

La Damnation de Faust, op. 24
Erato
0630-10692-2
22. 09. 95
Susan Graham, Thomas Moser, José van Dam, Frédéric Caton
Orchestre et Chœur de l'Opéra National de Lyon

BERNSTEIN, LEONARD

White House Cantata
Deutsche Grammophon
463448-2
21.08.00
June Anderson, Thomas Hampson, Barbara Hendricks, Neil Jenkins,
Kenneth Tarver
London Symphony Orchestra, London Voices

BRITTEN, BENJAMIN

Konzert für Violine, Viola und Orchester
(Doppelkonzert)
Erato
3984-25502-2
02.09.99
Gidon Kremer (Violine), Yuri Bashmet (Viola)
Hallé Orchestra

Two Portraits
Erato
3984-25502-2
02.09.99
Yuri Bashmet (Viola)
Hallé Orchestra

Young Apollo, op. 16
Erato
3984-25502-2
02.09.99
Nikolai Lugansky (Klavier), Lyn Fletcher, Dara de Cogan, Tim Pooley,
Peter Worrall
Hallé Orchestra

Sinfonietta, op. 1
Erato
3984-25502-2
02.09.99
Hallé Orchestra

Phaedra, op. 93
Erato
0630-12713-2
21.06.96
Lorraine Hunt Lieberson
Hallé Orchestra

The Rescue of Penelope
Erato
0630-12713-2
21.06.96
John Mark Ainsley, William Dazeley, Alison Hagley,
Catherine Wyn-Rogers
Hallé Orchestra

Billy Budd, op. 50
Erato
3984-21631-2
16.02.98
Thomas Hampson, Anthony Rolfe-Johnson, Erik Halfarson,
Russell Smythe
Hallé Orchestra & Choir, Manchester Boys Choir

BRUCH, MAX

Konzert für Klarinette, Viola und Orchester, op. 88
Stücke für Klarinette, Viola (Cello) und Klavier, op. 83 Nr. 1 – 8
Romanze, op. 85
Erato
2292-45483-2
18.02.02
Gerard Caussé (Viola), François-René Duchable (Klavier), Paul Meyer
(Klarinette)
Orchestre de l'Opéra National de Lyon

BUSONI, FERRUCCIO

Arlecchino oder Die Fenster, op. 50
Virgin Classics
559313-2
06.09.93

Ernst Theo Richter, Thomas Mohr, Wolfgang Holzmair, Philippe
Huttenlocher, Stefan Dahlberg, Suzanne Mentzer
Orchestre & Chœur de l'Opéra National de Lyon

Doktor Faust
Erato
3984-25501-2
09.08.99
Kim Begley, William Dazeley, Dietrich Fischer-Dieskau, Dietrich
Henschel, Markus Hollop, Detlef Roth
Orchestre et Chœur de l'Opéra National de Lyon

Turandot, op. 41
Virgin Classics
759313-2
06.09.93
Mechthild Gessendorf, Franz-Josef Selig, Stefan Dahlberg, Markus
Schäfer, Michael Kraus, Wolfgang Holzmair, Falk Struckmann,
Gabriela Sima, Anne-Marie Rodde
Orchestre & Chœur de l'Opéra National de Lyon

CANTELOUBE, JOSEPH

Chants d'Auvergne, Vol. 1
Erato
4509-96559-2
04.11.94
Dawn Upshaw
Orchestre de l'Opéra National de Lyon

Chants d'Auvergne, Vol. 2
Erato
0630-17577-2
29.08.97
Frederic Tardy (Oboe), Dawn Upshaw
Orchestre de l'Opéra National de Lyon

CHAUSSON, ERNEST

Poème, op. 25
Erato
3984-27314-2
20.09.99

Vadim Repin (Violine)
London Symphony Orchestra

DEBUSSY, CLAUDE

La Boîte à joujoux
Erato
4509-97418-2 (englisch)
4509-96948-2 (französisch)
01.11.94
Patrick Stewart (englischer Sprecher), Sophie Marceau (französische Sprecherin)
Orchestre de l'Opéra National de Lyon

Rodrigue et Chimène
Erato
4509-98508-2
22.09.95
Jules Bastin, Donna Brown, Laurence Dale, Jean Delescluse, Hélène Jossoud, Jean-Louis Meunier, Gilles Ragon, Vincent le Texier
Orchestre de l'Opéra National de Lyon

DELIBES, LÉO

Coppélia, ou La Fille aux yeux d'émail
Erato
8573-84250-2
07.01.94
Vasko Vassiliev, Anton Kholodenko
Orchestre de l'Opéra National de Lyon

EMMANUEL, MAURICE

Chansons bourguignonnes du pays de Beaune, op. 15
Erato
0630-17577-2
29.08.97
Dawn Upshaw
Orchestre de l'Opéra National de Lyon

EÖTVÖS, PETER

Drei Schwestern
Deutsche Grammophon
459694-2
06. 10. 99
Alain Aubin, Gary Boyce, Marc Duguay, Peter Hall, Dietrich Henschel,
Nikita Storojev
Orchestre de l'Opéra National de Lyon

FLOYD, CARLISLE

Susannah
Virgin Classic
545039-2
12. 09. 94
Kenn Chester, Steven Cole, Michael Druiett, Jean Glennon, Jerry
Hadley, Anne Howells, Della Jones, Stuart Kale, Elizabeth Laurence,
David Pittsinger, Samuel Ramey, Cheryl Studer
Orchestre et chœur de l'Opéra National de Lyon

HODDINOTT, ALUN

Noctis Equi, op. 132
Erato
2292-45489-2
05. 10. 90
Mstislaw Rostropowitsch (Cello)
London Symphony Orchestra

HONEGGER, ARTHUR

Konzert für Cello und Orchester
Erato
2292-45489-2
05. 10. 90
Mstislaw Rostropowitsch (Cello)
London Symphony Orchestra

IBERT, JACQUES

Don Quichotte de la Manche
Virgin Classics
561850-2
16.12.92
José van Dam
Orchestre de l'Opéra National de Lyon

KRAFT, WILLIAM

Veils & Variations
Albany
302
01.06.99
Jeff von der Schmidt (Horn)
Berkley Symphony Orchestra

LALO, EDOUARD

Symphonie espagnole, op. 21
Erato
3984-27314-2
20.09.99
Vadim Repin (Violine)
London Symphony Orchestra

MAHLER, GUSTAV

Des Knaben Wunderhorn
Teldec
8573-86573-2
13.08.01
Dietrich Henschel
Hallé Orchestra

Rückert-Lieder
Teldec
8573-86573-2
13.08.01
Dietrich Henschel
Hallé Orchestra

Kindertotenlieder
Teldec
8573-86573-2
13.08.01
Dietrich Henschel
Hallé Orchestra

Das klagende Lied
Erato
3984-21664-2
10.08.98
Eva Urbanová, Jadwiga Rappé, Hans-Peter Blochwitz,
Håkan Hagegård, Terence Wey, Otto Jaus
Hallé Orchestra & Choir

Symphonie Nr. 3
Teldec
8573-82354-2
11.09.00
Andrea Klein (Posaune), Dagmar Peckova, Joachim Pliquett
(Posthorn)
Deutsches Symphonie-Orchester Berlin, Knabenchor Hannover

MARTIN, FRANK

6 Monologe aus Jedermann
Virgin Classic
561850-2
26.04.01
José van Dam
Orchestre de l'Opéra National de Lyon

MASSENET, JULES

Werther
Erato
0630-17790-2
13.10.97
Jerry Hadley, Anne Sophie von Otter, Dawn Upshaw, Gérard Théruel,
Gilles Ragon, Jean-Marie Frémeau
Orchestre de l'Opéra National de Lyon, Maîtrise de l Opéra National
de Lyon

MESSIAEN, OLIVIER

Trois petites liturgies de la Présence Divine
Réveil des oiseaux
Erato
0630-12702-2
08.03.96
Marie Griffet, Luc Hery (Violine), Yvonne Loriod (Klavier), Michel
Sendrez (Celesta)
Orchestre National de France, Maîtrise de Radio France

Turangalîla-Symphonie
Teldec
8573-82043-2
19.02.01
Pierre-Laurent Aimard (Klavier), Dominique Kim (Ondes Martenot)
Berliner Philharmonisches Orchester

Saint François d'Assise
Deutsche Grammophon
445176-2
21.06.99
John Aler, Akos Banlaky, Tom Krause, Urban Malmberg, Chris Merritt,
Guy Renard, Dawn Upshaw, Dirk d'Ase
Hallé Orchestra, A. Schönberg Chor

MILHAUD, DARIUS

Le Boeuf sur le toit, op. 58
La Création du monde, op. 81
Konzert für Harfe und Orchester, op. 323
Erato
2292-45820-2
02.09.93
Frédérique Cambreling (Harfe)
Orchestre de l'Opéra National de Lyon

Konzert für Cello und Orchester Nr. 1, op. 136
Erato
2292-45489-2
05.10.90
Mstislaw Rostropowitsch (Cello)
London Symphony Orchestra

OFFENBACH, JACQUES

Les Contes d'Hoffmann
Erato
0630-14330-2
29. 11. 96
Roberto Alagna, Gabriel Bacquier, Benoit Boutet, Jean Delescluse,
Natalie Dessay, Catherine Dubosc, Jean-Marie Fremeau, Christophe
Lacassagne, Doris Lamprecht, Juanita Lascarro, Gilles Ragon, Michel
Senechal, Sumi Jo, Ludovic Tezier, Gerard Theruel, Leontina Vaduva,
Jose Van Dam
Orchestre de l'Opéra National de Lyon, Paris National Opéra Chorus

POULENC, FRANCIS

L'Histoire de Barbar, le petit éléphant
Erato
4509-91733-2 (deutsch)
4509-96389-2 (spanisch)
0630-14546-2 (japanisch)
0630-11215-2 (griechisch)
4509-96947-2 (französisch)
23. 11. 93 (deutsch)
Marius Müller-Westernhagen (deutscher Sprecher), Miguel Bosé
(spanischer Sprecher), Issei Ishida (japanischer Sprecher), Petros
Fillipides (griechischer Sprecher), Sophie Marceau (französische
Sprecherin)
Orchestre de l'Opéra National de Lyon

Le Bal masqué
Virgin Classics
561850-2
16. 12. 92
José van Dam
Orchestre de l'Opéra National de Lyon

Dialogues des Carmélites
Virgin Classics
759227-2
12. 10. 92
Mireille Antoine, Nick Bell, Nicole Biondi, Yves Bisson, Pierre Bornard,
Georges Bouquet, Marie Boyer, Jean-Pierre Brossmann, Mary Chun,

Richard Cooke, Catherine Dubosc, Martine Dupuy, Louis Erlo,
Brigitte Fournier, Eric Freulon, Peter Funk, Georges Gautier, Rita
Gorr, Vincent Le Texier, Joseph Machlis, Helene Perraguin, Laurent
Pillot, Emma Roach, Emilio Roman, François le Roux, Michel Senechal,
José Van Dam, Jean-Luc Viala, Rachel Yakar, Marco Zambelli
Orchestre de l'Opéra National de Lyon

PROKOFIEW, SERGE

Konzert für Klavier und Orchester Nr. 2, op. 16
BBC Legends
4092
03.04.02
Shura Cherkassky (Klavier)
London Philharmony Orchestra

Konzert für Klavier und Orchester Nr. 1, op. 10
Konzert für Klavier und Orchester Nr. 3, op. 26
Sonate für Klavier Nr. 7, op. 83
ASV
786
29.10.91
Mari Kodama (Klavier)
Philharmonia Orchestra

Konzert für Violine und Orchester Nr. 2, op. 63
Erato
0630-10696-2
10.11.95
Vadim Repin (Violine)
Hallé Orchestra

Peter und der Wolf, op. 67
Erato
4509-96389-2 (spanisch), 4509-97418-2 (englisch), 4509-97421-2
(griechisch), 0630-14546-2 (japanisch), 4509-99606-2 (koreanisch),
4509-91733-2 (deutsch), 4509-96388-2 (französisch)
23.11.1993 (deutsch)
Miguel Bosé (spanischer Sprecher), Patrick Stewart (englischer Sprecher),
Petros Fillipides (griechischer Sprecher), Issei Ishida (japanischer Sprecher), Sumi Jo (koreanischer Sprecher), Marius Müller-Westernhagen
(deutscher Sprecher), Sophie Marceau (französische Sprecherin)
Orchestre de l'Opéra National de Lyon

Die Liebe zu drei Orangen, op. 33
Virgin Classics
667-759566-2
25.09.92
Gabriel Bacquier, Jean-Luc Viala, Hélène Perraguin, Vincent le Texier,
Georges Gautier, Gregory Reinhart, Michèle Lagrange, Consuelo
Caroli, Brigitte Fournier
Chœur et Orchestre de l'Opéra National de Lyon

PUCCINI, GIACOMO

La Bohème
Erato
0630-10699-2
22.09.95
Ambrosian Singers, Barry Banks, Oliver Broome, Carlos Chausson,
Alan Ewing, Peter Fowler, Leslie Fyson, Giuseppe Giacosa, Nancy
Gustafson, Richard Leech, Vernon Midgley, Gino Quilico, Roberto
Scandiuzzi, Kiri Te Kanawa, Alan Titus
London Symphony Orchestra

Sole e Amore. Puccini Arias
Tosca – Le Villi – Manon Lescaut – La Bohème – Madame Butterfly –
La Rondine – Suor Angelica – Gianni Schicchi – Turandot
Erato
0630-17071-2
06.06.97
Kiri Te Kanawa, Roger Vignoles
Orchestre de l'Opéra National de Lyon

RAVEL, MAURICE

Le Tombeau de Couperin
Pavane pour une infante défunte
Ma mère l'oye
Miroirs – Une Barque sur l'océan
Miroirs – Alborada del gracioso
Erato
0630-14331-2
15.11.96
Orchestre de l'Opéra National de Lyon

Valses nobles et sentimentales
La Valse
Rhapsodie espagnole
Menuet antique
Erato
4509-98479-2
10. 11. 95
London Symphony Orchestra
Tzigane
Erato
3984-27314-2
20. 09. 99
Vadim Repin (Violine)
London Symphony Orchestra

Daphnis et Chloé
Boléro
Erato
4509-91712-2
14. 05. 93
London Symphony Orchestra & Chorus

Don Quichotte à Dulcinée
Virgin Classics
561850-2
16. 12. 92
José van Dam
Orchestre de l'Opéra National de Lyon

SAINT-SAËNS, CAMILLE

Le Carnaval des animaux
Erato
4509-97406-2 (englisch)
2292-45640-2 (französisch)
15. 09. 95 (englisch)
05. 11. 93 (französisch)
Francis Hunter (englischer Sprecher), Fernad Ledoux
(französischer Sprecher), Mari Kodama, Momo Kodama
Orchestre de l'Opéra National de Lyon

SCHÖNBERG, ARNOLD

Kaiserwalzer und andere Transkriptionen
Funiculi, funicula (L. Denza) – Eine romantische Suite, op. 125 (M. Reger)
– Ständchen (F. Schubert) – Weil i a alter Drahrer bin (J. Sioly) – Kaiser-
walzer, op. 437 (J. Strauss) – Rosen aus dem Süden, op. 388 (J. Strauss)
Erato
0630-13541-2
10.01.97
Les Solistes de l'Opéra National de Lyon

SCHOSTAKOWITSCH, DIMITRI

Konzert für Violine und Orchester Nr. 1, op. 99 (op. 77)
Erato
0630-10696-2
10.11.95
Vadim Repin (Violine)
Hallé Orchestra

STRAUSS, RICHARD

Ariadne auf Naxos, op. 60
Virgin Classics
545111-2
12.09.97
Margaret Price, Gösta Winbergh, Sumi Jo
Orchestre de l'Opéra National de Lyon

Der Bürger als Edelmann, op. 60
Virgin Classics
545111-2
12.09.97
Ernst Theo Richter
Orchestre de l'Opéra National de Lyon

Salome, op. 54
Virgin Classics
759054-2
15.09.92
Karen Huffstodt, José van Dam
Orchestre de l'Opéra National de Lyon

STRAWINSKY, IGOR

Der Feuervogel
Symphonies d'instruments à vent
Virgin Classics
561848-2
27.04.01
London Symphony Orchestra

Le sacre du printemps
Perséphone
Virgin Classics
561249-2
01.04.96
Gidon Kremer (Violine), Anne Fournet, Anthony Rolfe Johnson
London Philharmonic Orchestra

Petrushka
Erato
3984-23142-2
12.10.98
London Symphony Orchestra

L'Histoire du soldat
Pangaea
461048-2
1988
Ian McKellen, Vanessa Redgrave, Sting
London Sinfonietta

The Rake's Progress
Erato
0630-12715-2
16.08.96
Grace Bumbry, Steven Cole, Anne Collins, Roderick Earle,
Jerry Hadley, Robert Lloyd, Samuel Ramey, Dawn Upshaw
Orchestre de l'Opéra National de Lyon

TORKE, MICHAEL
Chamber Works
Slate – The Adjustable Wrench – Vanada
Argo

430209-2
01.07.97
Michael Torke, Double Edge, James Pugliese, Gary Schall
London Sinfonietta

VARÈSE, EDGAR

L'œuvre de Edgar Varèse, Vol. 1 (1920 – 1927)
Amériques – Offrandes – Hyperprisme – Octandre – Arcana
Erato
4509-92137-2
08.04.94
Phyllis Bryn-Julson, Vicente Huidobro, José Juan Tablada
Orchestre National de France

L'œuvre de Edgar Varèse, Vol. 2 (1925 – 1961)
Ecuatorial – Density 21.5 – Déserts – Intégrales – Ionisation – Nocturnal
Erato
0630-14332-2
15.11.96
Phyllis Bryn-Julson, Philippe Pierlot (Flöte), Nicholas Isherwood
Orchestre National de France

WEILL, KURT

Symphonie Nr. 2
Erato
0630-17068-2
21.03.97
Orchestre de l'Opéra National de Lyon

Die sieben Todsünden der Kleinbürger
Erato
0630-17068-2
21.03.97
Howard Haskin, Frank Kelley, Nora Kimball, Herbert Perry, Peter
de Rose, Teresa Stratas
Orchestre de l'Opéra National de Lyon

YUASA, JOJI

Nine Levels of Ze-Ami
Neuma
45096-2
01.04.1998
Guy Arnaud (Klarinette), Daniel Ciampolini (Schlagzeug),
John Fonville (Flöte)
Ensemble InterContemporain

REGISTER

Bildnachweis

Gérard Amsellem: Abb. 5, 7, 8,
9, 10, 11, 12, 13,
Kai Bienert: Abb. 25
Wilhelm Fröling: Abb. 14, 18,
19, 27, 29
Frank Harders-Wuthenow/
Boosey & Hawkes: Abb. 21
Kásskara: Abb. 22, 23, 24

Andreas Lichtschlag: Abb. 20,
26
Los Angeles Opera: Abb. 28
Privatarchiv Kent Nagano:
Abb. 1, 2, 3, 4, 6
POP-EYE: Abb. 15
ullstein bild – ddp: Abb. 16, 17